# 湖北省社会科学院文库

# 公司决策者教育背景与并购绩效的关系研究

GONGSI JUECEZHE JIAOYU BEIJING YU BINGGOU JIXIAO DE GUANXI YANJIU

徐纯正　著

武汉出版社
WUHAN PUBLISHING HOUSE

（鄂）新登字 08 号

**图书在版编目（CIP）数据**

公司决策者教育背景与并购绩效的关系研究 / 徐纯正著 . — 武汉 : 武汉出版社 , 2023.12

ISBN 978-7-5582-6072-8

Ⅰ . ①公… Ⅱ . ①徐… Ⅲ . ①公司—经理—学历教育—关系—企业合并—研究 Ⅳ . ① G512 ② F271

中国版本图书馆 CIP 数据核字（2023）第 096925 号

**公司决策者教育背景与并购绩效的关系研究**

著　　者：徐纯正
责任编辑：杨　振
封面设计：刘　蕾
出　　版：武汉出版社
社　　址：武汉市江岸区兴业路 136 号　　邮　　编：430014
电　　话：（027）85606403　　85600625
http://www.whcbs.com　　E-mail:zbs@whcbs.com
印　　刷：武汉市首壹印务有限公司　　经　　销：新华书店
开　　本：787 mm×1092 mm　　1/16
印　　张：15.25　　字　　数：240 千字　　插　　页：1
版　　次：2023 年 12 月第 1 版　　2023 年 12 月第 1 次印刷
定　　价：58. 00 元

关注阅读武汉
共享武汉阅读

# 前　言

现代人力资本理论产生后，探讨教育对经济增长关系的研究层出不穷，主要集中在教育通过劳动力素质提高全要素生产率、教育通过科技创新推动产业升级、教育通过提高国民素质维持社会稳定、教育通过改变观念影响消费习惯等。除此之外，教育还能否从其他方面对经济增长产生作用？笔者有幸在读博期间，跟随导师学习了一些公司治理的知识，在这个过程中似乎受到了一点启发。

Hambrick 和 Mason 在 1984 年的论文《高阶：组织作为高层管理人员的反映》中正式提出高阶梯队理论。该理论认为：管理者的视野范围通常受到限制，认知偏好决定其主动选择视野中的某些方面进行感知而屏蔽其他部分。通过描述由认知偏好与价值观构建的过滤器筛选出的信息，形成了战略选择的基础。公司高管的认知和心理特征不易被观察和获取，而性别、年龄、教育和职业经历等能够影响认知和心理的背景特征则易于获取，通过高管的背景特征研究可以解释和预测企业的战略行为和结果。按照该理论的内容，我思考着教育是否能够通过提高企业家的决策能力来推动经济增长。

企业家的决策能力是其人力资本的外在表现。企业家人力资本属于异质性人力资本，相较于同质性人力资本，企业家人力资本是实现人力资本报酬递增的动力，具有投资周期长、投资回报大的特点。但同时，企业家人力资本还具有专用性和复杂性的特点。也就是说，企业家人力资本一旦被固定在某一企业或某一领域，就面临着离开该企业或领域后价值骤减的风险。另外，由于教育的多维属性和市场信息的动态变化，人力资本并非只增不减，而是有增有减，即教育若不适应经济发展的需要，或是知识更新跟不上形势变化，也可能会造成企业家人力资本的衰减。

基于以上分析，我意识到教育、企业家人力资本和经济增长的关系并非简单的正相关。不同的学历、学校层次和专业背景等教育维度对企业家的认知与心理塑造会造成差异，这种差异能以何种路径影响公司战略决策？我国现行教育体系和人才培养模式对企业家人力资本的培育作用是否已得到了充分发挥？若没有，则可能存在的问题有哪些？企业家人力资本不易度量，但企业家决策结果是可以被观察到的，那么是否可以通过企业家决策结果来衡量企业家人力资本？

有了上述思考后，我开始寻找一些知名企业家的访谈、演讲，了解受教育经历（专指高等教育）对其创业选择和战略决策的影响，通常这些企业家在公司发展到一定阶段后，都会采取并购战略来实现规模扩大或业务拓展，而企业家本人的认知能力和心理特征对选择正确的标的公司、合适的收购方式、支付方式以及营造良好的公关形象、保证收购计划的顺利实施等都会起着至关重要的作用。并购的短长期绩效，是企业家能力的一种外在表现，也反映出了并购过程中企业家的认知和心理。由此可见，研究公司决策者教育背景和并购绩效的关系，能够进一步弄清教育对企业家人力资本形成以及企业家人力资本对并购战略决策的作用机理，加深对教育和经济增长关系的认识，并为我国高等教育改革和大学人才培养模式改进提供参考依据。

借此机会，向给予本研究支持的我的导师王永海教授、武汉大学政治与公共管理学院彭宇文教授，以及蒲蕊教授、李保强教授、冯惠敏教授、黄明东教授、刘亚敏教授等诸多老师表示诚挚的感谢；向给予本研究宝贵建议的谌仁俊副教授、万威副教授、甘天琦博士、张敬岳博士、孙合林博士、沈凌博士、朱秋月博士、董西露博士、宋博博士等表示由衷的谢意。另外，本书的出版得到了“湖北省社会科学院文库”出版计划的资助，也在此鸣谢！

徐纯正

2023 年 8 月 23 日

于湖北省社会科学院

# 目　　录


**绪　论** ······ 1

一、研究背景与意义 ······ 1

（一）研究背景 ······ 1

（二）研究意义 ······ 4

二、文献综述 ······ 6

（一）有关教育背景的国外研究综述 ······ 6

（二）有关教育背景的国内研究综述 ······ 10

（三）有关并购绩效的国外研究综述 ······ 13

（四）有关并购绩效的国内研究综述 ······ 16

（五）文献评述 ······ 20

三、研究思路与方法 ······ 21

（一）研究思路 ······ 21

（二）研究方法 ······ 22

四、研究内容 ······ 23

五、研究难点与创新点 ······ 26

（一）研究难点 ······ 26

（二）研究创新点 ······ 27

**第一章　概念界定和理论基础** ······ 29

一、概念界定 ······ 29

（一）公司决策者 …… 29
（二）教育背景 …… 30
（三）风险偏好 …… 33
（四）并购绩效 …… 37
二、理论基础 …… 39
（一）企业家人力资本理论 …… 39
（二）高阶梯队理论 …… 51
（三）并购理论 …… 61
三、本章小结 …… 68

**第二章　理论分析和研究假设** …… 70

一、理论分析 …… 70
二、研究假设 …… 72
（一）学历与并购绩效的假设 …… 72
（二）学校层次与并购绩效的假设 …… 74
（三）专业与并购绩效的假设 …… 75
（四）MBA 与并购绩效的假设 …… 76
（五）海外背景与并购绩效的假设 …… 77
（六）学校类型与并购绩效的假设 …… 78
三、本章小结 …… 79

**第三章　公司决策者教育背景与并购绩效的研究设计** …… 82

一、变量选取 …… 82
（一）解释变量：教育背景 …… 82
（二）被解释变量：并购绩效 …… 84
（三）其他控制变量 …… 88
（四）中介变量：风险偏好 …… 90

二、建立模型 …… 93
（一）并购短期绩效模型构建 …… 93
（二）并购长期绩效模型构建 …… 97
三、数据来源 …… 99
四、本章小结 …… 101

**第四章　公司决策者教育背景与并购短期绩效的实证研究 …… 102**

一、短期并购绩效的计算与检验 …… 102
二、总体与分组描述性统计 …… 103
（一）总体样本描述性统计 …… 103
（二）分组样本描述性统计 …… 105
三、相关性及中介变量检验 …… 107
（一）相关性检验 …… 107
（二）中介变量检验 …… 109
四、回归结果分析及稳健性检验 …… 114
（一）回归结果分析 …… 114
（二）稳健性检验 …… 117
五、实证研究结论 …… 117
六、本章小结 …… 127

**第五章　公司决策者教育背景与并购长期绩效的实证研究 …… 129**

一、总体与分组描述性统计 …… 129
（一）总体样本描述性统计 …… 129
（二）分组样本描述性统计 …… 131
二、相关性及中介变量检验 …… 133
（一）相关性检验 …… 133
（二）中介变量检验 …… 135

三、回归结果分析及稳健性检验 …… 140
（一）回归结果分析 …… 140
（二）稳健性检验 …… 143
四、实证研究结论 …… 143
五、本章小结 …… 153

**第六章　教育对企业家人力资本形成的内在机制分析** …… 155

一、高校促进企业家人力资本形成的作用机理 …… 155
（一）大学孕育着企业家梦想 …… 155
（二）大学完善企业家自我人格 …… 158
（三）大学塑造了企业家领导能力 …… 161
二、企业家人力资本在并购决策中的作用 …… 163
（一）良好的认知能力是并购成功的基础 …… 163
（二）突出的非认知能力是并购成功的关键 …… 165
（三）认知能力和非认知能力的互动 …… 167
三、本章小结 …… 173

**第七章　启示和建议** …… 175

一、明确学历教育重要性，提高研究生综合素养 …… 175
（一）明确学历教育重要性 …… 175
（二）提高研究生综合素养 …… 177
二、以财经类院校为核心，开展跨校双学位教育 …… 178
（一）加大财经类院校建设力度 …… 178
（二）广泛开展跨校双学位教育 …… 180
三、完善高校分类分层，消除对非重点院校的歧视 …… 181
（一）完善高校分类分层 …… 181
（二）消除对非重点院校的歧视 …… 183

四、实现专业教育与“双创”教育的融合发展 …………………………… 184
（一）厘清专业教育与“双创”教育的关系 …………………………… 184
（二）区分不同院校及专业的定位差异 …………………………… 185
（三）大力发展创业型大学 …………………………… 186
五、坚持发展和完善 MBA 教育体系 …………………………… 187
（一）继续推动 MBA 课程改革 …………………………… 187
（二）加强导师资格评估与岗前培训 …………………………… 188
（三）严格 MBA 办学审批与招生制度 …………………………… 189
六、立足经济社会发展实情，增强归国人员适应能力 …………………………… 190
（一）立足本国与区域发展实际需求 …………………………… 190
（二）增强留学人员归国适应能力 …………………………… 192
七、创新教育理念，形成全程全域育人机制 …………………………… 192

**第八章　总结与展望** …………………………… 194

一、全文总结 …………………………… 194
二、展望 …………………………… 200

**参考文献** …………………………… 202

# 图目录

图 1　公司决策者教育背景与并购绩效关系研究结构图 …………………… 25
图 2　高阶梯队理论流程分析图 ……………………………………………… 53

# 表目录

表 3—1　变量定义总表 ………………………………………………………… 91
表 4—1　单个公司并购超额累计收益显著性检验（部分） …………… 103
表 4—2　总体样本并购超额累计收益显著性检验 ……………………… 103
表 4—3　总体样本描述性统计 ………………………………………………… 104
表 4—4　学历分组比较 ………………………………………………………… 106
表 4—5　学校类型分组比较 …………………………………………………… 106
表 4—6　学校层次分组比较 …………………………………………………… 106
表 4—7　专业分组比较 ………………………………………………………… 106
表 4—8　MBA 分组比较 ………………………………………………………… 107
表 4—9　海外背景分组比较 …………………………………………………… 107
表 4—10　主要变量相关性分析（部分） ………………………………… 108
表 4—11　短期模型中的中介变量检验 …………………………………… 109
表 4—12　包含中介变量的回归分析 ……………………………………… 110
表 4—13　不含中介变量的回归分析 ……………………………………… 112
表 4—14　事件窗口期［—1，3］的稳健性检验回归分析（包含中介变量） …………………………………………………………………… 118
表 4—15　事件窗口期［—1，3］的稳健性检验回归分析（不含中介变量） …………………………………………………………………… 120

表 4—16　事件窗口期［—3，3］的稳健性检验回归分析（包含中介变量）…… 122
表 4—17　事件窗口期［—3，3］的稳健性检验回归分析（不含中介变量）…… 124
表 5—1　总体样本描述性统计 …… 130
表 5—2　学历分组比较 …… 131
表 5—3　学校类型分组比较 …… 131
表 5—4　学校层次分组比较 …… 132
表 5—5　专业分组比较 …… 132
表 5—6　MBA 分组比较 …… 132
表 5—7　海外背景分组比较 …… 132
表 5—8　变量相关性检验（部分） …… 134
表 5—9　长期模型中的中介变量检验 …… 135
表 5—10　包含中介变量的并购长期绩效模型回归分析 …… 136
表 5—11　不含中介变量的并购长期绩效模型回归分析 …… 138
表 5—12　并购当年与前一年 ROA 变化率的稳健性检验回归分析（包含中介变量） …… 144
表 5—13　并购当年与前一年 ROA 变化率的稳健性检验回归分析（不含中介变量） …… 146
表 5—14　并购后一年与前一年 TobinQ 变化率的稳健性检验回归分析（包含中介变量） …… 148
表 5—15　并购后一年与前一年 TobinQ 变化率的稳健性检验回归分析（不含中介变量） …… 150

# 绪　论

## 一、研究背景与意义

### （一）研究背景

并购（Merger & Acquisition）是企业的一项重要投资活动，也是公司发展壮大必要的战略手段。一方面，并购不仅可以在短期内提高股票价格、增加股东收益，在长期协同效应显现后，还能减少交易费用和“敲竹杠”问题，形成规模经济，提高企业盈利能力。另一方面，并购活动在为公司带来巨大收益的同时，也伴随着一定的风险。2015 年，波士顿咨询公司发布《迎接中国企业海外并购新时代》报告。该报告称：2014 年中国企业完成海外并购交易 154 起，交易金额高达 261 亿美元。但中国企业海外并购完成率仅为 67%，远低于西方发达国家企业的水平。德勤管理咨询（上海）有限公司合伙人金建在 2016 年观点商业年会上称，中国企业海外并购投资成功率仅有 5%。这些报告在归结中国企业并购成功率低的原因中都提到一点：公司决策者在作出并购决策时，战略意图不明，对风险的预判与控制能力不足。从上述现象可以看出，相较于高速增长的中国经济，中国商界的精英领袖还显得极为匮乏。

2010 年《国家中长期人才发展规划纲要（2010—2020 年）》（以下简称《纲要》）提出：到 2020 年，要培养和造就规模宏大、结构优化、布局合理、素质优良的人才队伍，确立国家人才竞争比较优势，进入世界人才强国行列。特别是作为国家重点建设的三支人才队伍之一，要重点培养和造就国家需要的专业化的管理人才，提升公司现代化经营管理水平和国际竞争力；要培养造就一大批具有全球战略眼光、市场开拓精神、管理创新能力和社会责任感强的优秀企业家、一支高水平的企业经营管理人才队伍。2020 年 7 月，习近平总书记在企业家座谈会上提出，要弘扬企业家精神，要增强爱国精神、勇于创新、诚信守法、承担社会责任、拓展国际视野；在党的二十大报告中，也再次提到了“完善中国特色现代企业制度，弘扬企业家精神，加快建设世界一流企业”，进一步强调了企业家在以国内大循环为主体、国内国际双循环相互促进的新发展格局下，构建高水平社会主义市场经济中的重要性。我国经济进入新发展阶段，以土地财政和投资为主导的地方经济发展模式已经难以为继，产能过剩和国际贸易失衡要求必须转变经济增长方式，将地方政府投入房地产和工业的资金转移到教育、医疗等民生支出中去，以人力资本促进劳动力素质提升和创新型人才培养，以消费和创新驱动引领经济社会高质量发展。企业家人力资本作为异质性人力资本，理应受到更多的关注。

根据经济学的内容可知，企业家是推动市场经济发展的主体，也是推动经济发展最重要的力量。首先，瓦尔拉斯（Walras）认为：价格是供求的反应，消费者的需求和生产者的供给通过价格反映到市场中，企业家按照市场价格对产量进行调整，直到供求相等达到最优生产规模，当行业内所有企业在最优生产规模上生产时，行业内实现了市场均衡；当所有市场达到均衡时，整个市场就达到一般均衡。一般均衡意味着帕累托最优，即资源配置的效率最高。其次，熊彼特（Schumpeter）曾提出：企业是创新的主体，企业家精神是创新的动力，企业通过创新引起模仿，模仿打破垄断，刺激大规模投资，引起经济繁荣。当新成果越来越多地被应用时，创新带来的超额利润消失，经济开始衰退并等待另一波创新的到来。这种循环的过程推动市场经济不断发展。可见，公司决策者作为富有“企业家精神”的个体，对经济发展有着不可替代的作用。

公司决策者，是指在决策系统中体现主观能动性、在决策活动中占据重要地位的个人或组织。决策过程虽然复杂，但最终还是要由一个人负责完成。有时决策是由按一定规则的组织依照既定程序完成的。西蒙（Simon）曾说过“管理即是决策”，肯定了决策在管理活动中的核心地位。因此，公司决策者是高级管理人才的核心，也是最具有企业家特征的高级管理人才。

依照公司的职责分配，董事长和CEO都可能是决策者。在西方现代企业制度中，董事长是公司的最高领导者，虽不负责公司具体事务，但能对CEO的任免等问题起到关键作用，而CEO是公司战略的实际决策者，对董事长领导下的董事会负责。在股权分置改革并不彻底的中国市场，并没有实质意义上的CEO，董事长在大多数情况下成为公司的决策者。特别是作为公司创始人的企业家多担任董事长职位。在国有企业中，董事长多为中央和地方政府委派的官员，身兼党委书记职务，代表党对企业的各项工作进行全面领导，故中国企业的决策者应主要考虑董事长。董事长的能力是企业家人力资本的外在表现。董事长依靠其能力对主客观条件进行分析判断并做出并购决策。

熊彼特曾指出，战略是公司决策者对公司未来前景的洞悉过程。战略决策体现的是公司决策者对环境变化及未来预期的一种反应。因此，并购绩效是决策者能力的输出，也是决策者人力资本产生作用的表现。理性的投资人拥有规避风险与抓住机遇的意识和能力。为何中国企业普遍缺乏规避风险与抢抓机遇的意识和能力？如何提高公司决策者的这种能力？已有研究表明：公司决策者能力是其人力资本存量的外在表现，教育投资是人力资本的主要来源。公司决策者依据教育形成的认知与风险偏好，对并购的主客观条件及风险收益进行全面分析与判断，作出最终决策并形成不同绩效。高等教育阶段是形成个人认知与风险偏好的重要阶段。一方面，高等教育的年限至少为3年以上，在个人整个生命周期中占据着重要地位。另一方面，高等教育是个性形成的重要时期。企业家人力资本是一种异质性人力资本，在整个教育阶段中受到高等教育的影响最深。在教育的各维度中，学历高低反映了受教育者对人力资本的投入情况，体现了受教育的数量多寡。学校类型和专业的选择既是受教育者自身认知与风险偏好的反应，也是对认知与风险偏好进一步强化与完善的途径，反映的是受教育的内容。通常情况下，重点院校较之一般院校拥有更充足的经费、更优质的生源、更好的师资，因此学校层次可以作为教育质量的表征。MBA是专门针对工商管理人才的学位教育，是深化经管职业教育的表征；海外留学能吸收不同文化的精华，以多元化、国际化的视角来分析和解决问题，体现了教育的多元化。

综上所述，对公司决策者教育背景与并购绩效的研究，既有利于充分吸收经济学与管理学的最新成果，进一步深化对教育与经济关系的认识，又能为我国现行教育体系和人才培养与选拔模式的改进提供参考依据，符合教育经济与管理的学科发展趋势和中国市场经济发展的时代要求。

### （二）研究意义

#### 1. 理论意义

第一，本研究证明了公司决策者的教育背景会通过影响其认知与风险偏好来作用于并购决策，进而导致不同的并购绩效。公司决策者依据其风险偏好和认知对并购战略的一系列问题进行分析判断，并最终做出并购决策。作为并购决策的结果，并购绩效直接反映了决策者的能力，是决策者企业家人力资本产生作用的表现。以企业家人力资本理论为起点，分析决定公司决策者能力的企业家人力资本的外在表现、作用及来源，系统说明了教育如何通过企业家人力资本的作用对企业战略及其结果产生影响，论证了教育背景研究的必要性与合理性。

第二，本研究以高阶梯队理论与并购理论为基础，构建公司决策者教育背景与并购绩效的实证模型。通过对公司决策者教育背景和并购绩效的研究，能检验教育对企业家人力资本提升是否存在显著影响，以及教育不同维度对企业家人力资本的影响上存在的差异。不同于以往的是，本研究将教育对并购绩效的影响分为直接作用与间接作用，并设置了含有风险偏好中介变量的实证模型对这两种作用进行分析。含有中介变量的实证模型能更好地分析教育对并购绩效产生影响的路径，在一定程度上解决了Hambrick提出的“黑箱问题”。

第三，利用实证模型的结论，总结本研究对现行教育体系和人才培养与选拔模式的启示与建议。以教育经济学的研究视角和公司治理的研究方法，创造性地对我国现行教育体系和人才培养与选拔模式进行剖析，并总结出启示和建议，拓展了人力资本研究的思路与方法，加深了对人力资本作用机理的理解，是教育经济与管理研究范围及研究方法上的重要创新。

2. 现实意义

第一，本研究有助于为提高公司决策者培养能力的建言献策提供科学依据。法国经济学家柯兹纳认为，公司决策者应该是能在不确定环境下，“发现相关价格”，“捕捉市场机会创造价值”的人。（Kirzner，1979）研究公司决策者教育背景、风险偏好、并购绩效三者之间的关系，能够更准确把握教育各要素通过公司决策者如何对经济活动产生影响，为认识我国上市公司董事长整体受教育情况提供新的视角，为提高公司决策者培养能力、选拔或任用一批优秀的公司决策者提供科学依据。

第二，本研究有助于全面认识“企业家精神”。“企业家精神”最早由法国经济学家理查德·坎蒂隆（1997）提出。他认为企业家具有将资源配置效率由低到高进行排序的能力。李克强同志曾在“中国制造 2025”会议、考察云南白药、出席中国大数据产业峰会暨中国电子商务创新发展峰会等多个重要场合提到弘扬“企业家精神”。在《中共中央 国务院关于营造企业家健康成长环境 弘扬优秀企业家精神更好发挥企业家作用的意见》《中共中央 国务院关于完善产权保护制度 依法保护产权的意见》等中央文件中又明确聚焦企业家精神。但在当前的提法中，更多突出的是“企业家精神”中“创新创业”“开拓进取”“把握市场机遇”的内涵，而忽视了对企业家在从事经济活动中如何规避风险的强调。中国企业海外并购成功率偏低正是决策者因风险意识淡薄而高估并购价值并最终导致并购失败的直接表现。将风险意识纳入“企业家精神”的培育之中，能更好地指导创新创业与 MBA 教育的完善与发展。

第三，本研究有助于对新发展阶段政府民生投入的认识。过去土地财政和以投资为主导的地方经济发展模式不仅难以维持经济增长，且会带来大量的资源浪费和腐败问题。为了实现经济高速增长向高质量发展的转型，必须将投入从物质资本转移到人力资本上，以劳动力素质提高和科技创新能力提升驱动经济增长。作为高级管理人才的公司决策者，其人力资本对经济高质量发展的影响较之普通劳动者更为显著。探讨教育在企业家人力资本形成过程中的作用机理，以及企业家人力资本如何影响公司决策，能对经济高质量发展中的企业家培育提供指导。

第四，高等学校是高等教育的载体，合理的高校分类分层及专业设置能够提高办学质量。本文的研究能为国家高等教育整体布局、国家教育发展规划的制定，《教育法》《高等教育法》《民办教育促进法》等相关法律法规的修改与完善提供参考。另一方面，本研究还对高校类型选择、办学目标设定等内容具有一定的指导作用，为高校明确自己的职责与目标，形成自己独特的校园文化与特色提供借鉴。另外，本研究还能为广大学子在高考填报志愿、出国留学、学历深造等方面提供参考。

## 二、文献综述

### （一）有关教育背景的国外研究综述

根据人力资本理论的内容，教育是人力资本形成的重要来源。教育能通过提高人力资本存量对经济增长做出贡献。（Schultz，1960；Schultz，1961）通过对教育的投资，能够影响人的风险偏好和认知水平，提高人力资本存量和经济增长水平。虽然人力资本理论为教育与经济之间搭建了一座桥梁，但在对企业家人力资本异质性形成来源的实证研究上没能提供相应的研究范式。组织行为学的发展，特别是 Hambrick 和 Mason 在 1984 年提出“高阶梯队理论”后一系列高质量成果的诞生，为研究教育和公司行为的关系提供了可能，也为更深层次地理解企业家人力资本异质性问题创造了机会。

传统经济学认为人是理性的，以理性人假设为前提的管理者追求收益的最大化。不同的行为人具有相同的知识，相同的逻辑方式，也都面临同样的威胁和机会，并且都追求相同的目标。（Smircich 和 Stubbart，1985；Stubbart，2010）但这一假设在解释复杂市场环境中人的行为选择时有很大局限性。为了改正这一缺陷，著名经济学家 Arrow（1962）首先提出了“有限理性”这一概念，意指“人会有意识地追求理性，但不可能完全实现”。Simon（1955）进一步完善了“有限理性”的内容，他认为在特定的环境中，计算能力的局限性是人理性认识世界，从而作出最优化选择的约束，精确地评估所需要的能力超过了人本身的视野范围。此后，有限理性成为经济学与管理学理论的基本假设。

Hambrick 和 Mason（1984）以有限理性为假设，提出“高阶梯队理论”，首次将背景特征应用到企业管理和战略决策的分析中。Hambrick 和 Mason 认为策略选择与决策水平能部分地被管理者背景特征预测。他们赞同 Simon 对复杂决策形成因素的论断，即认知局限性、环境复杂性导致了高层管理者甚至是团队都无法完全认识市场环境和组织的每一个方面。Hambrick 和 Mason 进一步认为：人们会选择性地了解事物，这使得管理者的视野更加局限。最终，信息通过大脑过滤表现为人的价值观与认知。管理者对事物的认知与价值观相结合，为战略选择提供了基础。价值观一方面影响认知，另一方面可以直接进入战略选择。因为理论上决策者可以得出一系列表明某种选择的看法，但会在价值判断后放弃该选择。高管的战略选择会作用于市场环境，而市场反应又会被回馈给高管，继而修正高管对正在发生的和将要发生的事件的认知。教育在背景特征中有着举足轻重的地位。一方面，个人在大学里的专业选择反映了他的认知与偏好；另一方面，大学专业训练能进一步强化与完善认知与偏好。他们在研究中还发现，高管接受正式管理专业教育的数量对公司平均绩效没有显著影响，但未接受过正式管理专业教育的高管在行业绩效上会存在更大变数。另外，接受过大学教育的高层管理人员能承担更为复杂的管理活动。（Finkelstein 和 Hambrick，1990）

在该理论出现后，众多学者以此为基础，研究教育背景对企业战略决策的影响。Bantel 和 Jackson（2010）的研究发现：背景特征能通过对性格产生作用而影响个体的管理风格。Hitt 和 Tyler（1991）认为外部的行业特征与公司高管的策略选择共同构建了理性选择模型的研究范式。影响高管策略选择的要素就是背景特征。因此，可以根据行业特征与高管的背景特征来预测目标企业的发展前景。高管的背景特征包括年龄、学历类型、工作经验和职业生涯长度以及职位等。Pansiri（2005）与 Pegels 等（2015）在对战略联盟的研究中，同样发现了人的认知基础对于解释战略联盟构成的重要性。这种认知基础就是由个人的人生经历、教育背景与价值观形成的。正因为受教育能提高人的认知与处理信息的能力，所以大部分学者认为受教育年限、学历层次与理性选择的能力正相关。（Priem，2010）

另外，行为金融学认为，风险偏好是影响行为选择的重要因素，风险偏好的形成同样受高管教育背景特征和外部环境的影响。在研究高管教育背景影响公司战略决策的文献中，除了研究教育背景对公司战略决策的直接影响的文献外，还有研究教育背景如何通过风险偏好间接作用于公司战略决策的文献。Finkelstein（1992）的研究就曾发现，管理者的决策是管理者背景特征的函数，而投资决策的差异是由个体风险偏好的不同引起的。因此，教育背景是背景特征的重要组成部分，会影响他们的风险偏好。（Tyler 和 Steensma，2015）

Wiersema 和 Bantel（1992）在考察高管团队背景特征与企业战略变化之间关系的过程中发现：接收过正式教育、拥有更高学历的高管更愿意去承担风险，并有利于企业作出战略变化。同 Hambrick 和 Mason 一样，他们认为管理者的学历水平与搜集处理信息的能力紧密联系，在一定程度上反映了其价值观、认知、知识面及学习能力。学历高的管理者能更好地应对复杂的外部环境，作出全面细致的分析，并从备选项中挑选出最优方案。Tihanyi 等（2000）研究了高管背景特征对公司多元化、国际化战略的影响。接受过精英教育、拥有更多国际化经验以及职位异质性较大者会更愿意承担风险。这一结果导致公司多元化、国际化的程度加深。Murphy 等（2005）通过对支付意愿显示偏好的元分析发现，个体的专业背景与技能会影响其风险偏好。

公司风险承受水平是风险偏好的外在表现。Barsky 等（1997）认为：受教育年数长的个体可能有更高的风险承受水平。风险承受水平高的个体更倾向于自我雇用、购买更少的健康保险。拥有股票和债券的数量也和风险承受水平正相关，但并不显著。Barker 和 Mueller（2002）使用了山姆公司的一个样本，在控制了公司战略和属性后他们发现，CEO 背景特征仍可以在很大程度上解释不同公司研发支出的差异。在 CEO 背景特征中，年龄、任期与职业经验会对公司的研发支出产生显著影响，但在同样取得大学学位的前提下，高管人员受教育的数量对研发支出并没有显著影响。也就是说，接受高等教育的数量对投资支出的影响不明显。但另一方面，拥有重点理工科背景的高管人员会更支持研发支出。技术类学科背景的企业管理者较之管理类学科背景的公司高管拥有更低的风险承担。因此，技术类学科背景的企业管理者对研发支出的投资意愿更高。

Bertrand 和 Schoar（2003）检验了管理者效应对公司财务行为的影响。通过对福布斯排行榜美国企业前 800 强的管理者以及 Execucomp 数据库中美国收入排行前 1500 名的管理者进行面板数据分析，发现拥有管理专业学科背景的管理者多有较高的风险承受水平。该研究印证了 Barker 与 Mueller 的研究结果。

MBA 作为专门针对工商管理人才培养的学位教育，体现了管理教育的深度。Finkelstein 和 Hambrick（1996）认为 MBA 教育能够吸引保守、风险厌恶的管理者就读。MBA 学习旨在让他们掌握控制风险、避免重大损失的技能。这些技能带来的后果就是减少创新和研发投入。Golec（1996）研究了基金经理的背景特征对其在基金运作上的绩效、风险及费用中的影响。结果表明基金的运作绩效、风险和费用都显著地被基金经理所影响。在其他条件相同的情况下，拥有 MBA 学习背景、任期长且年轻的基金经理会拥有更好的调整风险能力，同时还会有更低的费用和多元化的战略表现。但 Smith 等（1991）以及 Bertrand 和 Schoar（2003）对高管接受 MBA 教育的影响研究却得出了与之相反的结论，即接受过 MBA 教育的公司高管更容易采取激进的措施和频繁的战略变更。

公司高管的影响最终要通过公司绩效反映出来。Gottesman 和 Morey（2006a，2006b）曾研究过 CEO 的教育背景与公司绩效之间的关系，他们发现：更高学历的 CEO 接受过更好的系统训练，拥有更强的认知能力及更广阔的社会人脉，有利于公司绩效的提高。从专业背景上看，MBA 硕士和法律本科毕业的高管没有在公司管理的绩效上表现出显著的优势。

Ben W. L 等（2014）通过考察企业对碳披露项目（CDP）的反应，研究了 CEO 背景特征与信息披露之间的关系，研究表明：新上任的和接受了 MBA 教育的 CEO 会更积极地去做出回应，而被律师领导的企业则较少作出回应。

### （二）有关教育背景的国内研究综述

我国学术界在利用“高阶梯队理论”研究高管背景特征和公司战略决策之间关系的起步较晚，但也取得了一定的研究成果。一方面，国内学者进一步挖掘了高管个人或团队的教育背景与公司绩效和公司战略之间的联系；另一方面，又结合我国国情，探讨了不同产权属性下高管个人或团队教育背景对会计稳健性、过度投资、风险承担等财务问题的影响。

何韧等（2010）在研究世界银行对中国企业的调查数据中发现：高学历对企业绩效有积极的作用，并且主要表现在任期的长期阶段，而其他诸如政府选聘背景、海外背景、任期长短则并无显著影响。造成这一现象的原因可能在于：管理者任期越长，就越能在公司强化个人特质，并逐渐将其渗透到企业的管理决策当中，随之产生领导风格的累积效应。教育背景作为重要的背景特征，也会在领导风格中得到体现。陆瑶和张鸣宇（2015）的研究进一步强化了这一结论。他们认为：CEO 的学历对提高企业在资本市场上的价值有显著影响，但对公司盈利能力及收入增长能力并无作用。他们的结论表明：CEO 学历能通过影响资本市场对企业价值的预期来提高企业的长期绩效，但在短期内这一效应无法实现。此外，孙早和刘庆岩（2006）利用

1996—1999 年中国大陆 28 省的面板数据，考察了市场环境、企业家能力和企业绩效的关系。他们以企业家学历作为企业家能力的代理变量后发现：在中国大陆，民营企业家的学历对民营企业的发展作用并不显著。

公司风险承受和会计稳健性是衡量公司面对风险所采取的态度，在一定程度上反映了高管的风险偏好。艾洪德和刘聪（2008）运用 Logit 模型研究了基金经理背景特征同投资风格的关系，发现高学历的基金经理呈现出明显的风险厌恶特征，具有稳健的投资风格。拥有经济学学士学位的基金经理较之其他专业背景者在投资风格上显得更为稳健。毕业于美国常青藤大学的基金经理容易采取激进的投资策略，而毕业于中国重点院校者则相对稳健。另外，海外留学背景对投资风格的影响并不显著。王永海和周为（2013）以上市公司决策者为研究对象，分析了公司决策者教育背景与风险承担的关系。他们认为决策的过程是决策者教育背景和实战经验的综合体现，公司的风险承受水平正是决策者依据自身风险经验与实战经验所形成的风险态度的直接表现。结果发现：公司决策者的受教育程度与公司盈余波动性及资产负债率成反向关系，即决策者的受教育程度与风险承受水平呈反向关系。另外，受普通高等教育的决策者比受职业教育的决策者风险规避的意愿更强。吕文栋等（2015）则对上述结论持有不同看法。他们认为：学历高虽然有更为复杂的认知，有利于驾驭多元化战略的制定实施，但同时受教育程度高容易引起管理者过度自信，从而导致更大的风险承担。张兆国等（2011）以我国 2007—2009 年的上市公司为样本，研究了管理者背景特征同会计稳健性之间的关系。研究表明国有与非国有上市公司管理团队的平均学历及学历异质性对会计稳健性的影响没有显著差异，两者均对提高会计稳健性有积极作用。这可能是因为高学历者有更强的认知能力，在决策上更加理性。董事长的学历与会计稳健性同样存在正向关系，但在国有企业中，经管、会计、金融专业背景对会计稳健性的影响显著为负，而非国有企业则影响不显著。财务总监的学历对会计稳健性的总体影响为正，但具体来说，国有上市公司财务总监学历的影响显著为正，而非国有上市公司学历的影响显著为负。财务总监的专业背景对会计稳健性的影响显著为负。

企业为了占领市场、拓展新市场或者规避单一经营风险，会采取多元化战略。张建君和李宏伟（2007）对私营企业家背景特征、多元化战略和企业业绩三者的关系进行探讨。他们认为高学历、年轻且有过企业负责人经历的民营企业家更倾向于多元化战略，且能通过多元化战略带来高的销售额、资产额、资产增长率、净资产增长率，但对利润率没有显著影响。陈传明和孙俊华（2008）在对高管背景特征与多元化战略选择的研究中发现：一方面，学历高的管理者能更好地处理复杂问题，愿意做出改变并承担相应风险。不仅如此，他们还能通过社会网络获取更多资源，从而支撑其多元化战略。另一方面，拥有技术类专业背景的企业家多元化程度明显高于其他专业背景者。

还有一部分学者研究了高管教育背景对投资的影响。姜付秀等（2009）在对2003—2005年A股上市公司管理者背景的研究中发现，无论是国有还是非国有企业，管理层平均教育水平越高，就越能抑制企业的过度投资行为。他们认为，受教育程度越高，投资决策越理性，这一观点同Bantel和Jackson（2010）及Finkelstein和Hambrick（1996）得出的研究结论一致。另外，他们认为我国董事长的职责更像国外的CEO，是公司名副其实的决策者。董事长学历越高，越能抑制过度投资，但就读于金融、会计或经管类专业的董事长更可能进行过度投资。李焰等（2011）以企业产权性质为分组，研究不同产权属性下管理者背景特征与投资效率的关系。研究发现国有与非国有企业管理者学历和专业均对投资效率没有显著影响。随后，张兆国等（2013）以我国2007—2011年的上市公司为样本，研究了管理者背景特征、晋升激励、过度投资三者之间的关系。他们认为高学历者通常被认为在战略定位、技术创新、多元化经营和投资决策上表现较好，可以得到更多晋升机会。研究还发现：管理者学历与晋升激励正相关，且在国有企业比非国有企业更为显著。但在强化晋升激励对过度投资的抑制作用上，学历差异在国有企业与非国有企业中的差别并不显著。

另外，有部分学者还就高管教育背景对企业家创业、企业价值、财务重述、审计质量等其他问题进行探讨。钟卫东和张伟（2014）在研究过程中加入企业家在校学业表现，发现企业家的受教育程度、在校学业成绩和人际表现均对企业家的月收入有显著的积极影响，同时，企业家的受教育程度和在校学业成绩对创业机会质量也有显著的正向关联。陈洪涛等（2018）通过履历（CV）分析法，分析了401家创业板上市公司董事长的群体特征，发现这些董事长中女性比例偏低，年龄集中在51—59岁，大多具有较高学历，有半数以上获得过工科学士学位，第一学历的学历类型和创业主营业务高度相关，是否重点院校是创业的重要但非决定因素。顾晓安等（2019）以2000—2017年沪深两市A股上市公司为研究对象，其研究认为高学历、年长的财务总监对企业价值提升作用最为显著。在企业发展的不同周期中，处于成长期企业中高学历的财务总监会提升企业价值，女性财务总监会降低企业价值；处于成熟期企业中高学历、女性财务总监能提升企业价值；处于衰退期企业高学历财务总监能提高企业价值。张川等（2020）在分析2011—2018年上市A股企业数据时，发现高学历、高年龄且具有相关专业背景的CFO，其所在公司发生财务重述的概率相对较小。高凤莲等（2020）以2005—2015年深沪上市公司为样本，探讨了独立董事背景与审计质量的关系。研究发现：独立董事受教育程度高以及拥有海外背景，有利于其保持独立性和拓宽信息渠道，进而提高审计质量。

（三）有关并购绩效的国外研究综述

国外研究发现，并购对公司绩效的影响较为复杂。Healy等（1990）在对美国1979—1984年的并购企业的研究中得出，相对于行业内的其他公司，合并后的公司有着更高的现金流回报和正的超额累计收益，尤其是对业务高度重合的收购公司与目标公司来说，这种极小的提高尤其明显，且并购未对公司的长期资本与研发支出产生消极作用。Fich等（2018）在检验了大投标股东美元财富收益分布宣告的并购交易时发现，高利润的收购有如下特点：第一，目标企业相对于收购方的规模较小，并购是属于典型的“补强”

交易；第二，是交易特定事件而非公司或 CEO 特定事件；第三，通过供应链战略配合的协同增效；第四，由估值倍数高的投标人执行且在借款成本较低时执行。

对管理者背景特征同并购绩效的研究最早开始于 Roll（1986）提出的“自大假说”。他认为管理者的自大是并购发生的重要原因。过度自信的管理者容易高估目标企业的价值和并购协同效应发生作用的价值，以高于市场的价格支付给目标企业以完成并购。他支持 Kahneman 与 Tversky 的观点，即尽管人们对小概率的损失敏感，但不排除部分个体认为自己知识渊博。这些人倾向于将赌注放到自己对小概率事件机会的判断上，甚至为此付出高昂的溢价，最终导致“赢家的诅咒”。Cooper 等（2006）与 Landier 和 Thesmar（2009）分别在对美国与法国的创业企业家的调查中再次验证了 Roll 的观点，即创业企业家普遍认为自己企业成功的概率远高于别人企业，但过度自信的心理并未给企业带来好运。

Brown 和 Sarma（2007）实证检验了管理者过度自信与决策者权力在公司并购中的主导地位。他们认为，公司决策者普遍存在过度自信，并能将其意志强加于公司，对目标企业进行高于市值的并购。但总体来说，并购为公司带来的市场回报率低于理性决策者。因此，决策者过度自信程度与决策权力大小能在很大程度上解释公司并购及其绩效。Malmendier 和 Tate（2005，2008）认为并购是大公司从事的最重要的破坏性活动。他们构建了一个过度自信管理者的并购决策模型，并使用 1980 年至 1994 年间福布斯 500 强企业的决策者与并购数据，对过度自信与并购的关系进行研究。通过实证检验发现，决策者因为期望自己的行为能成功，所以他们更倾向于把好的东西归结为他们的能力，将坏的结果归结为运气，他们不仅会高估目标企业的价值，还会高估自身为企业创造的价值。他们会相信自身能力能控制好投资项目的结果。

Billett 和 Qian（2008）利用 1985—2002 年的并购样本，研究过度自信对并购频率的影响。他们认为，相比于首次并购，第二次及以上的并购公告效应并不理想。虽然和以往相比，收购的可能性增加了，但以往的正面效应并不能抑制未来交易相关的负面效应，这些结果与导致过度自信的自我归因偏差一致。除此之外，他们还发现，市场会根据收购者的收购历史来预测未来交易，并将这种预期纳入股价。

Doukas 和 Petmezas（2010）研究了管理者收购、过度自信与自我归因之间的关系。通过研究发现，过度自信与超额累计收益有一定的关联，管理者过度自信源自自我归因的偏差。发生高频率收购的公司比首次收购的公司拥有更低的财富效应。管理者往往会将成功归因于自己的能力，因而变得过于自信。在控制了高频率收购决策的内生性后，他们找到了不支持过度收购公司自我选择的证据。

除决策者背景特征外，并购类型与支付方式、公司特征与市场特征也是影响并购绩效的重要因素。Loughran 和 Vijh（1997）利用 1970—1989 年的并购数据证明了收购方式与支付方式对股票持有者的影响。在完成收购后的五年内，股票收购的超额累计收益为负，而现金收购的超额累计收益为正。作为持有收购方股票的目标公司股东，在并购宣告日前后与并购五年后并未获得正的超额累计收益。

Morck 等（1990）提出了一个股票市场对并购公司的错误估计模型，用以解释是谁并购了谁、支付方式选择、并购绩效如何等问题。他们认为，在市场估值较高时，主要是使用股票支付；当市场估值较低时，主要是使用现金支付。在收购前，现金支付的目标公司收益较低，而股票收购的竞标者收益较高。股票支付对并购企业的长期绩效有消极影响，现金支付对并购企业的长期绩效有积极影响。尽管股票支付的长期绩效为负，但利用股票支付在短期内带动股价上涨更符合股东的利益。多元化收购能在短期内提高股票价格，有利于股东利益的提升。

Anand 和 Singh（2015）研究了在衰退行业中的混合收购与行业内并购的绩效比较。在衰退行业中，企业可以通过混合并购进入新市场，也可以通过行业内并购在内部重新配置资源。在对国防工业的研究中，他们发现了混合并购绩效与行业内并购绩效的显著差异。在衡量并购宣告后股票市场的变化及并购后的财务指标状况后，发现行业内并购绩效优于混合并购绩效。另外，他们还发现即使是衰退行业，股权集中度与并购长期绩效仍然正相关。Megginson 等（2004）研究了并购中企业的股权集中度与并购长期绩效的关系。他们通过基准测试法对并购样本进行分析后发现，股权集中度与并购的长期绩效正相关。并购后股权集中度下降会导致股东平均财富下降 18%，公司价值下降 9%，且在并购三年后经营现金流也出现显著降低。这一结论与 Anand 和 Signgh（1998）的一致。

Cai 和 Sevilir（2012）研究了董事联结与并购绩效之间的关系。他们根据交易公告前是否直接联结或与第三方公司联结，将并购联结分为一级联结与二级联结，在对 1996—2008 年美国 664 家并购企业样本的研究中发现，一级董事联结公司并购比没有董事联结关系者的回报高出 2.46，二级董事联结公司并购比没有董事联结关系者的回报高出 1.62。结论显示：一级董事联结有利于收购方，因为它允许收购方以较低的收购溢价收购目标企业。另一方面，二级董事联结会给收购者带来更大的价值创造，从而使收购者受益，这一点可以从合并后的收购者和目标公告回报率更高，以及此类交易后运营业绩更好等方面得到印证。

除此之外，还有学者从并购企业与目标企业的文化差异来分析其对并购绩效的影响。Ahammad 等（2016）在研究欧洲与北美的英国跨国公司的并购绩效中发现：知识转移与保留原有员工对并购绩效有正向影响，组织文化差异对并购绩效有负向影响，但它对知识转移与并购绩效之间的关系能起到中介作用。民族文化之间的差异对知识转移与并购绩效没有直接或中介作用。

（四）有关并购绩效的国内研究综述

并购是公司治理关注的热点，国内学者对该领域的研究较多，也涌现出了一定数量的高质量成果。除了研究高管及团队的背景特征、公司及行业特征对并购绩效的影响外，由于我国国有企业在社会主义市场经济的发展中扮演着重要角色，研究不同产权属性及政治关联对并购绩效的影响也成为我国公司治理研究不同于国外的特别之处。

并购究竟是否能够提升收购公司的绩效一直是学术界在争论的一个问题。张新（2003）利用1993—2002年的上市公司样本，研究了并购与公司价值创造的关系。他发现并购重组为目标公司创造了价值，但对收购公司却造成了负面影响，且并购的社会净效应并不明朗。

过度自信是影响公司高管并购决策的重要因素。李善民和陈文婷（2010）以深沪两市A股2002—2008年发生并购的上市公司为研究对象，对管理者过度自信与并购决策的关系进行讨论。他们发现过度自信的管理者倾向于更多的并购，且并购的绩效相对较低。这一结论与Malmendier和Tate一致。另外，公司治理水平和并购显著相关。股权分置改革、公司前两位股东持股比例与并购决策负相关，内部现金流与并购决策正相关。吴超鹏等（2008）以1997—2005年之间发生的1317件连续并购事件为研究对象，发现公司管理者过度自信与学习能力对并购绩效的影响是对立的。连续并购的绩效取决于过度自信与学习能力何者占优。一般来说，首次并购成功的公司管理者容易过度自信而导致后来的并购绩效下降。若管理者从首次并购中充分学习，可以抑制后期并购绩效下降的可能。首次并购成功的公司管理者若充分学习，可避免下次并购绩效下降，若没有进行学习，则并购绩效逐次下降；首次并购失败的公司管理者充分吸收经验教训，可在下次并购中避免绩效下降，若没有总结经验教训，则并购绩效将继续逐次下降。

有学者对高管个人经历与并购绩效的关系进行研究。赖黎等（2017）利用2006—2015年深沪两市A股并购公司的样本，研究有从军经历的高管对并购决策的影响。他们发现，有从军经历的管理者更倾向于采取并购战略，且并购支出更多，长期绩效则更好。国有企业与非国有企业相比，董事长与其他高管相比，这种现象更为明显。李善民和周珏廷（2022）认为拥有金融背景的高管，能够带领公司克服并购中面临的融资难和风险高的问题，通过增加企业异地并购，使并购融资方式更加多元、并购规模更大并且缩短了并购交易时间，实现更高质量的并购。

在“一带一路”倡议的大背景下，我国企业海外并购更加频繁。顾露露和 Robert Reed（2011）研究了 1994—2009 年国内 157 个企业的海外并购绩效。不同于其他人对我国海外并购失败率高的论断，他们发现这些企业在实施了海外并购战略后，无论是首次公告前后还是中长期的超额回报均为非负，显示了中国“走出去”战略的成功意义。另外，国有企业海外并购绩效明显低于非国有企业，海外上市公司绩效优于国内上市公司。余鹏翼和王满四（2014）以 2005—2010 年深沪两市成功进行跨国并购的公司为样本，综合研究了跨国并购绩效的影响因素。他们发现，以现金作为支付方式、第一大股东持股数量多、并购公司与目标公司所在国家文化差异与并购后收购公司的绩效正相关。收购公司的政治关联度与并购短期绩效正相关，与并购长期绩效负相关；收购公司的规模与并购短期绩效负相关，与并购长期正相关。周中胜等（2020）考察了高管海外背景对并购财务绩效的影响。他们认为，拥有海外留学背景的高管有助于提高企业海外并购后的财务绩效，且在高管团队中“海归”人员比例越大，财务并购绩效越好。另外，相较于民营企业，国有企业的这种趋势更为明显。张继德和张家轩（2022）利用 2009—2018 深沪两市进行跨国并购企业的数据，研究了高管海外经历对企业跨国并购的影响。研究表明：具有海外经历的高管有着更强的跨国并购意愿。

高管在多大程度上影响公司决策，取决于其权力大小。通常高管的持股比重，以及董事长和总经理是否二职合一是影响权力大小的衡量标准和重要因素。余鹏翼和王满四（2018）利用 2013—2015 年深沪两市 1096 个并购事件为样本进行研究，发现董事长与总经理二职合一对企业并购绩效有正面影响，连锁董事对企业并购绩效有负面影响，既有二职合一又有连锁董事对并购绩效有负面影响。从公司治理水平上看，治理水平越高的企业越能从并购中获得更高收益。另外，高管的外部关系，特别是和标的公司与政府的关系对收购公司的并购绩效会产生重要影响。陈仕华等（2013）利用 2004—2011 年的上市公司并购数据，研究了并购企业与目标企业之间董事联结对目标公司的选择及并购绩效的影响。研究发现双方存在董事联结关系者更容易成为并购目标公司，且与董事联结方发生并购后虽然在短期内并无显著影响，但在并购发生一段时间后的长期绩效有提升作用。这种作用的影响程度和董事联结的方式相关。张雯等（2013）则讨论了政治干预、企业并购特征与并购绩效的关系。他们认为，政治关联者较之其他企业会实施更多的并购，且并购关联企业并购主要对象为国有控股企业，但这种形式的并购造成了并购绩效的下降，且幅度大于非政治关联企业。并购了国有控股企业的收购公司损失最大。

并购类型对不同产权属性或处在不同生命周期的企业会产生不同的影响。冯根福和吴林江（2001）利用1994—1998年发生过并购的上市公司作为研究对象，发现虽然并购后第一年上市公司绩效有所提高，但在随后普遍出现业绩下滑的现象。从并购类型上看，混合并购虽在短期内对提高公司绩效有所帮助，但长期来看作用有限；横向并购在短期内对公司绩效提高没有显著影响，但随着时间的推移，其绩效有稳定上升趋势。从股东持股来看，第一大股东持股比例与并购当年绩效正相关，而对并购后各年绩效的影响不大。从产权属性上看，短期内国家控股公司绩效优于非国家控股公司，而在长期内没有显著差别。王凤荣和高飞（2012）利用2006—2008年发生过并购的地方国有企业，研究政府干预、产业生命周期与并购绩效的关系。研究发现，较高的政治干预对处于成长期的地方国有企业并购绩效有负面影响，而对处于成熟期的地方国有企业并购绩效有显著的正面影响。范从来和袁静（2002）、刘笑萍等（2009）的研究发现：不同生命周期的公司选择不同并购类型会带来不同绩效。处于成长期的公司为了获得规模经济和增强市场竞争力，通过横向并购能提高公司绩效；处于成熟期的公司为了减少交易费用和避免因专用性资产投资带来的“敲竹杠”问题，可以进行前后向的纵向并购获得协同效应，从而提高公司绩效；处于衰退期的公司为了获得新的增长点，可以通过混合并购提高公司绩效。另外，公司规模也是公司前期绩效的积累。

此外，支付方式、公司类型也是影响并购绩效的重要因素。葛结根（2015）认为对支付方式的选择是并购决策的重要内容之一。他选取了2006—2011年发生并购的公司为样本进行研究，发现有偿并购的绩效明显好于无偿并购的绩效，现金支付及现金与资产混合支付的绩效相对稳定，资产支付的绩效容易高开低走，现金与债务组合支付的方式往往先升后降。宋晓华等（2016）利用2010—2015年A股上市公司的数据，研究公众公司的并购问题。他们发现，标的公司是否为公众公司对并购绩效没有显著影响，但并购不同类型标的公司的绩效会受到相对规模的影响。在标的公司为公众公司的前提下，相对规模与并购短期绩效正相关，而与长期绩效没有显著关系。

（五）文献评述

从已有研究教育背景和并购绩效的文献中可以发现：目前分别研究教育背景与并购绩效的成果较多，但将两者结合起来研究的文献还未出现。究其原因，可能在于两者并未表现出直接的联系，但实际上并非如此。根据行为金融学的内容可知，个体的行为选择会受到其认知与心理特征的影响，现有的心理学研究成果已经验证了教育对个体认知与心理特征具有重要作用，并购绩效作为决策者行为选择的结果，必然也受其影响。因此，研究教育背景与并购绩效的关系，具有必要性与合理性。

对教育背景与并购绩效的研究中经常共同涉及公司风险问题，即教育背景能影响公司风险，而公司风险又能对并购绩效产生作用。公司风险与决策者个人的风险偏好有关，即教育影响的风险承受水平与影响并购绩效的过度自信在本质上都是公司决策者风险偏好的外在表现。对于教育背景、并购绩效以及它们中间的风险偏好，大多数学者从三个角度进行探索，一是研究高管教育背景对公司风险的影响，二是研究高管教育背景对公司战略决策及绩效的影响，三是研究高管团队教育背景异质性对公司风险或战略决策及绩效的影响。首先，从研究视角上看，教育背景只是作为背景特征中的一部分进行研究，单独研究者极少；其次，管理者风险偏好受包括教育在内的背景特征的影响，又能左右战略决策，但目前研究风险偏好中介作用的极少。一般来说，个人经历、价值观和性格特征影响高管的视野、选择感知与解释，从而影响高管决策，进而导致公司绩效的差异。但大部分学者在建立模型时，并没有将这种信息处理从加工到选择的传导机制表现出来，导致背景特征是否转化为战略选择仍是一个“黑箱”。（Crossland 和 Hambrick，2007）再者，从教育背景二级衡量指标来看，以往代表教育背景的变量多为学历，后又陆续加入了专业背景、海外留学、学校层次，而学校类型并未被考虑在内。不同类型学校由于学生结构、学科设置等方面的差异使得学校氛围大不相同，对学生认知与价值观形成产生了重要影响，因此学校类型也应被纳入教育背景的研究范围。另外，MBA 教育属于高等职业教育，在完成学业后也能获得国家认可的学位证书，因此也理应被纳入教育背景的研究之中。最后，虽然目前已有文献对背景特征与并购绩效进行研究，但研究教育这一重要背景特征对并购绩效的影响则较为少见，更未出现过单独的探讨。教育是人力资本形成最重要的来源，而公司决策者能力则是企业家人力资本的外在表现。本研究在高阶梯队理论的研究框架下，设定含有风险偏好的实证模型，分析教育背景中各维度对并购绩效的影响，在理论上与现实上有着重大意义。

## 三、研究思路与方法

### （一）研究思路

本研究以企业家人力资本理论为研究起点，高阶梯队理论为研究范式，正确认识与改革我国现行教育体系和人才培养与选拔模式为研究落脚点，研究公司决策者教育背景与并购绩效的关系。公司决策者的教育背景从两个方向影响并购绩效：一是教育背景通过风险偏好间接影响并购决策，导致不同的并购绩效；二是教育背景直接影响并购决策，导致不同的并购绩效。根据高阶梯队理论的范式，本研究建立了公司决策者教育背景与并购绩效的实证模型。模型选取 2011—2017 年深沪两市发生过并购的公司决策者即董事长为研究对象，选择学历、学校类型、学校层次、专业背景、MBA、海外留学作为教育背景的代理变量，以任期内实施的并购事件首次公告日前三天到后一天的超额累计收益为并购短期绩效，事件发生后一年与前一年的总资产净利润率变化值 ΔROA 为并购长期绩效，分析教育背景对并购绩效的影响。在得出实证结论后，总结我国现行教育体系和人才培养与选拔模式的启示与建议。

本书采用“问题提出—理论基础—数据搜集与整理—实证分析—启示和建议”的思路，通过“选题讨论—文献搜集整理—确立选题—数据搜集整理—指标体系与模型构建—专家咨询、讨论—论文撰写—专家咨询、讨论—内容修改—完成终稿”的研究计划来完成。

（二）研究方法

1. 文献分析法

本研究搜集和整理了大量有关教育目的、教育功能、教育管理、人力资本、企业家人力资本、高阶梯队理论以及企业并购的文献，对教育与人力资本、背景特征与战略决策的研究前沿，现阶段教育经济学、教育管理学、公司治理在相关方向取得的成果及不足等主题进行充分挖掘，并聚焦学科的交叉点及空白点，从中获得选题。另外，综合利用多种手段，从不同渠道收集实证分析所需的原始数据和公司并购、MBA 教育、创新创业教育的实践案例，作为计量模型的样本及启示与建议部分的论证材料。

2. 规范分析与实证分析相结合

规范分析是一种“应然”，即以一定的价值判断为基础，判断某一现象是否与价值判断相一致，如果不一致，原因是什么。例如在本研究中，人力资本理论认为，受教育数量同人力资本存量正相关，而更多的人力资本存量能提高公司治理水平，促进经济增长。若实证结果与之有出入，则问题出在哪儿？如何解决问题？实证分析是一种“实然”，即对客观现实进行统计与概括，以验证已有结论是否正确，在研究过程中并不掺杂主观价值判断。本研究通过实证模型的构建，客观描述并购公司决策者受教育情况以及对并购绩效的影响，然后分析结论与假设存在差距的原因，并据此做出判断，是规范分析与实证分析相结合的典范。

3. 定性分析与定量分析相结合

定性分析是指在已有文献资料的基础上，通过逻辑推理、思辨等方式，对研究对象的性质与发展趋势做出主观判断。定量分析是指以数据为基础，利用统计学方法科学、准确地对研究对象与发展趋势，并做出客观描述与概括。本研究通过对文献的梳理，对教育各维度影响并购做出初步假设，然后利用上市公司数据建立实证模型，进行验证，是定性分析与定量分析结合的典型应用。

4. 案例分析法

案例分析法又被称为个案分析法或典型分析法，是对代表性的事物或现象进行深入、仔细和周密的研究，以获得对总体认识的一种科学分析方法。本研究在第二章阐述公司决策者教育背景与并购绩效的理论框架时，借鉴了三星并购哈曼的经典案例进行分析。在第七章，又以美国哈佛商学院 MBA 教育为例，对我国 MBA 教育的改进提出对策建议。

5. 跨学科研究法

本研究以企业家人力资本理论为研究起点、高阶梯队理论为研究框架、并购绩效为研究对象、教育体系和人才培养与选拔模式为落脚点，对公司决策者教育背景与并购绩效进行研究，并就实证模型的结果进行分析，总结出对我国现行教育体系和人才培养与选拔模式的启示和建议。全书研究内容涉及经济学、管理学、教育学、心理学等多个学科领域，是跨学科研究的成果。

## 四、研究内容

研究内容一：公司决策者教育背景的研究起源

公司决策者教育背景研究起源于企业家人力资本理论。决策者凭借个人能力对公司战略进行决策，并对企业内部与经济社会产生影响。决策者能力是其企业家人力资本的外在表现。通过对人力资本相关文献的梳理，明确企业家人力资本的外在表现、作用、特点及形成来源，厘清公司决策者能力、企业家人力资本与教育三者之间的关系，从理论上认识教育通过人力资本作用于公司决策者能力，进而对公司战略决策与绩效产生影响的作用机理。该部分内容的阐述为下文实证研究的必要性与合理性提供了依据。

研究内容二：风险偏好在教育背景与并购绩效中的中介作用

风险偏好是指管理者为了实现目标在承担风险上的基本态度，或者对风险事件与结果的一种倾向性。通过对已有文献的梳理，明确风险偏好的内涵、影响因素与测度方式。高阶梯队理论认为，作为一种心理特征，风险偏好受到教育背景的影响，并将这种影响施加于个体的行为选择。根据这一论断，本文在实证模型中，运用因果步骤法，检验了风险偏好在公司决策者教育背景与并购绩效中的中介作用，细化了由背景特征到行为选择的“输入—输出”过程，在一定程度上解决了“黑箱问题”。

研究内容三：公司决策者教育背景与并购短期绩效的关系

根据信号传递理论可知，并购发生后的影响会首先在股票市场上反映出来。公司决策者能够凭借自身能力对并购战略做出决策，在短期内释放出利好消息，引起股票价格迅速上涨，提高公司利益相关者的收益。通过对有关教育背景和并购绩效的文献归纳与整合，对教育不同维度与并购短期绩效的关系做出假设，并构建实证模型进行检验。根据检验结果，对照我国现行教育体系和人才培养与选拔模式的现状，找出存在的问题并予以解释和分析。

研究内容四：公司决策者教育背景与并购长期绩效的关系

并购发生一段时间后，公司规模、内部交易费用、市场竞争力等方面开始逐渐发生变化，并从公司财务指标上得到体现。公司决策者凭借自身能力对并购战略做出决策，在并购发生一段时间后使公司规模扩大、交易费用下降、市场竞争力增强。通过对有关教育背景与并购绩效的文献进行归纳与梳理，对教育不同维度与并购长期绩效的关系作出假设，并构建实证模型进行检验。根据检验结果，对照我国教育体系和人才培养与选拔模式的现状，找出存在的问题并予以解释和分析。

研究内容五：公司决策者教育背景作用于并购绩效的内在机制分析

实证研究必须建立在对对象的观察基础之上，即使统计上的因果关系显著，也不足以说明两者之间存在真实的因果规律，因此有必要在实证结果的基础上进一步分析事物内在的作用机制，解决高管背景研究中的“黑箱问题”。大学的教育经历，对企业家理想确立、人格完善和领导力塑造有着至关重要的作用，是企业家人力资本形成的重要来源，而公司决策者的企业家人力资本在很大程度上决定着并购决策的结果。通过对知名企业家的访谈演讲、西点军校访学人员的回忆内容，以及联想并购 IBM 经典案例的梳理和

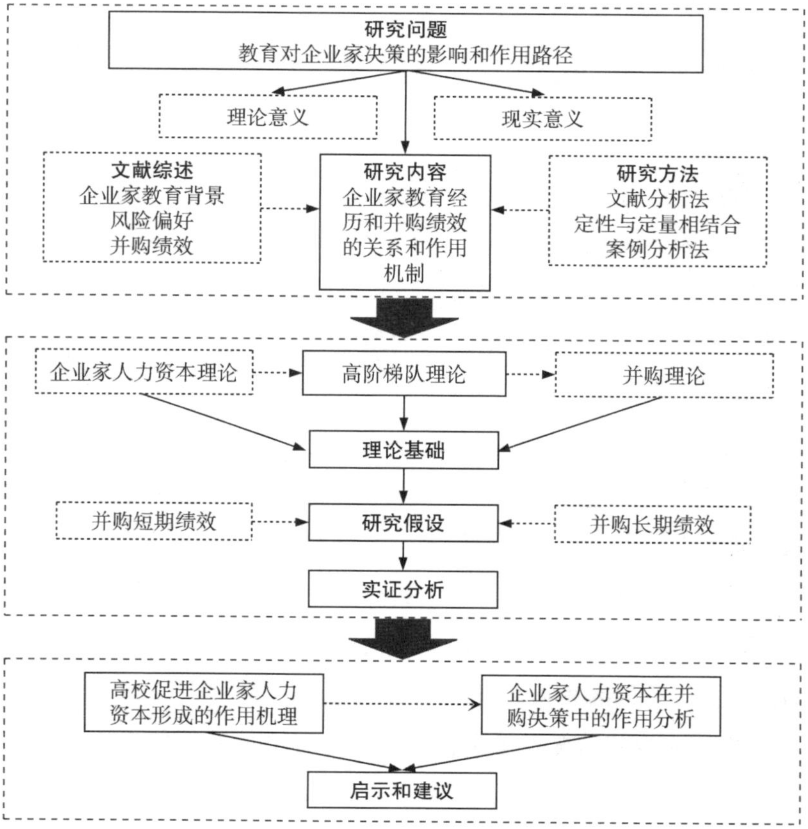


**图 1　公司决策者教育背景与并购绩效关系研究结构图**

分析，探索大学教育在企业家成长过程中起到的作用，更深层次地找出教育对企业家人力资本形成产生作用的内在机制，以及企业家人力资本对并购决策的重要影响。

研究内容六：公司决策者教育背景与并购绩效的启示与建议

基于前文实证研究的结论及原因分析，以提高企业家人力资本为目的，结合国外经验和我国教育体系及人才培养与选拔模式的弊端，分别从研究生学历教育、财经类院校建设、高校分类分层、非重点院校歧视、专业教育与“双创”教育融合、MBA 课程设计、办学与招生、教师选拔培训以及立足我国与区域发展现实、培养适应国内需要的归国人才等方面总结启示和建议。本研究的结构图如图 1 所示。

## 五、研究难点与创新点

### （一）研究难点

本研究的难点有以下四个方面：

1. 教育背景衡量指标的选择

教育背景不能用单一指标来衡量。教育内涵的深度和广度决定了教育背景的多维性与复杂性。如何针对现实问题，选取教育背景的二级衡量指标，是本研究拟解决的第一个难点。

2. 公司决策者的界定

董事长是企业的最高领导者，统领董事会，并对企业的方向和战略负责。国内研究中，大多把董事长作为公司决策者。但历史上，自亨利·福特三世 1960 年邀请号称“蓝血十杰”之首的麦克马拉曼担任福特汽车的总裁并亲自担任 CEO 后，公司决策权经常会同时掌握在董事长与 CEO 手中，最终的战略决策是两者博弈的结果。即使在中国的民营企业，董事长挂虚职、CEO 掌握实权的情况也屡屡存在。如何正确判断我国上市公司的实际决策者，是本研究拟解决的第二个难点。

3. 数据资料的搜集

本研究涉及 2011—2017 年 A 股上市公司的财务、股票、并购以及高管背景的数据与信息。国泰安数据库能够提供大部分数据资料，但仍有部分数据缺失，需要从其他渠道，如wind数据库、公司年度报表、新浪财经或其他数据库及网页获得并手工录入。另外，由于高管背景研究在中国兴起的时间不长，许多资料没有在数据库、官网与财经网站上公开，需要研究者去其他途径获取。这是本研究拟解决的第三个难点。

4. 建立包含风险偏好中介变量的实证研究体系

以往研究多致力于背景特征与风险偏好、风险偏好与战略决策，或背景特征与战略决策及绩效的关系研究。这三种研究思路都未能做到将背景特征、风险偏好与战略决策及绩效纳入一个模型体系中，并完整展现教育背景到并购绩效的“输入—输出”过程。Hambrick提出的高管背景研究“黑箱问题”在这三种研究思路中一直没能有效解决。如何测度风险偏好？如何通过风险偏好建立教育背景与并购绩效的实证模型？如何选取控制变量解决内生性问题？这是本研究拟解决的第四个难点。

（二）研究创新点

第一，首次将学校类型和长期独立研究的MBA，纳入高阶梯队理论研究范式下的教育背景之中，丰富了教育背景的内涵。MBA是针对工商管理人才的一种学位教育，在国外已经风靡多时，也已为商界培养出众多高级管理人才。国内MBA教育起步较晚，但也已成为公司高管在职学习和晋升镀金的重要手段。作为高等职业教育的一种，高教研究曾长期将此忽略。另外，不同类型学校在师资生源、办学特色、优势学科上的差异形成了不同的校园文化氛围，这种文化氛围对受教育者潜移默化的熏陶，深刻影响其思维方式。本研究将MBA和学校类型纳入教育背景的研究中，丰富了教育背景的内涵。

第二，以风险偏好为中介变量，研究公司决策者教育背景对并购绩效的影响，在一定程度上解决了“黑箱问题”。风险偏好是决策者心理特征的一部分，其形成受到性别、年龄、家庭背景、人生阅历、教育背景的影响。教育除了影响风险偏好外，还能通过传授知识来增加受教育者的知识储备，提高受教育者的认知水平。因此，教育能通过认知和风险偏好直接或间接影响公司决策者战略决策，进而导致不同的决策绩效。前人研究主要集中在教育背景对财务风险、教育背景对战略决策的影响，但并未深入研究中间的传导机制，Hambrick 提出的“黑箱问题”也一直未得到有效解决。本文以公司决策者持有风险资产的比重作为风险偏好的代理变量，以风险偏好为中介变量，研究公司决策者教育背景对并购绩效的影响，在一定程度上解决了“黑箱问题”。

第三，以公司治理的视角研究教育对企业家人力资本的提升作用，并总结对我国现行教育体系和人才培养与选拔模式的启示与建议，拓宽了教育经济与管理的研究范围。作为国家重点建设的三支人才队伍之一，高级管理人才的培养与选拔直接关系着我国能否确立人才比较优势，进入世界人才强国行列。本研究以企业家人力资本理论为起点，从不同教育背景公司决策者对并购绩效的影响差异出发，重新审视我国现行教育体系和人才培养与选拔机制，并提出相应的启示和建议。这种以受教育者决策绩效来反推我国当前教育对人力资本存量提升效果的研究视角，与以往人力资本研究和教育质量评价研究均有显著差异，是教育经济与管理视角及方法上的一种创新。

# 第一章　概念界定和理论基础

## 一、概念界定

### （一）公司决策者

“决策”，英文名“decision”，在《牛津辞典》中有“the act of decision”（做决定的行动）、“a conclusive judgment”（最终判决或结论性判断）以及“the conclusion arrived at”（得出的结论）的含义。在我国，“决策”一词最早出现在《韩非子》中，即“智者决策于愚人，贤士程行于不肖，则贤智之士奚时得用，而人主之明塞矣”。在《中国大百科全书·自动控制与系统工程卷》中，“决策”是最优地达到目标，对若干个备选的方案进行的选择。《苏联大百科全书》中，“决策”是自由意志行动的必要元素……和实现自由意志行动的手段。自由意志行动要先有目的和行动的手段，在体力动作之前完成智力行动，要考虑完成或反对这次行动的理由。而这一智力行动以制定一项政策告终。该定义有一项含义：决策是一项智力活动，与人的意志、主观愿望和价值判断有关，这种主观性造成了决策结果的不唯一。《大英百科全书》中，“决策”是社会科学中用来描述人类进行选择过程的术语。《哈佛管理丛书》认为“决策”是指考虑策略（或办法）来解决未来问题的智力活动，这一定义强调了决策的目标和本质。

“决策者”，即决策主体，是决策系统中体现主观能动性的要素，在决策活动中占据特别重要的地位（张书珩，2005）。决策的过程虽然复杂，但最终必须要由一个人来完成。有时在特定的组织与活动中，决策者也可能不是一个人，而是按一定规则组织起来的一个群体。决策者的决策能力取决于其智能结构。对于集体决策者，决策主体的智能结构是指集团成员互动过程中形成的一种集体智力以及团队个人所具备的智能的一种动态知识结构。对于个人决策者而言，则是其禀赋、经历、家庭状况等形成的智能组合。

中国企业普遍存在股权集中度较高的问题，决策者背景特征对公司战略的影响较之西方国家更为明显（赖黎等，2017）。在并购战略中，公司决策者对并购绩效有着决定性影响，公司决策者智能的不同决定着并购绩效的差异。对于公司决策者是董事长还是 CEO，学者们持有不同态度。李善民和陈文婷（2010）在论文中将公司 CEO 作为决策者，姜付秀等（2009）、王永海和周为（2013）在论文中将董事长作为公司决策者，而张瀛之等（2017）则认为公司决策者是高管团队。在中国，由于股权分置改革时间较短，大多数上市公司董事长在企业中拥有绝对的控制权与决策权，董事长与总经理二职合一的情况普遍存在。民营企业的董事长多是企业的创始人，是企业发展壮大的保证与企业灵魂之所在。国有企业董事长是政府委派的代理人，多身兼党委书记职务，代表党和国家全面领导公司各项工作。宋德舜（2004）在中国上市公司董事长与总经理权力之争的实证研究中也发现：中国上市公司没有类似于西方国家 CEO 的职位，从中国公司最有可能作为公司“一把手”的两个职位来看，董事长更像是公司决策者。因此，我国上市公司的战略决策更多依靠的是董事长个人的能力与眼界，而非集体智慧。战略决策带来的绩效差异更能反映决策者的个人能力。从人力资本的角度看，公司决策者能力是企业家人力资本的一种外在表现。考察公司战略决策绩效，能较好地反映董事长的企业家人力资本存量。教育是企业家人力资本形成的重要来源。并购绩效的差异，恰好是个体受教育成效的一种综合显现。本研究将董事长作为公司决策者，通过对不同教育背景决策者所在公司并购绩效的差异进行分析，考察教育各维度对决策者智能的影响，进而总结对我国教育体系与人才培养与选拔模式的启示和建议。

（二）教育背景

“教育背景”要分别从“教育”与“背景”两个词的含义进行解读。“教育”一词取自孟子在《尽心》中的一句话：“得天下英才而教育之。”从该句话的字面意思可知，“教育”既有选拔英才的功能，又有培养完善使之成为国家栋梁的功能。古希腊哲学家苏格拉底对此有着不同的认识，他认为教育的目的在于唤醒个人的自我意识，促进价值观、生命感、创造力的觉醒，以实现生命意义自由、自觉地构建。

我国辞书及相关著作中对“教育”有如下定义：(1) 培养新生一代准备从事社会生活的整个过程，主要是指学校对儿童、少年、青年进行培养的过程。(《现代汉语词典》) (2) 教育是培养人的一种社会现象，是传递生产经验与生活经验的必要手段。(《中国大百科全书·教育卷》) (3) 教育有广义和狭义之分。从广义上说，就是以影响人的身心发展为直接目的的社会活动；从狭义上说，是指专职人员与专门机构从事的学校教育。(《辞海》) (4) 教育是传递社会生活经验并培养人的社会活动，从广义上讲，泛指影响人们知识、技能、身心健康、思想品德形成与发展的各项活动。(《教育大辞典》) (5) 从广义上看，教育是指一切增进人们知识、技能、身心健康以及形成与改变人们思想意识的活动。(南京师范大学教育系编《教育学》) (6) 教育是一种以人的培养作为本质属性的社会活动。(潘懋元主编《高等教育学》) (7) 教育是有意识地影响人身心发展的社会活动。(叶澜著《教育概论》) (8) 教育是培养人的一种社会活动，是传承社会文化、传递生产经验和社会生活经验的基本途径。(袁振国主编《当代教育学》) (9) 教育是培养人的社会活动，这是教育质的规定与教育的本质。(王道俊、王汉澜主编《教育学》)

国外教育学家也曾对教育的含义进行过诠释。俄国教育家乌申斯基认为：教育从广义上来说，就是大自然、家庭、社会、群众以及宗教的熏染；狭义上来说，是指专门从事学校教育的教师从事的活动。完善的教育能够让人的智力、体力与道德精神得到更好的发挥。瑞士教育家裴斯泰洛奇认为：教育是为了激发人的全部天赋与能力。英国哲学家培根认为：教育能培养科学与理性之人。斯宾塞认为：教育培养人的生活知识使个人生活完满。德国哲学家、教育学家康德认为：教育能培养人的自我能动性，使人从“天性的自我”上升到“精神的自我”。美国实用主义教育家杜威认为：教育是社会生活的延续，也是个体的生活与生长。马斯洛曾提出过著名的需求层次理论，他认为教育的根本目的在于“自我实现”，即丰满人性的形成，使人种或个人能够达到最高程度的发展。

从教育的定义可以看出，教育是一项社会活动，落脚点在于人的培养。教育可分为广义的教育与狭义的教育。广义的教育者包括对个体施加影响的所有对象，如家庭、学校、社会甚至自然环境等。狭义的教育者只能是学校等正式教育机构。家庭教育是指父母及其他长辈对子女或家庭成员中其他晚辈的教育。家庭教育的主要对象是幼儿、儿童与少年；主要任务是对身心健康和良好生活习惯的培养，并为个体社会化打好基础。家庭教育的目标具体可分为两个阶段：儿童入学前，帮助儿童做好学前基础教育，为接受学校正式教育做好准备。儿童入学后，要辅助学校教育，促进儿童德、智、体全面发展。家庭教育以父母言传身教为主，但随着年龄的增长，家庭教育的影响会逐渐减弱。

社会教育，从广义上说，是指与学校教育、家庭教育并行的，影响人身心发展的社会活动；狭义上说，是指社会文教机构对青少年及人民群众开展的各种文化及生活知识的教育活动。社会教育的对象是人民群众，即每个个体。从广义上看，教育者可以是除家庭、学校以外对个体能产生影响的社会机构、社会团体与社会成员，以及其他通过耳濡目染、潜移默化的方式获得知识、技能的渠道主体。狭义的教育者仅仅是社会机构及团体。尽管社会教育在整个教育体系中处于辅助与补偿地位，但在当今社会起到的作用越来越不可忽视。社会教育的作用是广泛而多样的。对于青少年，社会教育能对学生的思想品德、知识技能、兴趣爱好与特长的培养产生积极作用；对于大众，能弥补学校教育的缺陷、满足继续学习的需要，政治、法律、道德教育还有利于社会安定。在当今生产生活日益社会化的时代，社会教育的作用会越来越重要，特别是成年人会越来越受到社会教育的影响。

学校教育是指各级各类学校对学生进行的教育。学校教育的主要对象是少年与青年，教育者是各级各类学校及学校教职人员。学校教育的主要任务是有计划、有组织、有目的地向学生教授社会规范、道德标准以及必要的知识与技能。学校教育的目标是按照社会与阶级标准，将前人的经验转化为学生个人的经验，将社会规范与标准内化，使受教育者能在社会生活中扮演不同角色，为个人生存发展及成为社会所需的人才奠定基础。

本研究的“教育”，是指的狭义上的教育，即学校的正式教育。学校正式教育的特点，是有国家与学校颁发的学历学位证明。本研究考察的公司决策者“教育背景”，是指决策者接受正式教育，且获得学历学位认可的教育经历。另外，本文考察的“教育背景”，主要侧重于“高等教育背景”。这样做的原因有两点：(1) 基础教育背景的资料难以搜集，而上市公司高管的高等教育背景在各大数据库、财经网站及公司官网均有公开发布。(2) 基础教育多为通识教育，对个体异质性的影响有限；高等教育培养了个人的专业知识，且丰富多彩的校园生活与学生组织生活为个体提供了可供选择的发展机会，个人对专业与校园活动的选择不仅反映且进一步修正和完善了认知结构、价值观等个性特征。因此，相较于基础教育，高等教育对高管决策能力的影响更为显著。MBA 作为专门针对高管人员的教育，由学校机构负责并对达到毕业要求者颁发国家认可的学位，因此也被纳入教育背景的研究当中。另外，家庭教育和社会教育内容广泛，且不易度量，故暂未放入教育背景的考察范围之中。

（三）风险偏好

公司并购战略作为一项投资决策，受公司决策者风险偏好的影响。根据前文内容可知，教育能够影响公司决策者风险偏好。因此，风险偏好对教育背景和并购绩效的中介作用也是本研究的重点考察对象。

1. 风险偏好的含义

传统的经济学认为，决策者拥有完全信息，且并不包含不确定性因素。决策者根据事件状态与外部约束，集中找出最优方案。随着对经济现象理解的加深，传统经济学假设已无法解释众多经济现象和个体决策。经济学假设被放宽，风险与不确定性被纳入研究范畴。风险是指实际值对均值的偏离程度，但通常所说的风险则是指带来负面影响的偏离。偏好是行为主体根据自己的意愿对不同事件状态的一种价值判断。风险偏好是指行为人对待风险的态度。根据风险态度的差异，通常将行为人分为风险爱好者、风险厌恶者与风险中性者。有的行为人愿意承担偏离均值带来的波动性并主观上希望从中获得超过均值的收益，则称之为风险爱好者；有的行为人希望避免偏离均值的波动性而获得固定收益，则称之为风险厌恶者；对偏离均值波动性且即不偏好又不厌恶风险的行为人，称之为风险中性者。三种不同风险偏好能够以效用曲线的形状加以区分。风险偏好作为一种主观认知偏好，会受到人的认知及客观环境的影响，且影响人的行为决策。在公司层面，风险偏好的作用则表现为公司决策者的风险偏好差异导致了面对同一投资项目会出现不同的风险态度，进而对公司战略选择产生决定性影响。以前的学者认为，风险偏好是稳定不变的，但也有学者逐渐认识到，心理因素的复杂性以及环境变化会改变行为人的认知与风险态度，风险偏好也会随之改变。

2. 风险偏好的度量

(1) 效用函数

风险偏好的度量最初起源于期望效用函数。冯·诺依曼与摩根斯坦利用数学工具对不确定性问题进行研究，并提出了期望效用理论。该理论首次将效用函数引入风险偏好的研究中，即提出了著名的 VN-M 函数。VN-M 函数开创了个体投资风险态度测度的先河。Arrow 和 Lind（1970）及 Pratt（1976）提出了风险偏好的一般定义。他们根据效用函数形状的差异将决策者风险态度分为风险爱好、风险厌恶与风险中性，并用求期望效用函数的一、二阶导的方法对风险态度的分类进行了度量和判定。Arrow（1971）进一步提出：个体期望效用降低的程度越大，其风险承受的水平越低，即个体更厌恶风险。他提出了绝对风险厌恶系数（DARA）来测度个体风险偏好。Merton（1980）剔除了 Arrow 的绝对财富作用，提出相对风险厌恶系数

(DRRA)。此后，国内外学者在绝对风险厌恶系数与相对风险厌恶系数的基础上进行补充与完善，形成了自己的风险偏好测度方法。例如，Epstein 和 Zin（1991）在将风险规避系数与跨期替代系数进行严格区分的基础上，提出了递归形式的效用函数。中国学者姜树元和姜青舫（2007）没有在效用函数构造中预设风险偏好的性质，而是根据行为偏好的系统分类，构建未知效用度量的函数方程。利用一般解，求得在静态条件下用于效用测度的统一函数式系统，与实际偏好的不同类型相对应。函数参数的取值确定了不同类型下的偏好强度。

（2）量表与实验

Hsee 等（1999）设计了一套风险偏好水平测试问卷以及相应的风险偏好估计指数（RPI）。在量表中，设计不同情境，并将其划分为“较具风险”“较为安全”两种备选方案。然后根据被测试者的选择比例来计算分值，从而确定其风险偏好。在所有被测试者完成测试后，可以将单个样本值与总样本均值进行对比。若高于平均值，则为风险爱好者；若低于平均值，则为风险厌恶者。Goldberg 等（2006）以提问的方式来设计量表，测度决策者的风险态度，其问题包括“你会进行高风险的投资活动吗?”“你是否喜欢寻求风险”等。白云涛等（2007）将 Goldberg 的量表运用到高管团队风险偏好的测度中，研究了高管团队风险偏好异质性与过程结果满意度、决策时间及决策一致性的关系。

（3）风险资产比重

部分学者在做财务金融的实证研究中，认为个体风险资产占总资产的比重能够反映个体的风险偏好。因此，风险资产占比被广泛作为个人风险偏好的代理变量。Friend 和 Blume（1975）最早运用该方法衡量个体偏好。在对美联储 1962—1963 年的数据调查中发现：个人财富中风险资产的比重随着个人财富的增加而增加。Cohn 等（1975）在对经纪公司 588 个投资者的研究中也得出了与 Friend 相似的结论。Moers 和 Peek（2001）利用该方法发现管理者风险偏好与风险资产比重的波动性呈正相关。Sawers（2006）的研究发现：股票期权能够影响管理者风险行为。在亏损阶段，占有较多风险资产的个人会较少追求风险。不同于其他人的是，Walls 和 Dyer（1996）按照企业资源中风险资产与非风险资产的比重来衡量高管风险偏好。

（4）VAR 理论

随着财务与金融理论的发展，部分学者认为能够利用 VAR 理论来度量投资者风险偏好。VAR 模型计算公式逆向推算能够得到置信度与风险容忍值之间关系的公式。将该公式对投资者风险偏好进行测度，可以得到投资者备选的风险偏好水平。VAR 作为影响深远的风险测度方法，主要指某一项金融资产或投资组合在市场正常波动下可能造成的最大损失。一些国内学者借鉴了该方法，与 Shefrin 与 Statman 的行为资产组合理论相结合，对投资者风险偏好进行测度。文凤华和马超群（2002）根据行为金融理论的有关内容，结合马克维茨资产定价理论，用 VAR 对风险偏好进行测度，并将其用到对最优投资决策的研究中。张金清（2004）首先用 VAR 的逆向问题对风险偏好进行测度，然后将该方法用于分析非传统理性行为投资者的风险偏好，并与理性行为投资者风险偏好与投资行为进行分析与比较，以确定最佳投资选择方案。

（5）各方法评述

效用函数度量风险偏好具有直观、明确的特点，但该方法也有重大缺陷：方差是效用函数表征风险偏好的唯一指标，它是一个固定值，这虽然可以明确划分风险态度类型，便于模型研究，却与实际情况有所出入。在现实生活中，环境、性格、情绪等诸多因素的影响会带来风险偏好的变化。由于效用函数对风险态度划分清晰，各风险态度之间呈现间断、无交集状态，这与现实情况中决策者风险偏好连续且相交的状态不太相符。针对这一缺陷开发出的量表测度法，更加贴近决策者心理特征，克服了效用函数存在的问题。但这种金融学实验能够得到的数据有限，不利于大样本的统计研究。风险资产占总资产比重的方法在公司治理研究中较为普遍，主要是因为风险资产和总资产的数据在公司财务报表中均有披露且计算简便，作为风险偏好的代理变量具有一定的合理性。但在准确性上，风险资产比重仍然有所欠缺。VAR 值描述的是损失状况，接近决策者的心理特征。相较于效用函数及风险资产比重的测度更为客观真实，也容易做大样本进行实证分析。但在本研究中，VAR 法受限于样本容量限制，适用性大打折扣。基于以上原因，本研究拟采用风险资产比重作为风险偏好的代理变量。

（四）并购绩效

1. 并购绩效的含义

并购绩效要分别从“并购”与“绩效”两个方面去理解。企业并购是企业兼并（merger）和收购（acquisition）的简称，将两者结合起来使用，即形成了“企业并购”。《大不列颠百科全书》是这么定义“兼并”（merger）的：“两家或更多的独立企业合并成一家企业，通常由一家占优势的企业吸收一家或更多的企业。”通过合并，企业达到整合、共享普通资源的目的。《大美百科全书》也对“兼并”的概念进行了界定。“兼并”（merger）在法律意义上看，是指两个及以上企业合并为一个企业，其中只有一个厂商存在，其他厂商丧失独立身份，唯有剩下的厂商保留名称与章程，并取得其他厂商的资产。这种企业融合的方法与“合并”（consolidation）有所不同。合并之后成立新的企业，合并企业原有资产成为新企业的部分资产。收购（acquisition）从法律意义上看，意味着购买另一家企业的股权或资产。收购从经济意义上来看，就是一个企业以某种条件取得另一企业的部分甚至全部产权。收购按所获股权比例可分为三类，即仅收购目标公司部分股权且尚未获得目标公司经营控制权的参股收购；收购目标公司部分股权且达到控股比例的控股收购；收购目标公司全部股份以将其变为收购公司子公司的全面收购。还有一个相似的概念叫“接管”（takeover），即原来属于控股地位的股东因出售或转让股权，或者因股权持有数量被其他人超过而被取代，导致控制权转移。收购意味着收购方实力比目标方更为强大。兼并与收购在内容与目的上有许多相似性，因此通常将两者合称为“并购”（M&A）。（干春晖，2004）

“绩效”从管理学的角度看，是指组织期望的结果，是组织为实现目标展现在不同层面上的有效输出。因此，绩效也分为组织绩效与个人绩效。从字面意思上看，公司绩效是业绩与效率的结合，即公司利润目标及公司达成该目标的计划、组织、决策、实施的效率。根据以上含义可知，并购绩效即公司并购目标以及达成该目标的计划、组织、决策、实施等活动的效率。并购绩效可从三个层次进行分析：第一层次是企业自身在经历并购后对盈利能力、偿债能力、管理能力以及财务风险等带来的影响；第二层次是指并购对企业所有者、经营者、债权人、债务人等利益相关方的收益带来的影响；第三层次是指并购对市场，特别是证券价格的影响。

从现有的文献中发现，大部分学者认为并购会对企业绩效产生影响。一是并购事件宣告后会引起股票价格的波动；二是并购事件发生后，某些会计指标会出现变化。这两种变化对应着测度并购绩效的两种方法。

2. 并购绩效的度量

（1）事件研究法

事件研究法，又被称为超额累计收益法，即通过对某事件前后异常收益与正常收益之差求和，算出超额累计收益，来测定某一事件对公司价值的影响。公司市值的变化最直接影响的是股东的财富增减，是利益相关者绩效评价的有力手段。该方法有一个假设前提：资本市场有效的情形下，时间的有关影响会全部反映到股票上。根据所观察到的股票价格变化能够测定某一事件的经济影响。该方法由于成熟的数理基础，被广泛运用于企业战略、会计信息披露的市场反应研究中，并取得了不错的成效。运用事件研究法要注意两个问题：一是该方法的前提是有效市场，在市场秩序混乱、人为管制严重的证券市场中，股票价格被众多因素干扰而不能准确反映事件影响，则该方法的有效性会大打折扣；二是事件窗口的选择至关重要，窗口期太短，则无法囊括事件的全部影响，而过长的窗口期则会受其他事件的干扰造成估计误差。选择适当长度的窗口期对该方法的准确性有着重要影响。因此，超额累计收益法主要被用在研究事件带来的短期绩效，而不适合于对长期绩效的评价。

(2) 会计指标法

会计指标法，又被称为运营绩效法，是企业绩效评价的传统方法。该方法的具体做法是：通过比较并购前后的财务指标与数据，来评价并购为公司带来的影响。会计指标法能够连续、客观地反映并购前后公司业绩的变化，但由于公司披露财务指标与数据被人为操作的可能性较大，因此在近年来国外绩效研究中较少被使用。另一方面，财务指标的选取不同，可能会造成研究结果的差异，不同学者之间难以统一研究口径，无法得到一致结论。对于构建指标体系进行绩效评估的做法，涉及赋权问题。给不同指标赋予多少权重，在目前来看缺乏一定的依据。但在国内的研究中，会计指标法还经常被使用。一是因为国内市场的有效性存在争议，二是设立较长事件窗口期无法有效剥离其他事件的干扰。因此，在评价并购长期绩效时，会计指标法不失为一种可行的选择。

## 二、理论基础

### (一) 企业家人力资本理论

"人力资本"，是指"附着于人身上的技能与知识的存量"。(《新帕格雷夫经济学大词典》) 诺贝尔经济学奖得主、现代人力资本理论开创者西奥多·舒尔茨 (Schultz，1960) 认为人力资本并非都是与生俱来，而是可以通过教育、培训和健康等投资所获得。并且人力资本与物质资本一样，通过投资得来，并能对经济增长产生重大的贡献。现代人力资本理论的另一开创者加里·贝克尔 (Becker，1962) 认为，人力资本是一种类似于投资于物质建设的对人的投资，其目的在于减少当前的消费而增加未来的货币与消费能力的投资。因此，教育是人力资本的重要来源，而人力资本对经济增长和个人收入有着重要影响。企业家人力资本理论是人力资本理论与企业家理论的结合。人力资本可分为同质性人力资本与异质性人力资本。企业家人力资本是异质性人力资本的重要组成部分。企业家利用自身人力资本形成的能力，对企业战略进行决策，进而对企业的绩效产生影响。

1. 人力资本理论

西奥多·舒尔茨在对农业经济问题的研究中发现：将人看作一种资本可以解释经济增长理论中的索罗余值（Solow Residuals）问题。在将美国与非洲国家农业状况进行比较之后，他发现美国农业的繁荣决定因素不是丰裕的资源、广袤的土地，而是农业人口质量。随后，他对该问题进行更加深入的研究，从而创建了现代人力资本理论。他的观点主要有以下内容：(1) 技能与知识是一种社会财富，这种社会财富是通过投资得来的。(2) 教育与经验能够在经济出现不平衡时，使人能够正确地捕捉、描述和采取行动去重新配置资源，使其重新实现平衡。(3) 教育除了传统意义上培养公民责任和明确人生价值的作用外，有些形式的教育还改进人工作和管理日常事务的能力，而这种改善能增加个人收入和国民收入。(4) 教育需求的高收入弹性表明教育不应该仅仅被看作消费，而应该部分地认为是一种投资。仅仅用于文化传承或满足人的偏好却没有提升人的技能的那部分教育投入应该归入消费。(5) 人力资本的形成分为天生和后天。天生的部分来自遗传基因，人生来具有；另一部分是后天获取的。教育是人力资本后天获得的最重要途径。(6) 人力资本不能从它的所有者身上分离出来，而实物资本却是可以的。除了工资以外，人力资本不能被买卖。它的持久性受到人寿命的制约。因此，明智的做法是趁年轻去积累和获得。而年轻时候的积累主要来自学校教育。(7) 随着经济发展越来越依赖于高技术，对高等教育和各类培训的需求会越来越大。(8) 制度变迁是对人力资本报酬提高的反应。经济增长需要更多的高技能，这种需求的变化导致了对人力资本投资报酬率的提高，教育部门与培训机构的增加就是对这一变化的反应。但是相对于经济增长对需求的扩大，教育的制度供给仍然滞后，比如教育不公平以及机会不均等现象的存在。(9) 教育资本的高收入弹性表明在总投资相等的前提下，教育资本的增量比非人力资本的增量大。(Schultz，1968，1960，1961，1993，1959)

另一在现代人力资本理论创建中做出突出贡献的经济学家是雅各布·明

塞尔（J. Mincer）。他认为通过投资能使人力资本存量在整个生命周期内增长，这种投资在人生初期来源于学校教育，在后期则体现在职业选择、职业培训、工作流动及健康保险上。人力资本存量具有累积性，在某一时间段挣得的大小取决于当时的人力资本存量及其利用情况，而挣得的增长则依赖于人力资本存量的追加率。受教育程度更高的人有着更强的学习能力和更多对人力资本投资的融资机会。因此在初期接受过更高程度教育的个人在离开学校后同样能获得更多的在职培训机会，从而进一步拉开和受教育程度低的个体之间的人力资本差距。一般情况下，受教育程度高的人更容易匹配到效率更高的工作，从而较少需要工作转换。但当他们不满足于现有工作时，也更容易转换工作，并能从“迁移”中获得更大收益，并且先前工作越“低劣”，他们从“迁移”中获得的收益也越大。另外，在信息不完全的社会中，受教育程度高的个人积累了更多知识，并能更合理有效地加工与运用知识，从而能凭借已有知识进一步获取有效知识，提高自身人力资本价值。另外，由于受教育程度高的个人更能意识到自身人力资本的重要性，他们对人力资本的保值、增值会更在意，因而在后期更加注重学习和养生，继续对教育、卫生保健进行追加投资。（Mincer，1958）

2. 企业家理论

企业家理论来源于对企业家及其精神的阐述。1890 年，马歇尔（A. Marshall）在《经济学原理》中认为企业家是以自己的创新力、洞察力和统率力，发现和消除市场的不均衡性，创造交易机会和效用，给生产过程提出方向，使生产要素组织化的人。企业家诞生于一定的文化土壤，其中影响最大的可能来源于宗教。马克斯·韦伯的开创性著作《新教伦理与资本主义精神》对这种关系的清晰描述最令人印象深刻。另外，科妮莉亚·温斯切（Cornelia Wincut）清楚地阐述了美索不达米亚社会的宗教制度依赖商业活动所提供的经济支持。她和迈克尔·赫德森（Michael Hudson）注意到，这种关系导致一个远比古希腊、古罗马要更有利于商业创新精神的社会形成。同样的，铁木尔·库兰（Timur Kuran）叙述了伊斯兰教一开始是鼓励创业活动的。尽管穆罕默德自己的商业活动可能导致伊斯兰教创立早期对创业活动的认可，但此后伊斯兰教朝较不利于这些经济活动的方向演进。约翰·芒罗（John Munro）讨论了新教教义和现代资本主义起源之间的关系，并和詹姆斯·穆雷（James Murray）一起，分析了新教徒和天主教徒的高利贷戒律同企业家精神之间的关系。他还认为，在英国，就像在其他地区一样，如胡格诺派和犹太教徒生活的地区，宗教不仅通过其信仰体系所鼓励的教育活动，而且通过宗教团体面临的来自各经济阶层的宗教歧视和排斥，促进了创业活动。乔尔·莫克（Joel Mock）讨论了英国工业革命时代非正式制度（行为准则、信仰模式和信任关系）对企业家精神的重要性。他表明，体现在绅士之间相互信任上的文化价值观，是现代银行业和汇票等其他金融工具得以产生的一个必要条件。绅士间的信任使人们同远距离陌生人之间的交易成为可能，在这些交易中，货物托运人相信承收人会付款，承收人则相信托运人会发送协商好的货物。在东方，印度和中国因为种姓制度和腐败机制抑制了创新。因此，企业家精神的培育离不开一定的环境土壤。

企业家理论主要阐述的是企业家的能力，主要可分为企业家领导才能及决策能力。领导才能包括选人用人的才能、决断能力、应变能力、统驭能力、授权能力以及说服能力。（马歇尔，1964）同时，组织协调、洞察他人与令他们信服也是公司领导者不可或缺的能力。（萨伊，1998；富兰克·奈特，2005）除此之外，要能打破经济的惯性轨道，还需要具备其他的一些领导能力，比如“不胜其烦的会议与交涉的体力与魄力”，“善于说服他人以获得支持”、巧妙利用“他人的谋略与胆识”以及“领导他人”的能力。（约瑟夫·熊彼特，1990）这种能力具有稀缺性，且能力越强稀缺程度越高。良好的个人魅力也是重要的领导才能。企业家应有公正廉洁的品格，并通过该种品格建立与他人的良好关系，从而借到自己没有所有权的资金。（萨伊，1998）另外，还要有自我约束的能力与承担责任的勇气、“果断、坚毅、机智、谨慎与坚定”的品质、“自力更生、坚强、敏捷”的精神、强烈的进取心以及富有野心与冷静判断的能力。因此，理想与意志是企业家必备的品质。(伊迪斯·彭罗斯，2007；约瑟夫·熊彼特，1990)要有对胜利的热情与冲动，以及获得利润时的快乐与满足。为了实现目标和理想，企业家必须自信。(富兰克·奈特，2005)由于企业是分工合作的，个人英雄主义者无法在企业内获得生存空间。企业家必须具备团队合作精神，并能以自身的精神感染企业成员，将大家凝聚在一起。另外，公司决策者还要做到无私、公平地对待每一个人。(哈耶克，1945)企业家除了要具备一些必要的内在品质外，还要有强健的体魄，以及自我调节与控制情绪的能力。(伊迪斯·彭罗斯，2007)

企业家精神最核心的体现，就在于其积极进取、敢于承担风险的品质以及识别机会、果断决策的能力。企业家既要谨慎、擅于规避风险，又要在风险与不确定性中敢于将意志付诸行动，排除内外部干扰，按照既定的规则与程序做出正确决策，使企业得到扩张与壮大。(萨伊，1998；马歇尔，1964；富兰克·奈特，2005；池本正纯，1986；伊迪斯·彭罗斯，2007；Casson，1995)“企业家”概念的创造者坎蒂隆(Cantilon)指出：企业家有比一般人更高的投机能力，通过买卖赚取差价获得利润，并促进市场交易的繁荣。企业家应具备本行业及市场的行情知识，利用各种不确定性因素进行分析处理，发现市场机会并能对生产消费进行预测，从而形成合理预期，利用投入与产出间的差价将资源从低效率配置向高效率配置转变，满足市场需求或生产与提供该种产品的手段。(马歇尔，1964；富兰克·奈特，2005；伊迪斯·彭罗斯，2007；Kirzner，1979)战略是企业家对公司未来前景的洞悉过程，而战略决策体现的是公司决策者对环境变化及未来预期的一种能力。(约瑟夫·熊彼特，1990)不仅如此，企业家还应有统筹全局与高瞻远瞩的战略头脑。根据对市场因素的分析，找出关键，制定扬长避短的战略以取得竞争优势。(大前研一，1986)除了识别与抓住机会外，“首创精神”也是企业家精神的一种表现。约瑟夫·熊彼特(1990)认为，创新是经济社会与企业进步的源泉，也是企业家才能的重要体现。他对创新的定义是：建立一种新的生产函数，把一种未曾有过的生产要素组合引入生产体系中。根据这一定义，他认为创新有五个方面的内容：（1）引入新的产品或者新的产品质量；（2）获得新的原材料或者半成品的新供给渠道；（3）应用新的生产工艺；（4）开辟新的市场；（5）创建新的组织形式。对生产要素的重新组合，打破了旧的生产体系，形成了新的生产函数，从而获得利润的增长。企业家能够通过对公司战略的决策，作用于生产技术、原材料、产品种类、市场以及组织结构上，从而推动企业的创新，获得更大的利润。总体而言，国外学者普遍将企业家精神特征总结为冒险性、预见性和创新性，并能有助于推动组织成长和利润率增长。（O'Connor 和 Ramos，2006）企业家精神的内涵通常包括诚信守法、创新与创造、社会责任感、合作进取。Baumol（1987）则基于企业家精神对经济的影响，将企业家精神划分为四种类型：创新型企业家精神、模仿型企业家精神、非生产性企业家精神和寻租型企业家精神。

在此基础上，一些学者提出了不同见解，他们认为企业家是资本主义机制下形成的一个英雄形象。企业家这一词语代表了具有标新立异，性格勇敢，头脑聪明，想象力、领导力、毅力和决心超凡等特质的一部分人群。（Baltar 和 Coulon，2014；Cross 和 Travaglione，2003）一方面，企业家指挥着团体或组织内所有非常规性活动，他们成为资源配置者；另一方面，企业家精神又成为生产过程中的一种投入品，按照不同用途和预期变化从一种用途转移到另一种用途。（Morris 等，1994）另外，当代管理学家彼得·圣吉（Peter M. Senge）还认为“企业家是当前最有力量改变这个世界，创造公平正义社会的一类群体。当面对饥饿、贫穷、环境恶化、道德沦丧等人类生存危机时，企业家应该有所担当”。（Senge，2006）

与管理者相比，企业家在管理行为和决策行为上存在明显的差异。管理者的行为特征分为两类，一类是机会导向型，一类是资源导向型。前者只注重发现和捕捉，以及充分利用非均衡市场创造的获利机会，而不顾及所控制的资源可能对其行为产生的约束；后者面对可能的获利机会，首先考虑的是所控制的资源可能对其行为产生的各种约束，容易丧失市场机会。前者是典型的企业家特征，后者则是标准的管理者特征。现实中的企业家，则是介于两者之间，偏向机会导向。

在我国，企业家精神还包含了爱国主义精神和国际视野。在全国工商联于2018年10月举行的“改革开放40年百名杰出民营企业家”名单新闻发布会上，很多优秀企业家明确表达了自己的爱国情怀。娃哈哈集团董事长宗庆后表示：“继续奋斗实干，积极反哺社会，为国家经济建设和社会发展，为早日实现中华民族伟大复兴的中国梦作出新的更大贡献。”泰康保险集团董事长陈东升则提出：“把企业经营好，为社会创造财富和就业，为国家创造税收，为人民和公益慈善事业作贡献；成为社会的榜样与楷模，成为社会永远的正能量。”2020年7月22日，宗庆后、徐冠巨、南存辉、李书福等六位知名浙商倡议：“秉持爱国情怀，永远听党话跟党走，把实业兴国、产业报国作为座右铭。”“做高素质有担当的‘品质浙商’。”另外，企业家精神中的国际视野具体表现为：企业家要着眼和统筹国内国外两个大局，把握国际市场需求、研判国际市场动向、提升国际市场影响力、防范国际市场风险，在更高水平的对外开放中不断发展壮大企业。

3. 企业家人力资本

企业家能力是企业家人力资本的外在表现。作为一种异质性人力资本，企业家人力资本比一般人力资本对企业与经济发展的影响更大且更为复杂。企业家人力资本的作用首先体现在减少交易费用上。根据科斯定理（Coase theorem）的内容，在没有交易成本的前提下，可以通过无成本的谈判达成有效率的结果。但是在存在交易费用的现实世界，谈判不可能无成本，契约的重要性得以体现。科斯认为契约数量的减少能够降低交易费用。（Coase，1937）减少契约数量有两种途径，一是在各独立市场经济主体之间建立一种长期稳定的关系型契约；二是以命令代替价格机制，建立一种自上而下的权威关系。第一种我们称之为市场的解决办法，第二种我们称之为企业。因此，企业是一系列契约的一个结合点。这个结合点的核心即企业家。在无交易费用的情况下，公司战略可以由全体成员无成本地谈判进行决策；但在交易费用为正的情况下，公司内部谈判协商决策的方法会造成高额的交易费用，从而导致结果的无效率。按照契约规定，企业家获得其他成员的人力资本使用权，执行其对内外事务的决策，并以公司绩效的提升作为对公司其他成员的回报。作为契约联结点的企业家能够避免分散契约造成的交易费用问题，提高了公司运营与决策效率。随后，张五常、阿曼·阿尔钦（A. Alchian）、哈罗德·德姆塞茨（H. Pemsets）以及约拉姆·巴泽尔（Y. Barzel）等人相继发展了科斯的有关论断。杨小凯（1994）将劳动分工效率与交易费用进行对称考察，只要前者大于后者，企业就会出现，但并非必然出现。极高的交易费用使得权威剩余权对称分配的市场分工形式无法实现，而商品生产者与管理知识生产者的雇佣关系成为企业内的分工形式。由于商品生产者雇用管理知识生产者时需要付出极高的交易费用来交易管理知识，因此，管理知识生产者作为雇主来交易商品生产者的商品显得更为合理。这是交易费用最低的对管理能力的“间接定价”。杨小凯的“间接定价企业理论”是交易费用理论的发展与延伸。但该理论直接突出了最特殊的人力资本——管理与决策才能。

企业家人力资本的第二个作用是提高企业绩效。通过战略选择，企业家能够对企业的绩效产生影响。一般认为从宏观上，企业家的数量与市场整体的发展正相关。（张彦宁，1988）但企业家人力资本对提高企业绩效的作用还尚存争议。在新古典经济学中，企业家才能与土地、资本、劳动一样，属于生产要素。更多的企业家才能会带来企业绩效的提升。约瑟夫·熊彼特（1990）认为，企业家能够通过对公司战略的决策，作用于生产技术、原材料、产品种类、市场以及组织结构上，从而推动企业的创新，增强企业的垄断势力，提升企业的绩效。奥地利学派对此有着不同看法。科兹纳（Kirzner，1997）认为：企业家以“分散的、不完全的、甚至是相互冲突的”市场信息来做出决策并采取行动，企业家是在试错的、无方向的、非系统化的环境中前行。发现与创造盈利的机会是建立在前人企业家经验教训的基础之上的。因此，盈利企业家的能力与努力比失败企业家更甚的说法并不完全准确。程承坪（2001）认为企业家能力、企业家努力、企业家掌握资源的数量与质量以及环境随机性是构成企业绩效函数的自变量，企业家能力是由企业家人力资本决定的，企业绩效是企业家人力资本的递增函数。李垣和刘益（2001）认为企业家的基本要求就是维持企业的生存和保持企业的竞争力。企业家提高企业绩效主要是通过战略决策来实现。

企业家人力资本的第三个作用是推动经济社会的发展。企业家根据市场信息，不断调整战略决策，约瑟夫·熊彼特（1990）认为：企业家对“胜利的渴望”与对“创造的喜悦”以及由此带来的社会尊重，激励着企业家不断进行“创造性毁灭”，打破市场均衡。哈耶克（Hayek，1945）认为：非均衡的市场会通过价格发出信号，这种信号是纠正市场不均衡的信息反馈，同时也是获取利润的途径。通过逐利过程，不断修正不均衡因素，从而推动市场走向均衡。柯兹纳（Kirzner，1997）同样认为企业家是市场从非均衡走向均衡的助推者。他认为单个企业家能够根据市场的反馈调整企业的生产计划，从而使个人计划与他人以及市场保持一致，促进市场的均衡。

舒尔茨（Schultz，1993）认为，异质性人力资本是促进分工专业化及技术创新的根源，是实现人力资本报酬递增的动力，而同质性人力资本则不具备这种特征。相对于同质性人力资本，异质性人力资本对天赋有着更高要求，且投资周期长、投资回报大。但另一方面，异质性人力资本又具有专用性，对其投资存在一定的风险。根据契约理论的内容，剩余控制权应该分配给投入专用性资产的、不易被监督的、能创造更大收益的一方。（焦斌龙，2000）企业家人力资本同经济的关系更为复杂。一般来说，受教育数量同受教育质量与人力资本存量正相关。但由于经济条件、教育制度、培养模式的影响，拥有良好教育背景的公司决策者也未必有更高的人力资本。传统人力资本理论认为，人力资本存量是一个动态变化的过程，经济个体在每一次经济活动的过程和结果中积累知识和经验，人力资本存量总在增加，但市场的瞬息万变，要求不断对现有知识进行更新，一旦知识更新不及时，其人力资本便会发生贬值。这些因素造成了企业家人力资本难以度量。（沈西林，2002）

企业家人力资本的形成既有同一般人力资本形成所需相同的要素，如普通教育投资、健康投资，又有为特殊人力资本形成所花费的教育费用、培训费用、咨询费用等。由于先天智商、情商以及努力程度的不同，个体即使在接受相同教育的情况下，对知识的吸收与运用能力也会存在差异。因此，有观点认为，受教育程度与对创业的能力要求并不相关，学校教育培养的是在固定范式下的学习能力，可能会让人陷入因循守旧、循规蹈矩的陷阱，企业家的品格不是通过教育培养的，而是个人经历、环境、资源成就的，甚至是与生俱来的。张维迎（1995）认为企业家能力是由天赋决定的，且只存在分布差异而不存在高低差异。除了个人天赋以外，环境也是影响异质性人力资本形成的重要因素，竞争与风险环境有利于激发异质性人力资本。企业家在市场竞争中积累的经验以及其独到的眼光和人格魅力也形成了一种资本。这种是最为稀缺的人力资本，能创造巨大的价值。因此，除了教育培训，“干中学”也是企业家人力资本获得的重要渠道。

因此，企业家精神既有先天个人性格特质的成分，也离不开后天的培养。有学者认为，一方面，企业家的教育经历可以扩大其视野，增强识别机会的能力，提高分析信息以及控制各种不确定性的能力，提高创新能力，进而给企业家带来更高的创业成功的可能性。另一方面，企业家的教育背景对其合作者、雇员、投资人等是一种信号，起到筛选作用。通过企业家教育背景的信号作用，企业可能获得更多的资源，吸引更优质的雇员。同时，教育背景可以在一定程度上决定企业家创业的市场与行业类型。

学校教育，尤其是高等学校教育对企业家具备这些能力具有直接和间接的影响。首先，学校教育授予企业家专业技术能力。企业家通过系统的专业知识技能学习，了解某行业、某领域的发展状况，不仅有助于他们发现、识别创业机会，而且也增加他们成为创新人才的可能性。与此同时，学校教育的经济价值还在于它可以确定个人就业的岗位类型和市场类型，如从事技术型行业或非技术型行业。受过高等教育的企业家在必要的技术知识储备的条件下，进入技术型行业的难度相对较小，所面临的风险也相对较低。其次，高等教育为企业家创造出良好的同伴效应。与大专以下教育层级相比，高等教育给企业家带来的社会资本积累通常会更为优质，企业家在创业过程中获取的社会资源也更为丰富，另外，高等学校教育赋予企业家创新能力。这种能力在企业家创业过程和战略发展、创新、风险管理中有所裨益。另外，高等学校教育能起到极强的信号作用。企业家的受教育背景在合作者、雇员、天使投资人看来是一种创业能力信号，它有助于企业家获得投资和拥有更优质的雇员。

4. 理论评述

人力资本理论打破了“只有物质才能是资本”的传统观点，发现了经济增长贡献中未能被解释的部分，使经济学关注点由“物”转向“人”，并极大地扩展了经济学“资本”概念的范畴。人力资本的概念明确了人是最重要的资本，强调了教育对人力资本开发的重要作用，引发了对教育与经济关系的思考，催生了教育经济学的诞生。但人力资本理论存在以下几点问题：一是人力资本让人意识到知识技能、人文修养甚至性格习惯等都能够成为生产力。无论是被雇用者还是代理人，其劳动力产权名义上归属于雇主与委托人，实际上其产权只能属于劳动力本身。在一个制度不健全、激励不充分的环境下，信息不对称带来的“搭便车”“委托代理”等问题使得人力资本被关闭，进而无法被有效衡量。（蔡昉，2010）二是在研究人力资本与其他因素的关系时，因果关系的判定方式值得商榷。从受教育水平与人力资本存量的关系看，人力资本理论认为更多的教育能够提高人力资本存量，但反过来，也有可能是因为人本身拥有更多的人力资本存量才导致更多的教育投入。学习能力更强的人会获得进一步深造的机会，工作能力更强的人会获得更多职业培训的机会。从受教育水平与个人收入的关系看，受教育水平越高意味着更高的收入，但根据“信号传递”理论的内容，雇主会将学历作为能力的甄别信号，赋予相应的报酬并给予更多的培训机会和更好的发展平台。（Spence，1973）这种情况下，人力资本创造的价值容易被高估。三是人力资本具有多维性。根据巴泽尔的产权理论，产权具有多个维度，在无交易成本的情况下通过充分的交易能够认识每一维度，从而实现产权价值最大化。在有交易成本的情况下，无法进行充分的交易，对产权维度的认识只能达到边际收益等于边际成本的均衡点，未被认识的部分落入“公共域”。（约拉姆·巴泽尔，2008）同理，充分挖掘人力资本各维度也是有成本的，因此人力资本存量大小必须经过大量社会与市场实践去发掘，并且较一般产权更为复杂的是，在该过程中人力资本又在继续积累。因此难以真正估量人力资本的价值。四是，传统的人力资本理论没有区分个体之间人力资本的差异。事实上，只有异质性人力资本才能实现报酬递增。（程承坪，2001）传统的人力资本理论与企业家理论结合后，形成了企业家人力资本理论，深化了人力资本理论的研究。

人力资本理论与企业家理论的结合，继承与发展了人力资本理论关于教育与经济关系的阐述。不同于传统人力资本理论的是，人力资本理论的重点在教育对人力资本形成及人力资本对宏观经济与微观个体的影响，而企业家人力资本则更偏重于企业家的人力资本对中观企业发展的影响。企业家人力资本特别强调了异质性、稀缺性、专用性、复杂性这四个特点，使其投资周期长、回报大，但同时也面临着较大的风险。教育受到主客观条件的制约、企业家人力资本存在贬值的可能，意味着教育、企业家人力资本及经济三者之间的关系远比传统人力资本理论叙述的内容更为复杂，这也为进一步探讨教育对企业家人力资本的关系留下伏笔。目前，企业家人力资本的研究存在两个缺陷，一是受企业家理论的影响，突出强调企业家人力资本在积极进取、承担风险上的作用，而忽略了企业家在规避和管控风险上的能力，这一方面导致了在“企业家精神”的理论探讨中对风险意识研究的淡漠，不利于扩展“企业家精神”的内涵与研究范围，另一方面也造成了在实践中大量决策者不顾实际情况激进冒险，最终导致投资活动失败，造成了社会资源的严重浪费。二是现有企业家人力资本的研究多以理论探讨为主，例如对企业家人力资本的国内外研究进展（焦斌龙，2000 等）、企业家人力资本对企业发展的作用（程承坪和谢范科，2001；付维宁，2003；欧雪银，2018；等等）、企业家人力资本计量模型（杜兴强和黄良文，2003；罗新华，2008）等内容进行梳理，但对企业家人力资本异质性形成的来源以及这种异质性如何通过企业家决策影响公司绩效的问题缺少必要的研究手段。高阶梯队理论的提出和广泛运用，为解决这一问题提供了新的思路。

（二）高阶梯队理论

“高阶梯队理论”是美国管理学者 Hambrick 与 Mason 在其经典论文“Upper Echelons：The Organization as a Reflection of Its Top Managers”中提出的，该论文一经发表便风靡全球管理学界，被誉为 20 世纪伟大的管理学思想之一。该理论揭示了高管背景特征、认知与心理构建及企业战略选择三者之间的关系。高管的认知、价值观等心理特征会影响对特定情境与事物的解读，从而作用于企业战略决策。认知与心理特征不易被观察和获取，而形成认知与心理特征的重要因素——背景特征则易于获取，因此可以通过对高管背景特征的研究来解释和预测企业战略行为与结果。

1. 提出背景

组织理论中的核心问题是“组织为何如此运作?”传统组织理论倾向于将其具体化为一个有目的的、糟糕的组织。（Salancik 和 Pfeffer，1978；Hannan 和 Freeman，1977）在战略领域，对组织的解释集中于技术经济要素。（Harrigan，1980；Porter，1980）即使是研究到了战略决策的过程，也通常只是将其看作信息与决策的集合，而没有将人的因素考虑在内。任何的战略决策，都是决策者根据信息和环境的变化作出的最优化选择。每个决策者都是理性经济人，其决策差异完全来自客观而非主观原因。但实际上，组织行为经常偏离其目标。环境的复杂性与不确定性无法被客观描述。（Mischell，1977）要考虑组织行为，必须考虑组织行为偏离目标的最大根源——高管人员。卡内基学派认为：复杂决策绝大部分是行为因素的后果，而非机械地追求经济优化造成的结果。（Cyert 和 March，1963；March 和 Simon，1958）有限理性、多重且相互冲突的目标、选择的多样性以及不同的期望，都会限制在技术经济的基础上作出复杂决策的程度。通常越复杂的决策，有限理性的假设就越适用。战略选择拥有广泛的含义，与库存决策、信贷决策等可通过计算做出最优方案不同，企业战略决策具有很大的行为成分，因此在某种程度上能够反映个人对事物的认知。西蒙等认为，每位决策者都会将他们“接受的”回馈到决策情境中，这些“接受的”反映了决策者的认知基础。（March 和 Simon，1958）

在高阶梯队理论提出之前，背景特征研究就已经广泛地在应用了，例如，作为对媒体选择与休闲活动的消费者偏好指标（Frank 和 Greenberg，1979；Hornik 和 Schlinger，1981）、陪审团行为选择（Mills 和 Bohannon，1980）、市政府类型选择（Schnore 和 Alford，1963）、酗酒（Boscarino，1979）、商学院毕业生价值观（Kahalas 和 Groves，1977）、工作投入（Sekaran 和 Mowday，1981）、志愿者参与（Schram 和 Dunsing，1981）等。

高阶梯队理论的提出有三个重要意义：第一，相较于其他组织理论，能对组织行为与绩效有更好的预测；第二，该理论有利于高管继任者的选拔与培养，例如选拔在公司任职时间长的、接受过正规高等教育的、主要职业在某特殊领域的优秀管理者。这种影响对长期、稳定的成员组成的团队会比短期成员有更为显著的影响；第三，该理论有利于对竞争对手战略变化的预测。例如，一群依靠运营获得提拔的高管领导在面对新产品计划时往往会比较迟钝。公司新引进的 CEO 是核心业务之外的，该公司将会在未来进入新的产品市场，在短期内其核心业务的发展就会相对受限。

2. 主要内容

高阶梯队理论认为：获得高管心理特征的难度较大，尤其是大型公司的决策者，更不易获得他们心理测试的数据资料。但高管人员的职业背景、教育背景、任期等显性指标容易获得。研究人员能够利用这些代理变量对公司战略选择进行预测。

当决策者不断接触组织内外部潜在刺激流时，人们的认知也在不断更新。但更重要的是，这些认知的变化会筛选或扭曲对正在发生的事情以及应采取的措施的看法（如图 2）。决策者面临着自身能力所难以企及的复杂环境，他们以自身的知识结构与价值体系在特定情境中形成一个屏幕，来对这种复杂环境进行感知和过滤。感知过程能够通过顺序观察得以概念化。(Hambrick 和 Snow，1977) 公司决策者甚至是整个高管团队，都无法观察到组织内外部的方方面面。首先，管理者的视野及其关注范围，通常会受到限制，并进而影响对全局的认知。其次，人们的认知偏好决定其主动选择视野中的某些方面进行感知而屏蔽掉其他方面。最后，通过由一个人的认知基础与价值观构建的过滤器筛选出的部分信息会被描述。管理者对环境的最终感知经过价值观的过滤，形成了战略选择的基础。价值观在这一过程中，不仅能影响认知，也能够直接影响决策，因为理论上来说即使某一战略选择能够通过认知结构形成的过滤器的筛选，也可能因为价值观冲突而最终被放弃。

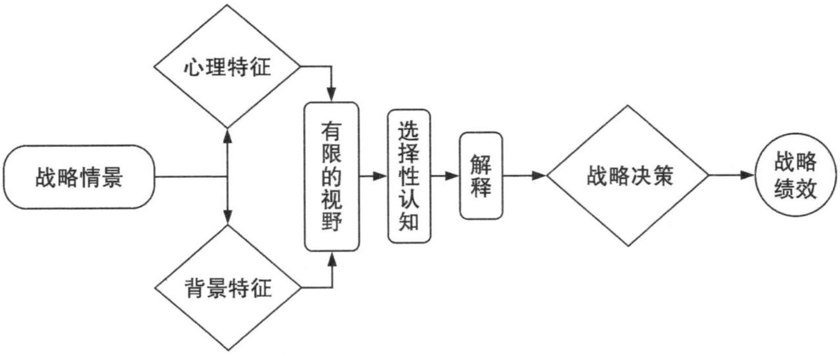


**图 2　高阶梯队理论流程分析图**

将可观察的管理者背景特征作为管理者施加于管理环境的变量，这些特征包括年龄、任期、职业背景、教育背景、社会经济根源与财务状况等。这种方法绕过了一些重要但复杂的心理特征，使广泛的应用成为可能。在高阶梯队理论中，强调背景特征而非心理维度是十分重要的。心理维度难以被度量的原因有三点：一是高管人员大多不愿进行心理测试，二是一些最具有先验效果的背景特征，比如任期、职能背景等，没有密切的心理上的类比。对心理维度标准的限制（例如控制点、模糊容忍度、认知风格）可能对结论的准确度有一定的影响。第三，在管理者的培养与选拔上，以及在对竞争对手分析中应用高阶梯队理论的方法需要考察管理者真实的背景数据，背景特征可能包含比纯粹的心理测量更多的噪声干扰。

在高阶梯队理论提出之前，大部分研究集中于公司决策者以及他们追求的战略决策上，通常涉及的是管理者的继任问题。（Carlson，1972；Helmich和Brown，1972）尽管决策者在公司中有着绝对的权威，但对高管团队的研究同样不能被忽视。对高管团队的研究能够提高预测能力，因为在现代企业中，决策者会向各成员分配任务并与其他成员共享权力，其他成员对公司决策同样有一定程度的影响。

Hambrick及其后继研究者围绕年龄、职业经验、教育背景、社会经济背景、任期以及股东持股等背景特征对企业行为、盈利能力、企业风险，企业发展的影响进行了研究。Hambrick认为：年轻的高管更容易接受新生事物，且有强烈的事业进取心，相较于年长者，他们倾向于风险性投资与战略。这种倾向会给公司带来更快的成长以及更大的盈利波动性。有过在生产部门任职经历的高管会更加重视产品创新、前后向兼并等环节，有利于提高公司的生产能力。

高管被认为是掌握多项技能的复合型人才，但不可否认的是，高管会将在公司核心业务部门工作的经验融入当前的管理工作中。公司核心业务的轨迹能被分为两类，一类是“研发—产出—市场—销售”，该轨迹主要负责企业的成长及寻找新的市场机会；一类是“货物吞吐—生产过程—会计过程”，该轨迹旨在提高企业的周转效率。两类不同轨迹成长的高管会对企业带来不同的影响。例如，拥有生产经验的高管能够显著提高企业的生产能力，对企业增长有正向作用。在稳定行业中，拥有周转工作经验的高管能提高企业的盈利能力。在混乱无序的行业中，拥有差异化经验的高管更有利于企业的盈利。另一类轨迹是企业的边缘职能。Hays和Abernathy（1980）的研究发现：拥有法律和金融工作经验的高管逐渐主导着大公司。这些在企业非核心业务区的高管在采取企业战略时的表现和他们缺乏实战经验的现实相吻合。因此，在非核心区任职过的高管喜欢进行与当前业务相关性较弱的多样化战略，同时也引起了企业管理的复杂化，例如企业规划的系统化与规范化、组织结构的复杂化、补偿与预算的精细化等。

众多学者还从企业内外部选拔的角度考察职业经历对企业战略和企业成长的关系。大部分学者认为：长期就职于某一公司或某一行业的高管，视野会受到局限。这种视野的局限性会导致高管在面对根本性变革与复杂的外部竞争时显得力不从心。因此，他们认为企业内部选拔的高管对诸如产品创新以及非相关性多元化等企业战略变革有着负面影响。从行业环境的层面看，稳定的行业中，内部选拔高管与企业增长和盈利正相关；混乱的行业中，内部选拔的高管不利于企业增长和盈利。

教育作为重要的背景特征，也被纳入研究的范围。高阶梯队理论认为，一方面，教育对人的认知与价值观以及行为选择有着显著影响。另一方面，对所受教育的选择同样也反映了个体的认知与价值观。学者们在对 MBA 的研究中发现，这种高管教育模式虽然能够在短期内提高企业收益，但是以牺牲创新能力为代价的。他们不可能像白手起家的高管那样具有冒险与创新精神。（Collins 和 Moore，1970）因此，商学院主要教授的是减少错误决策、规避风险的内容，而不能培养开拓进取的创新精神。另外，部分学者认为学历在长期中对个体并未有实质性影响，而只是作为一种过滤器，将个人与工作相匹配。（Pfeffer，1983）因此，高管接受正式教育的数量与企业平均绩效没有显著联系，然而没有接受过正式教育的较接受过正式教育的在企业绩效上有更大的变数，接受过管理专业教育的高管能够更好地承担复杂的管理工作。比较一致的是，学者们认为高管人员的教育水平与创新接受度正相关。（Becker 和 Marshall，1970；Kimberly 和 Evanisko，1981；Rogers 和 Shoemaker，1971）Kimberly 和 Evanisko（1981）还发现了教育课程类型和企业创新没有显著联系。因此大部分学者认为，接受教育的数量而非类型，对企业创新等战略活动有正向关系。还有部分学者指出，教育意味着一个特殊的社会经济群体（Collins，1971），这种观点在英国这种阶层结构相对明显的国家尤其大行其道。Channon（1979），Stanworth 和 Giddens

(1974) 在对英国公司高管人员的研究中发现，有50%以上的高管人员来自牛津与剑桥。Channon还特别强调了教育背景对获取优质人脉资源、建立企业外部联系的重要性。

社会经济背景。在对1975年美国公司高管的研究中发现，他们几乎全是白人与男性，绝大部分来自中产阶级家庭。与20世纪早期相比，他们更多地来自中西部地区。但类似于前辈的是，他们都出自相同的名校。Channon (1979) 发现了英国高管的社会经济背景和他们公司增长策略之间的一些关系。他将企业分成了企业家经营、家庭经营以及专业管理者经营三类。他发现白手起家的企业家经营的公司更倾向于多样化战略和更多的并购频率。Channon分析其原因，认为可能是企业家大多出身贫寒、受教育程度低、免服兵役且许多有当过难民的经历。另两类企业——家庭经营与专业管理人员经营的企业中，家庭经营的公司极少采取多样化战略，而专业管理人员经营的公司并购率最低。这些经营者更多地来自传统的上层社会，他们毕业于公立大学，尤其是沃顿商学院、牛津大学、剑桥大学，有过在著名军团服役的经历，且为某个知名社团或党派的成员。但他并不能断定多元化战略与并购是否与不同背景企业家经营模式有着显著的因果关系。Collins和Moore (1970) 在一项针对企业家的研究中得出结论：通常的情况是，一个背景相对弱势的企业家，为了获得社会的认可和尊重，会采取激进的、高调的策略。企业家经营的公司要比家庭经营与专业管理者经营的公司经历更大的利润增长及波动。

不同经济社会背景下成长的高管异质性有一定差异。在某一些国家，高阶梯队理论的解释力比另一些国家要强。如果一个国家有统一的高管培养晋升方式，或对高管行为有严格的约束机制，则高管在面对相同环境时决策会趋向一致，例如，法国有一套非常规范的程序去培养与选拔CEO (Kadushin，1995)，如必须接受哪些大学的教育，来自哪个社会群体以及处于哪个年龄段等。与此相对应的美国，对风险的容忍度较高，并有许多保障CEO独立自主进行裁决的机构。在美国，CEO大部分为董事会主席，且员工极少参与治理而股权又较为分散，股权的分散稀释了董事长以外的其他股东的权力，因此 CEO 拥有更大的自由裁量权。Crossland 和 Hambrick（2007）在研究美、日、德三国企业绩效后发现，美国高管个体异质性比起日、德两国高管的个体异质性，能更好地解释企业间的差异，日本则恰好相反。

高管团队没有单一的特征可以充分研究，以了解其对组织绩效的完全影响。但团队成员的组织任期可能有资格成为最重要的背景特征。（Pfeffer，1983）现有文献认为，高管团队在公司中的任期影响该团队对现状的承诺、信息来源多样性及其对风险的态度。一般来说，公司拥有长期任职的 CEO 会倾向于（1）持续不变的策略；（2）与行业平均水平一致的风险；（3）取得行业平均绩效。个人在公司中付出青春，并通过努力到达公司的顶端，就会认同公司的文化制度（Wanous，1977），在其上任后也倾向于继续依赖既定路径。Staw（1976）和他的同事（Staw 和 Fox，1977；Fox 和 Staw，1979；Staw 和 Ross，1987）通过研究发现：当高管做出战略方案后，即使该方案并不成功，也会自觉抵制替代方案。任期与强化公司规章制度与决策机制僵化正相关。在公司内部与社会的磨炼弱化了个体的差异性，使公司治理与决策机制有一定的延续性。另一方面，高管团队是企业重要的人力资本，特别是长期任职于企业的高管，其人力资本更具有专用性。他们以公司为依托建立自己的社交圈，因而没有必要“另辟蹊径”而承担额外的风险。（Coffee，1988）最后，长期任职会限制高管人员信息来源，他们构建“习惯性”信息来源，并依赖过去的经验，针对公司与环境制定特定的应对策略。（Katz，1982；Miller，1988）造成这一现象的重要原因是在长期任职中，企业会形成一种共同的文化创造。

高管在公司内的持股是高管个人利益与公司利益的一个结合点，也是高管决策与公司长期目标偏离的诱因之一。对于高管持股与公司绩效的关系，学者们评价不一。大部分学者认为，所有者直接管理的公司不一定比非所有者管理得更好。（Hay 和 Morris，1991；Mckean 和 Kania，1978）金融学家认为管理者拥有较高持股，即使不是公司产权所有者也会更多地采取对企业有利的战略。但实际上，非持股管理者赖以生存的收入也来源于公司工资、奖金和其他激励，他们同样追求企业持续稳定发展的目标。奖金与激励计划的存在使他们的收入随企业绩效而变化，并且承担着所有者在经营公司时不必承担的被解雇的风险。（James 和 Soref，1981；Salancik 和 Pfeffer，1980）Mason 认为，影响高管战略选择是否符合公司利益的并非持股比例，而是从公司取得的全部收入。无论是持股人还是职业经理人，在其他途径有足够的替代收益时都有追求非经济目标的动机。

在后来的研究中，又引入了新的调节要素——高管的自由裁量权与工作要求——拓宽了研究测量的广度。在 Hambrick 和 Mason（1984）假设高管会根据自己的需求构建决策情景后，后续研究并未有力地支持该论点，甚至还出现了内部驱动力与环境导致高管无法对企业施加应有影响力的论点。（Lieberson 和 O'Connor，1972；Hannan 和 Freeman，1977；Salancik 和 Pfeffer，1978）为了调和两者冲突，有学者提出了权变理论，即在某种情境下高管对企业战略及绩效产生重大影响，而在其他情境下企业战略和绩效主要由行业环境决定，并且受到制度与惯例习俗的制约。（Hrebiniak 和 Joyce，1985；Dimaggio 和 Powell，1983）随后，Hambrick 和 Finkelstein（1987）首次介绍了管理中自由裁量权的概念，以此调和两组不同学者的观点。在自由裁量权较低的情况下，高管团队的作用是有限的，而高阶梯队理论的解释力将会很弱；在自由裁量权很高的情况下，管理者可以显著地塑造组织和管理特征，并反映在组织结果中。一些研究已经证明了自由裁量权的引入对高管背景、企业战略预测有良好的作用。（Crossland 和 Hambrick，2007；Finkelstein 和 Hambrick，1990）影响自由裁量权的因素有行业因素和公司内部因素。市场需求不稳定、资本密集程度低、市场竞争激烈、政府监管少且处于成长期的行业，公司高管拥有更多的自由裁量权。公司内部影响自由裁量权的因素主要有惯性力和资源可用性（Hambrick 和 Finkelstein，1987），而组织惯性占据了一个组织适应理论中的重要地位。（Hannan 和 Freeman，

1977；And 和 Pfeffer，1976；Hannan 和 Freeman，1984；Tushman 和 Romanelli，1985）惯性往往会降低在关键领域上的管理灵活性。特别是大型组织在改变方面存在很大困难（And 和 Pfeffer，1976），这是管理自由裁量权的第一个影响因素。资源可用性是对管理自由裁量权第二重要的影响因素。几乎所有的战略举措都需要充足的资源，资源短缺可能会减少管理人员的选择范围。这个重要作用许多研究人员都强调过。（Cyert 和 March，1963；Salancik 和 Pfeffer，1978；Bourgeois，1981；Singh，1986）闲置资源的可用性增强了管理者的自由裁量权。

Hambrick 等（2005）介绍了另一个重要的调节要素：高管工作要求。高管接受重担并在高压下工作，但每个高管面临的工作难度都不尽相同。有的高管拥有良好的工作环境、占据着公司的重要职位，并能得到能力突出的下属支持，而另一些高管则不具备这种条件。高管工作要求主要来源于三个要素：工作挑战（工作环境）、行为挑战（对所有者或者董事会提出要求）以及执行意志（强烈的个人行动最大化愿望）。工作要求与自由裁量权一样，是提高高阶梯队理论预测力的重要调节变量。承担重任、在巨大压力之下的高管会被迫采取心理捷径，依靠过去的经验作出判断，他们的决策将是其背景特征的体现。相反，面临最低工作要求的高管需要进行更加全面地分析和决策。因此，他们的选择将更加符合所面临客观环境的要求。关于高管工作要求的实证研究尚未开始，其测度将面临不小难题。

除了自由裁量权与工作要求之外，高阶梯队理论还向其他方向进行了拓展，比如高管团队内部成员的权力分布与行为整合。Finkelstein（1992）率先证明，在考虑了高管团队内部成员权利分布差异后，对公司战略行为的预测力会变强。同时，他认为高管团队中权力强弱的差异使得在预测高管决策时，权力强势者的偏好需要被充分考虑。Hambrick（1994，1995）则更多地将高管团队看成多边治理的整体：每个人都参与战略制定与决策过程，决策者无法在没有其他人参与的情况下单独决策。高管行为整合被证明对组织绩效有显著影响。（Li 和 Hambrick，2005）研究高管团队整体背景特征对高阶梯队理论而言意义重大。高管背景特征与薪酬计划的互动关系也是高阶梯队理论的前沿研究方向之一。当高管团队为了应对行业要求而调整内部组织结构与薪酬结构时，对公司战略产生的影响超过了高管背景特征与薪酬计划的累积效应。

3. 理论评述

高阶梯队理论对公司战略有着强大的预测能力。公司高管的背景特征影响认知和心理特征，从而对公司战略选择和结果产生影响。不同的公司高管在面临相同环境时做出不同决策，从而导致公司不同的发展方向与结果。对高管背景特征的研究，能很好地解释公司战略选择及结果的差异性。也可以说，公司发展方向与管理决策的结果能很好地体现管理者背景特征形成的认知和心理。高阶梯队理论作为20世纪管理学理论中的重要成果之一，为公司治理与组织行为研究开辟了新路径。

高阶梯队理论构建了高管背景特征与公司行为的桥梁。高管的心理特征决定了其在面对环境时的信息识别、加工与认知构建，从而影响决策判断和企业的行为与绩效。高管的认知和心理特征难以被直接测度，但高管背景特征易于被衡量，能被作为心理特征的代理变量纳入研究中。自高阶梯队理论提出以来，大量文献已证实其正确性，即高管背景特征与公司战略选择及结果有显著关系。高阶梯队理论还强调了高管团队的重要性，认为高管团队比单个高管的背景特征对结果的预测力更好。从人力资源的角度看，高阶梯队理论有利于公司根据行业环境与企业状况选拔高管人员，或根据企业战略目标调整高管团队。

高阶梯队理论还存在着以下几点缺陷：(1) 互为因果问题，即某些战略和绩效导致了具备相应背景特征的高管被选择，而并非高管背景特征影响公司战略与绩效。互为因果在模型中会造成“内生性问题”，而加入控制变量是解决该问题的有效方法。(2) 战略实施的影响有延迟效应，而高管团队人员在这一时期内频繁出现人员变化，无法准确将影响分解到特定高管人员身上，造成实证模型结论的偏误。(3) 企业战略决策是情境变量与背景特征互动的结果，而目前对这种关系的研究甚少。(4) 以高管背景特征作为高管认知与心理特征的代理变量产生了所谓的“黑箱问题”，调节变量与中介变量在实证研究中的应用为管理学中的组织行为学与战略管理学提供了新方法，有利于“黑箱问题”的解决。

高阶梯队理论为研究者提供了新的范式，然而，我们还需要一个高阶理论的反向推论，即将公司战略选择与结果作为原因，而将高管背景作为结果，从而推断谁会成为高管继任者。从人力资本的角度看，还可以从背景特征产生的选择结果来反推背景特征存在的某些问题。例如，可以从拥有不同教育背景的决策者在战略选择及结果上的差异来重新审视现行教育体系和人才培养与选拔模式的现状问题，这是本文即将讨论的内容。

（三）并购理论

企业家运营企业需要完成对外和对内两大任务。对外任务即外部适应，就是关注外部的环境，分析市场、技术、政策的变化，从而进行战略调整。对内任务即内部整合，就是将企业的关键任务、组织结构、控制系统、企业文化等进行协调和搭配，支持战略的落地和目标的达成。并购是一项重要的投资活动，也是资源配置的过程。成功的并购要求公司决策者有捕捉市场机会、整合现有资源的能力，能体现其企业家能力和企业家精神。

1. 提出背景

并购，即兼并与收购，发源于西方资本主义国家，是推动资本主义社会经济发展的重要动力。从 19 世纪末至今，西方国家总共经历了五次并购大浪潮。马克思主义经济学、新古典主义经济学、新制度经济学，以及管理学当中的众多流派从各自的角度对并购问题进行了探讨。本研究结合上述经济学与管理学流派有关并购的内容，对并购理论进行系统的梳理。

2. 主要内容

(1) 超额利润说

马克思在对社会资本的论述中曾经提到：“社会总资本这样被分散为许多单个资本，或它的各部分间的互相排斥，又遇到各部分间的互相吸引的反作用。”（马克思，1975）社会资本的这种反作用被称为资本集中。资本集中能够靠改变现有资本的分配，或改变已存在的单个资本的数量，又或者许多小资本汇集在一起，形成更大的资本来实现。资本集中的方式就是企业兼并。

资本集中将导致资本积累。通过集中形成的资本又以更快的速度聚集，从而成为资本积累“新的杠杆”。较大的资本能够支持企业经营以前力所不能及的项目，改进生产工艺和发明创造，采用更大规模的生产，并革新生产管理方式。生产工艺的进步、生产规模的扩大以及生产管理方式的改进能够提高生产效率，从而使企业获得超额利润。（马克思，1975）

马克思在对资本集中的论述中提到了企业并购的两种方式，即较大资本对较小资本剥削的强弱型并购与小资本汇集的弱弱型并购。马克思逝世后，恩格斯拓展了并购的方式，提出了第三类，即“至少把一个生产部门的全部大企业联合成一个握有实际垄断权的股份公司”的强强并购。（马克思，1975）这种强强并购的结果就是英美等国托拉斯的形成。新古典经济学的市场论中曾提到：在寡头垄断市场与完全垄断市场中，垄断性企业对市场有着强大的影响力，能够通过对产量与价格的调节来获得垄断利润。这种垄断利润即马克思主义经济学中所提到的超额利润。

（2）协同效应说

协同效应（Synergy Effects），就是“1＋1＞2”的效应。协同效应最早是一种物理概念，由德国物理学家赫尔曼·哈肯（Hermann Haken）提出。他在《协同论》中说道：整个环境中，各个系统间存在着相互影响而又相互合作的关系。协同的结果就是组织整体的效益大于组织内单个部门所能创造的效益之和。协同效应来源于三个方面：管理协同、经营协同与财务协同。

管理协同效应（Management Synergies），又被称为差别效率理论，是指协同给企业管理效率上的变化以及由此带来收益的提高。新制度经济学派的奥利弗·威廉姆森（O. Williamson）与本杰明·克莱因（B. Klein）认为企业管理效率的差别是企业间并购的重要动因。如果并购企业与目标企业存在管理效率上的差异，并且并购企业有剩余的管理资源，则并购以后，可以使目标企业的管理效率提高到和并购企业一样的水平。另外，并购企业也解决了管理资源过剩问题，使资源得到充分利用。两方面的因素提高了合并后企业的总效率。另一方面，并购后目标公司的管理者会被取代。无效率管理者的清除能够为企业管理效率潜力的挖掘扫除障碍，新的管理团队能够更有效地对领域内资产进行管理。（Williamson，1971；Williamson，1979；Klein等，1978）

经营协同效应（Operating synergies）指协同给企业生产经营带来的变化及收益的提高。阿罗（Arrow，1975）认为企业能够通过规模经济与范围经济实现企业的经营协同效应。通过横向并购，可以共享销售网点和职能部门，降低平均成本，从而降低总成本。纵向并购发生在有业务往来的上下游关系的企业之间。企业通过纵向并购，能够将研发设计、生产、营销等环节由分离状态变成一体化，减少了中间环节，降低了生产、运输成本。另外，根据罗纳德·科斯（Coase，1937）在《企业的性质》中的论断：企业应扩张到单位产品在企业内部交易费用与市场交易费用相等的这样一个点上。当企业内交易的边际成本小于市场交易成本时，企业应该进一步扩大规模。威廉姆森继续发扬了科斯的交易费用理论，并探讨交易费用对资产专用性与纵向一体化的影响。专用性资产作为维持双方交易的持久性投资，一旦锁定即无法投入他用。为了避免有限理性与机会主义造成的专用性投资风险，就需要科层制取代这种长期交易关系。（Williamson，1991；Williamson，1971；Williamson，1979；）克莱因（Klein等，1978）提出了“可占用准租”的概念，认为专用性资产有被对方攫取可占用准租的“敲竹杠”风险。不完全契约理论的代表人物奥利弗·哈特（Hart）与格罗斯曼（Grossman）、莫尔（Moore）合作，提出了GHM理论，他们认为合约的不完备性以及难以被第三方证实性，使得一方会在机会主义驱使下趁机对另一方就事前未被写入合约的内容（即可占用准租）进行侵占。这种被“敲竹杠”的风险最终会导致专用性资产投资不足。一般来说，剩余控制权越大的一方在专用性资产投资上因为能从投资中获得更多的边际收益而扭曲较小。对投资收益影响更大的一方获得更多剩余控制权，并使之与剩余索取权相匹配，是解决专用性资产投资的有效办法。（Hart，1995；Hart 和 Moore，1990；Grossman 和 Hart，1986；）纵向并购，就是取得剩余控制权的有效途径。另外，混合并购能够使某种产品的生产能力辐射到其他相关产品上，或者使双方生产经营的特长形成优势互补，从而获得范围经济。（Weston 等，1998）

财务协同效应（Financial synergies）是指协同给企业财务状况带来的变化及收益的提高。这种收益的提高并非来自企业管理与生产经营能力的提高，而是源于会计处理惯例、税法的规定。（郭永清，1998）一方面，企业能够利用亏损递延条款，又或者利用目标企业股转债后再转换为普通股票来实现合理避税。另一方面，有大量现金流与少量投资机会的企业拥有超额现金流，而拥有少量现金流但投资机会多的企业需要大量融资，这两者的合并可能会带来较低的内部资金成本优势。（Myers 和 Majluf，2001）另一个协同效应的来源是，企业并购后举债能力加强，这就为节约投资收益的税收提供了机会。

（3）市场竞争说

马克思认为："竞争和信用——集中的两个最强有力的杠杆"。随着资本有机构成的提高，企业投入机器设备与原料的资本增加，从而使"在正常条件下经营某种行业所需要的单个资本的最低限量提高了"。较小的资本被迫离开转而投向"那些大工业还只是零散地或不完全地占领的生产领域中去"。

美国的迈克尔·波特（Porter）对竞争者及产业链的划分能为企业并购的作用提供有力依据。他将竞争力量划分为潜在进入者、替代品威胁、同业竞争者、买方谈判能力以及卖方谈判能力。企业可以充分利用这五种力量，使自己在市场竞争中立于不败之地。另外，他还提出企业价值链的概念，产品的设计、生产、营销与服务产生的总收入除去总成本就得到该价值链增加的价值。（迈克尔·波特，1997，2003）企业能够在分析机遇、威胁和优势、劣势后，制定并购战略计划，改变驱动市场竞争的五种力量的对比，对环境因素进行影响与控制，从而改变和增强自身竞争能力。企业并购的有效性要看协同效应产生与否，整合价值链是产生协同效应的有效途径。企业通过并购，实现对价值链关键环节的整合与改进，能提高价值链的增值。

迈克尔·波特并未讨论竞争的内在动力。针对波特竞争理论的缺陷，钱德勒（Chandler）、潘汉拉德（Prahalad）与哈默（Hamel）提出了组织能力理论与核心能力理论。他们认为企业的能力是由企业的资源、技术或者知识决定的，企业正是这种资源、技术与知识的集合体，保持与积累以及运用能力去开拓市场是企业维持长期竞争力的关键。这种理论根植于将企业竞争力的分析重点放在内部经营管理活动中，把内部优势看作是保持企业竞争力最为重要的因素，是企业生存与发展最本质的东西。（杨洁，2004）

（4）多元化经营说

所谓多元化经营，是指企业同时从事或经营多种相关程度较低或不相关的产业。对于一个企业来说，多元化经营可以分散风险，稳定收入来源。（Weston，1998）法玛和詹森（Fama and Jensen，1983）指出，一个没有进行多样化经营的所有者，将在投资中要求较高的风险溢价，并且比最优情况进行更少的投资。因此，在行业水平上进行多样化经营，对于既是所有者又是管理者的企业主来说，都很有价值。为了避免长期经营单一行业带来的风险，处于战略考虑将会采取混合并购。当一些长期就职于同一部门的企业家无法适应复杂的经济形式，而改由熟悉全产业链以及财务金融的经营通才来掌管公司决策权时，新的决策者不会仅仅只站在单一产品的发展来考虑问题，而是立足经济全局对企业进行规划，这就导致了多样化经营。从要素市场的角度来说，当两个或多个需求者变成一个，会增强买方在要素市场上的势力。（干春晖，2004）当混合并购后产品的市场行情存在负相关性而使协方差之合接近零时，能够产生风险抵消的作用，从而降低投资风险。

（5）代理成本说

当企业所有权与经营权相分离的现代企业制度建立时，就产生了委托代理问题。詹森与麦克林（Jensen 和 Meckling，1976）认为：在所有权与经营权分离的情况下，当委托人与代理人利益不一致时，代理人会利用信息优势损害公司与所有者的利益来满足自己的利益。

首先，获得固定薪酬的非持股管理者，缺乏提高企业股票价格和企业绩效的激励，代理人会不努力工作或者追求过度消费。即使是低持股者，过度消费的成本也并非由他个人而是全部股东来承担，这种“搭便车”行为造成了“外部性问题”。Baumol（1962）、Robin（1964）等人认为代理人具有建造企业帝国的倾向。企业规模的扩大使代理人掌握了更多资源的控制权，这种管理范围的扩大能提高其收入。另外，代理人还能利用控制的资源进行设租，谋取私利，借此向委托人施压，增加谈判筹码。詹森（Jensen，1999）对自由现金流的定义是“满足所有净现值为正的项目所需资金后剩余的现金流量”。为了解决未来的融资问题、控制更多的资源，代理人不会将这部分资金作为权益分配给股东，而宁可投资到低收益项目，这就造成了委托人和代理人之间进一步的冲突。对这一问题，有学者认为根本原因在于委托代理合约的不完备造成了无法将外部性内部化，引起合约的订约、监督以及剩余亏损。解决该问题的方法有两种：（1）更改代理人薪资计划，增加代理人持股；（2）改变组织程序，将企业的决策管理与决策控制相分离。（Fama 和 Jensen，1983）有学者认为，增加代理人持股后，其有可能在任期结束前因追求短期收益而做高股票，无视企业长期发展需要。但在实际情况中，这种问题并不普遍，究其原因在于市场竞争能够抵消这种负面动机。业绩不佳的企业会被其他企业收购，且代理人将被调整出管理层，被调整出企业的代理人由于口碑不佳也降低了被其他企业聘用的可能性。（Manne，1965）

（6）过度自信说

Roll 在 1986 年还提出了管理者“过度自信”的假说，即在强有效的市场上，公司市值已经基本能够反映公司价值，但是收购公司的管理者会盲目自大而高估目标公司价值，进而采取并购战略。这种并购不能产生协同效应，相反，还会将并购企业的财富转移到目标公司，拉低了并购企业的市值。即使存在弱协同效应，也可能因为高支付而导致并购的成本大于收益而得不偿失。该假设并不假定管理者有自私自利的机会主义动机，而是由于自负自大而造成的对并购结果的盲目乐观。高管人员由于自身经历，通常会认为自己的能力高于普通人，进而把成功归结为实力，把失败归结为运气不好。这种优越性延伸到公司决策中就会形成管理者的“过度自信”。（Miller和Ross，1975）学者们在调查中发现，管理者容易高估自己的“经济理性”，相信自己能全面掌控公司发展而低估了投资失败的可能。（March和Shapira，1987）

（7）信号传递说

信号理论是经济学家迈克尔·斯宾塞（Spence，1973）为了解释劳动力市场问题而提出的。按照他的理论，信息弱势方无法了解信息优势方的真实价值，但可以利用学历等其他信号来进行大致的评估。在并购活动中，公司收到要约可能向市场传递着一个信号：该公司存在尚未被认知的额外价值，或者未来有增长的现金流。目标企业在收到要约后，其管理层会贯彻更有效的管理策略，而无需外部力量促使价值的重新评估。当竞价企业以普通股购买其他企业时，可能向目标企业或市场释放该企业价值被高估的信号；当该企业回购股票时，可能向目标企业或市场释放该企业价值被低估，且该企业价值在未来能获得继续增长的信号。另外，对并购方来说，实施并购行为也可被看作企业向市场释放扩大投资、整合业务的信号，暗示其积极向上的发展势头，引起并购企业股票价值上升。

3. 理论评述

并购理论并非专门研究并购的一门经济学理论，而是并购所涉及各方面研究成果的一个集合。这些理论对于解释企业并购的动因及价值效应有一定的作用。超额利润、协同效应、市场竞争、多元化经营理论为我们论证了企业实行并购战略的不同目的。委托代理理论向我们说明了在现代企业制度中，若公司决策者是非持股或低持股的职业经理人，其并购战略动机将偏离上述目标而违背企业的利益，市场竞争能够在一定程度上抵消这种委托代理问题。信号理论最直接的应用就是在企业价值的衡量上。企业并购战略自首次公告后就会向市场传播关于收购企业与目标企业的一些信号，从而引发股价的变化。相对于利润、竞争力和风险对企业长期绩效的影响，股价的变化可被看作是并购对企业短期绩效的干扰。

## 三、本章小结

本章主要阐述与研究有关的重要理论与原理。企业家人力资本是一种异质性人力资本，是人力资本报酬递增的来源，其形成过程需要比同质性人力资本更多的投资，且形成周期长、投资风险大，在测度上也更为复杂。企业家人力资本理论为解释公司决策者管理水平与决策能力的来源和差异提供了依据。高阶梯队理论阐述了高管背景特征与企业风险、战略决策及绩效的关系。在外部环境一定的情形下，高管的认知能力、知识框架以及价值观是造成高管决策差异的关键。这些因素因为主客观原因而难以测度，只能用年龄、性别、教育背景、职业经历等背景特征作为代理变量进行检验。并购是企业的一项重要的投资活动，也是扩大经营规模、增强竞争力、分散投资、获取超额利润的企业战略。现代企业制度的建立实现了所有权与经营权的分离，但也造成了委托代理问题。公司所有者作为委托人与作为代理人的职业经理人在利益上不总是完全一致。代理人会利用信息优势进行过度投资与过度消费而损害公司长远利益。改变薪酬计划，增加职业经理人长期持股比例是解决该问题的一种办法。另外，市场竞争也能够抵消部分代理人的负面激励。并购战略的结果可以通过绩效来表现。并购绩效可分为短期绩效与长期绩效。并购的短期绩效表现在公司市值的变化上，并购的长期绩效则表现在盈利能力、交易费用、竞争能力和规避风险上。

教育是人力资本形成的重要来源，作为异质性人力资本的企业家人力资本也不例外。公司高管的认知能力、知识框架与价值观是企业家人力资本的一部分，对公司战略决策具有显著影响。并购是公司重要的投资活动和战略决策，其成败反映了公司决策者个人的决策能力，体现了其企业家人力资本的作用。例如，在吉利并购宝腾事件中，吉利汽车控股有限公司执行董事、董事会主席李书福“威而不霸”的企业家个人魅力在其中发挥了重要作用。吉利响应“一带一路”建设，在中马两国合作共赢的主旨下，尊重他国民族心理和风俗习惯，以平等互利的原则，同意保留宝腾的标识推动并购，体现了“不霸”；保持大国企业风范、展示实力，坚持技术输出和管理模式输出，守住核心利益和原则底线，强化远景目标，体现了“威”。李书福在整个并购过程中起到了决定性作用，他敢于冒险、意志坚定，又热情真诚、善于沟通的品质确保了收购的成功，并受到海内外媒体的好评。他十分重视教育，从最开始筹办的“浙江经济管理专修学院”，后来发展为浙江豪情汽车工业学校、浙江吉利技师学院、浙江汽车职业技术学院三所全日制院校，到后来的三亚学院、湖南吉利汽车职业技术学院、北京吉利大学等院校，都体现了他对教育的重视。他认为，学历并不等于能力，要学以致用，去基层实践，要以产学研融合来提高经济转型中的人才匹配度。因此，要通过对公司决策者教育背景与并购绩效的关系研究，反推出现行教育对企业家人力资本影响的差异，从而正确认识我国现行教育体系和人才培养与选拔模式，并据此提出相应的对策和建议。

# 第二章　理论分析和研究假设

Hambrick 和 Mason（1984）认为公司决策者能力是影响战略决策的关键因素，这种决策者能力和决策者的认知与价值观相关。但他们同时认为：认知与价值观等心理特征不易衡量，而对它们形成有着重要影响的性别、年龄、教育经历、职业经历等背景特征是可以度量的。因此，利用背景特征作为人在决策时认知与心理特征的代理变量是合乎情理的。公司决策者的背景特征与战略决策及绩效有着密切关系。人力资本理论认为，公司决策者能力是企业家人力资本的外在表现，教育则是形成企业家人力资本最重要的来源。作为公司决策者认知与心理特征的代理变量，研究公司决策者教育背景对并购绩效的影响，能够更深入地了解教育各维度对企业家人力资本的影响差异。

## 一、理论分析

认知是感官输入的转换、简化、描述、储存、恢复、应用的全过程。决策者依据已有的认知模式对个人与事件的基本假设、选择方案的了解与认识以及每种方案对应的结果有一个初步的判断。这种初步判断是最终决策的依据。（青木昌彦和周黎安，2001）认知模式就如同一个信息过滤器，有意识地或无意识地关注一部分信息，而忽略掉另一部分信息。过滤后的信息再经过加工处理，形成决策输出。（Hambrick 和 Mason，1984）

教育是人知识与能力的一种反映。根据高阶梯队理论的内容，尽管人的认知结构与心理特征不易观测，但其形成因素——年龄、性别、任期、教育等背景特征是可观测的。（Hambrick 和 Mason，1984）因此，教育可被看成人力资本存量的一种信号。(张慧和安同良，2006) 部分学者认为，教育能够反映决策者搜集与处理复杂信息的能力、知识与技能基础、偏好、价值观、文化科技水平与思想状态。(张建君和李宏伟，2007) 教育的不同形式能赋予接受者特定的技能与处事风格，形成不同的思维习惯与思维方式，并由此造成企业家能力的差异。(Wiersema 和 Bantel，1992) 不同的教育背景还能影响公司决策者的性格，这种性格对公司的管理决策风格产生深远的影响。(Bantel 和 Jackson，1989) 另外，教育水平越高的公司决策者对教育的投入也越多，与其他决策者相比，他们的期望回报率越高，追求高绩效的欲望越强，风险一定时预期报酬更高。(周为，2014) 例如，教育能使人对自身形成正确的认知定位，避免决策时因过度自信而低估风险，造成决策失误；(Slovic 等，1977) 教育还能提高人的道德素质，会通过诚信的信息披露，减少逆向选择的发生。(陈庆杰和李补喜，2005)

根据企业家人力资本理论的内容可知，对教育投入的数量和质量与企业家人力资本正相关，更多的企业家人力资本意味着更强的公司决策者能力。公司决策者以自身认知与风险偏好为基础对并购战略作出决策。信号传递理论认为，在信息不完全的市场中，并购活动能够作为一种信号，向市场传递有关企业发展状况的相关信息。公司决策者能够利用这一特点，通过并购宣告向市场传递扩大投资、整合业务、积极扩张的信号，制造利好消息并引起股票价格的上涨，进而提高公司股东的收益。2017 年，三星宣布以 80 亿美元收购美国音响巨头哈曼国际后，三星电子股票持续上涨，以 206.8 万韩元的收盘价创下三星自 1989 年上市以来的最高价。股价的上涨带来了三星市值的大幅度提高，增加了三星持股人员的收益。这次并购被认为是三星深化多元化战略的重要举措，提高了外界对并购资源整合后的预期收益。另外，三星 Galaxy Note7 在 2016 年 11 月之前连续发生爆炸事件，导致声誉受损、股价下跌。三星选择在此时发布并购宣告，也可被看作利用利好消息挽救声誉、阻止股价连续暴跌的公关手段。

另一方面，企业家人力资本潜藏于公司决策者的身体与心理特征之中。

在面对并购决策时，心理特征起到决定性的作用，并表现为卓越的领导力与决策能力。公司决策者在进行并购决策时，除了要具备进行长远战略布局和准确收益风险评估的能力外，还要具备力排众议、顶住内外部压力的坚定意志与不达目的誓不罢休的信念与决心。公司决策者的这些品质，决定了他们会着眼于公司发展全局，使得这种决策的正确性可能无法在短期内得到验证。并购理论认为，公司决策者能通过并购决策，达到增加超额收益，实现规模经营、分散公司风险、减少交易费用的目的，利用并购的协同效应使得公司得到发展壮大。联想集团在 2003 年与 IBM 协商收购其个人 PC 业务，并于 2004 年以 6.5 亿美元现金和 6 亿美元联想股票实现对 IBM 中 Thinkpad 业务的收购。自并购宣告开始，联想股价持续下跌，一度下降到 7.48%才有所回升。但事实上，联想通过此次并购将年销售额扩大了 4 倍，成功打入了国际市场，成为世界三大个人电脑公司之一，并跻身于世界五百强之列。在并购过程中，董事长柳传志的决策起到了关键作用。他不仅要面对内部董事会和高管的压力，还要面对外部舆论的质疑。不仅如此，在并购的整合过程中还面临大客户流失、团队成员离职、金融危机等风险。但柳传志良好的大局观，以及坚定不移、勇往直前的信念与决心使他带领联想克服重重困难，最终通过并购实现了公司的飞跃发展。

从上述理论与案例分析可知，基于并购的短期绩效与长期绩效发生作用的途径不同，产生的结果与所需要的决策者能力也无必然联系。因此，本研究将公司决策者教育背景对并购绩效的影响分为短期与长期两个方面来讨论。

## 二、研究假设

### （一）学历与并购绩效的假设

学历是指人们在教育机构中接受科学、文化知识训练的学习经历。一个人在什么层次的教育机构中学习，接受了何种层次的训练，便具有相应层次的学历。学历高低是个体认知能力的表现。诺贝尔经济学奖得主斯宾塞

（Spence，1973）认为能力强的个体能够以低成本获得与其他人相同的学历。换句话说，在相同成本下，能力强者能够获得更高的学历。因此，教育能够向外界传递个体的能力信息。高学历意味着更强的信息处理能力与克服外部干扰的能力。（Streufert 和 Schroder，1965）接受更高层次教育的高管有更广阔的视野，在事业拓展、包容差异性以及综合判定能力上更为突出，因而倾向于采取主动战略。（Dollinger 和 Marc，1983）因此，他们更容易接受创新。（Becker，1962；Kimberly 和 Evanisko，1981；Rogers 和 Shoemaker，1971）接受过正式教育的、学历层次较高的管理者愿意尝试新事物并且为之承担风险，从而获得更多的资源。他们对信息处理、环境变化和形势判断的能力更强。在面对资产的成本收益评估时，能够用复杂的方法去分析与解决预算问题。（Hambrick 和 Mason，1984；Wiersema 和 Bantel，1992）另外，不同学历背景的管理者对公司财务风险的影响有所不同。张兆国等（2011）认为平均学历越高的管理团队更加注重并且有能力管控财务风险，因此对会计稳健性的影响为正。学历越高的公司决策者对风险与报酬的预期回报率更高，且接受过专业和成熟的思维训练，对风险的态度更为谨慎，因此具有较低的风险承受水平。（Hambrick 和 Mason，1984；王永海和周为，2013）较低风险承受水平的公司在发展上更加稳定，有助于提高企业的长期绩效。但也有学者表示，高学历决策者更容易过度自信，其所在公司风险承担水平更高。这种更高的风险承担水平反而会改善企业资本的配置效率，提高公司绩效。（余明桂等，2013）高学历的高管团队能通过增强会计稳健性，抑制过度投资从而提高投资效率。（韩静等，2014）企业家接受更高层次的教育还有助于树立高度社会责任感，这种社会责任感引发的信息披露与捐赠可能在短期内对企业没有很大影响，但是在树立良好企业形象后，会为企业带来长期收益。（张正勇和吉利，2013）高学历背景的管理者对公司战略变化更有利。（Bantel 和 Jackson，1989）姜付秀等（2009）在对管理者背景特征与过度投资的关系研究中发现：学历越高的董事长考虑问题越谨慎，因此很少进行过度投资，避免了企业不必要的损失。所以，人们普遍认为学历越高，企业战略选择的绩效越好。(Hambrick 和 Mason，1984；Wiersema 和 Bantel，1992；Hambrick 等，1996；Bosma 等，2004）特别是在长期任职中的效果更为明显。(何韧等，2010）但 Barker 和 Mueller（2002）在对企业研发投入的研究中，质疑了该观点。他们认为只要获得本科学历，那么接受更高层次的教育不会对研发战略选择及结果产生显著影响。李焰等（2011）在研究不同产权企业管理者背景对投资效率的影响时，也得出了类似结论，即学历对投资效率没有显著影响。国内学者陆瑶和张鸣宇（2015）认为 CEO 的学历虽然可以提高资本市场对企业未来的预期，但无法对公司现阶段盈利能力与收入增长产生影响。因此，CEO 学历更多地是通过长期影响作用于企业绩效。基于上述内容，提出如下假设：

假设 1a：在教育背景中，学历对并购短期绩效的提升没有显著作用。

假设 1b：在教育背景中，学历对并购长期绩效的提升具有积极作用。

（二）学校层次与并购绩效的假设

学校层次是指学校在本国所有高等院校中的级别。心理学的研究表明，公司决策者的智能越高，越能获取更多数量的信息并对信息进行快速处理。(Deary 等，2007）成功企业家的一项必备能力是组织和利用不同种类的信息。因此，更高的组织与利用信息的能力能在环境变化时及时作出战略调整，从而对企业绩效产生积极影响。(Wiersema 和 Bantel，1992）接受过更好学校教育的 CEO 较之于未接受者能进行更加复杂而全面的思考，能更好地吸收新知识、新观点，引发创新的能力，这种能力能够显著提升企业绩效。Hitt 和 Tyler（1991）与 Wally 和 Baum（1994）的研究论证了这一观点。Chevalier 和 Ellison（1999）的研究发现，毕业于常青藤高校的基金经理在平均业绩上要优于毕业于普通公立高校者。另外，“受过精英教育的人身上会有更多光环”(Finkelstein，1992)，有精英学校学习经历的公司决策者更受社会尊重，且接受过上流社会行为方式与生活方式的洗礼（Coser 和 Domhoff，1983)，这将有利于他们融入上流社会。因此，他们拥有更多政府部门和商界领袖的朋友。通过对这些社会资源的利用，能够提高公司绩效。另外，一些国际交流的经历能使他们以更加开放的姿态接受不同文化与观念。（Coser 和 Domhoff，1983）但后来的学者发现事实并非完全如此。例如一项研究发现：在英国，无论是家庭经营的公司还是专业人士经营的公司，绝大部分的管理者来自沃顿商学院、牛津、剑桥等几所名校，这些人较少采用多样化战略，且专业管理人员经营的公司相较于企业家经营与家庭经营公司来说，是最少采用并购战略的。但在他们的研究中，无法断定公司决策者背景与战略选择及绩效是否存在显著因果关系。（Channon，1979）Daellenbach 等（2002）在对原生金属与半导体产业的研究中发现：接受教育层次的高低与 R&D 投入并无显著关系。Gottesman 和 Morey（2006a）以毕业的绩点和毕业学校的声誉作为受教育质量的代理变量，来研究 CEO 受教育质量和公司绩效的关系。不同于以往认为公司决策者学校层次对公司绩效有积极影响的结论，他们的研究发现，没有充分的证据表明在更好学校学习的公司决策者在公司绩效上优于其他的公司决策者。可能的原因在于，公司决策者的认知能力实际上并非影响公司绩效的重要因素。相反，个人魅力、团队协作以及努力程度等其他个性特征的影响更为重要。以上分析表明，大部分研究认为，毕业于重点院校的公司决策者在个人的人力资本与社会资本上均有显著的优势，有利于他们通过战略决策实现短长期的发展目的。故提出如下假设：

假设 2a：在教育背景中，学校层次对并购短期绩效的提升有显著作用。

假设 2b：在教育背景中，学校层次对并购长期绩效的提升有显著作用。

（三）专业与并购绩效的假设

课程的选择反映了个体的认知与偏好，而课程的目标则在于形成视角和观点。不同学科背景的高管会做出不同的行为决策，特别是在资产组合备选的评估上。特定学科背景的高管更倾向于经常变更战略。理工科背景的高管相对于经管、法律、文学艺术类背景的高管对于发明、创新和改革更加关注，并会对公司改革与产品技术研发投入更多资金；相反的，经管与法律专业背景的 CEO 则对改革与研发投入持谨慎态度。（Hitt 和 Tyler，1991；

Finkelstein 和 Hambrick，1996；Tyler 和 Steensma，1998；Barker 和 Mueller，2002）陈传明和孙俊华（2008）在企业家背景与多元化战略的研究中，也发现理工科背景的决策者倾向于更多地采取多元化战略，经管类背景的决策者反而最少。国内学者已证明，多元化战略总体上对公司绩效有着积极影响。（尹义省，1999；姚俊等，2004；姜付秀和陆正飞，2006）Schrader（1995）分析了美国企业家教育、职业背景与企业绩效的关系，并认为三者间具有明显的统计显著性，仅仅拥有经济与管理专业背景的 CEO 对于提高企业绩效无益。一篇华尔街杂志的报道则认为：拥有文化艺术专业背景的 CEO 所接受的教育与其他专业比较，能够在“日益复杂多变与全球化的商业舞台上拥有更广阔的基础”。（White，2005）Gottesman 和 Morey（2006a）则认为有过经管专业学科背景的公司决策者并未获得明显高于其他专业背景公司决策者的绩效。姜付秀等（2009）认为经管类背景的董事长更看重收益，为了利益他们可能会采取激进行为。对不同专业的分析表明，经管与法律专业的高管比较看重短期的收益，而理工科专业的高管对多元化及研发投入的热忱会在长期得到回报。故提出如下假设：

假设 3a：在教育背景中，经管专业背景与文法史哲类专业背景的公司决策者有利于提高并购短期绩效，理工科专业背景的公司决策者对并购短期绩效没有显著作用。

假设 3b：在教育背景中，理工科专业背景的公司决策者能通过并购战略提升公司长期绩效；经管类专业背景与文法史哲类专业背景的公司决策者对提高并购长期绩效没有显著作用。

（四）MBA 与并购绩效的假设

学者们在对 MBA 的研究中发现，这种高级管理人才教育模式虽然能够在短期内提高企业收益，但是以牺牲企业创新能力为代价的。他们不可能像白手起家的高管那样具有冒险与创新精神。（Collins 和 Moore，1970）Finkelstein 和 Hambrick（1996）认为接受 MBA 教育者多为商界精英，他们懂得传统与市场秩序，也明白自身预测的失败会使公司在市场上受到惩罚。他们保守、规避风险从而避免大的损失。从上述论断可以看出，受MBA教育的公司决策者较之于其他人较少采用并购战略，因而通过并购提高企业绩效的可能性较小。但Smith等（1991）发现，当铁路放松管制后，作出战略变化以积极应对的高管多具有MBA教育背景。这与前人普遍认为的MBA受教育者保守和怕犯错的认识截然相反。Graham和Harvey（2001，2002）的研究发现：有MBA教育背景的首席执行官（CEO）和首席财务官（CFO）比其他高管更有可能使用诸如资本预算的净现值和资本计算成本中的资本资产定价模型等学习技术。还有研究者声称：MBA教育过分强调新古典经济思想，即作为管理者要去追求自身的利益。（Ghoshal，2005；Khurana和Gintis，2008）他们在自我报告中的作弊水平要高于其他教育背景的毕业生。（Mccabe等，2006）这种做法在短期内可能会导致公司绩效的提高，但在长期内必定会损害公司利益。因此，有过MBA教育背景的公司决策者能够提升并购后的短期绩效，但对长期绩效则没有显著的正向影响。Gottesman和Morey（2006a）的研究认为接受过MBA教育的公司决策者与未接受MBA教育者相比，在公司绩效提升的作用上并不显著。以上内容表明，既有学者认为MBA能通过提高高管的商业手段而增加短期收益，又有学者认为MBA对规避风险与复杂计算有所帮助。综合这两类观点，提出如下假设：

假设4a：在教育背景中，有MBA背景的公司决策者对并购短期绩效有着积极影响。

假设4b：在教育背景中，有MBA背景的公司决策者有利于提高并购的长期绩效。

（五）海外背景与并购绩效的假设

李连华和聂海涛（2007）认为海外背景能使公司决策者拥有国际化的知识与视野。开放的思想、先进的理念，能让他们更易于接受新知识、新方法。这种新知识与新方法的运用使得公司决策者能利用国际化与多样化战略来实现战略目标，提高企业绩效。Sambharya（2015）在对美国跨国公司的研究中发现：高管团队经历对公司国际化战略有着积极作用。拥有国际化经历的高管会以全球合作的方式打开国际市场。（Reuber 和 Fischer，1997）国际合作与国际市场的开拓对公司战略变革与公司价值产生影响，提高了公司绩效。（Carpenter 等，2001；Carpenter，2004）王永海和周为（2013）认为拥有海外背景的公司决策者有较低的风险承担，有利于公司的稳定发展。尤其是经历过国外金融危机、跨国并购失败以及大型企业破产等重大经济事件后，对决策风险的认知更为深刻，有利于在战略决策时做好充分的风险控制，从而减少战略带来的损失。（周为，2014）不同于其他学者的是，何韧等（2010）在管理者背景与企业绩效的研究中得出了不同结论：拥有海外背景的管理者对企业绩效没有显著影响。这可能是因为海外教育经历形成的多元文化思维同本土文化发生冲突。在短期中这种冲突会被抑制，但在长期中可能会对绩效产生负面影响。以上分析表明，海外背景对公司绩效的影响主要在长期，且大部分学者认为国际化的经历有利于降低公司风险，并利用先进的方法和理念实施战略决策。故提出如下假设：

假设 5a：在教育背景中，拥有海外背景的公司决策者对并购的短期绩效影响不显著。

假设 5b：在教育背景中，拥有海外背景的公司决策者有助于提升并购长期绩效。

（六）学校类型与并购绩效的假设

另外，本研究认为，不同类型学校有着不同校园氛围，且学科优势的价值会出现外溢现象，这种潜移默化的影响不应被忽视。例如，美国培养企业家最多的并非沃顿商学院而是西点军校。有统计显示，“二战”以后该校毕业生中出了几千名董事长、副董事长、总经理，培养的企业精英的数量超过了那些一流商学院。究其原因，就在于军校的军事训练培养了学员的心理韧性、执行力、团队精神以及敢打敢拼的冒险精神和永争第一的竞争意识。在我国，华中科技大学、西安交通大学等理工科院校的经管学院受其优势学科的影响，注重数学方法的运用，也分别在本领域培养出了优秀的经济学与管理学学者及知名企业家。Ecare 博士在欧洲经济学会的资助下，给出了一个世界经济学家和研究机构均能接受的经济学家排名。在世界经济学家排名前 1000 名的华人经济学家中，华中科技大学有三位校友上榜，是全国上榜最多的高校。（李然，2006）根据福布斯全球华人富豪榜公布的数据，中南大学这所理工科院校，曾出过梁稳根与王传福两位中国首富。由此可见，不同类型学校的校园氛围会对公司决策者的思维方式和行为习惯产生影响，从而影响公司决策者的选择和决策。毕业于理工类院校的公司决策者受其学科设置和校园文化的影响，在复杂计算和长期规划上可能相较于其他院校毕业者具备一定的优势，这种优势会在战略决策实施后的长期阶段开始显现。另外，院校合并兴起后，综合类大学成为众多重点院校的发展方向。在合并完成后，此类院校的排名大幅度提高，吸引了更优质的生源和更好的师资。深厚的历史底蕴、不同学科营造的多元化背景和较好的师生资质有利于提高受教育者的综合素养。财经类、法律和师范类属于文科类院校，学生思维较为活跃。尤其是法律和师范类院校，其学科特点决定了对学生在表达和沟通上的能力提出了更高要求。卓越的表达与沟通能力，有利于为自己树立良好的个人形象，在做出选择决策后能获得同伴的支持和社会舆论的认可。由此提出以下假设：

假设 6a：在教育背景中，毕业于理工类院校的公司决策者对并购短期绩效影响不显著，毕业于综合类、财经类、法律和师范类院校的公司决策者有助于提升并购短期绩效。

假设 6b：在教育背景中，毕业于理工类院校的公司决策者有助于提升并购长期绩效，毕业于综合类、财经类、法律和师范类院校的公司决策者对并购长期绩效的影响不显著。

## 三、本章小结

并购绩效是公司战略决策的输出结果，公司战略决策效果的好坏，取决于公司决策者的能力。公司决策者能力是由决策者的认知与价值观等因素决定。这些因素不易度量，但形成这些因素的背景特征是能够度量的。根据前文内容，公司决策者认知与心理特征是其人力资本的一部分，并通过公司战略绩效表现出来。教育是企业家人力资本形成的重要途径，教育数量、教育质量、教育内容、教育深度与广度的不同对企业家人力资本的形成，进而对并购绩效的影响有所差异。另外，教育还能通过影响公司决策者心理来形成不同风险偏好，进而对并购绩效产生影响。根据信号传递理论，并购宣告前后股价会发生波动，引起公司利益相关者收益的变化；根据超额利润、协同效应、市场竞争、多元经营以及委托代理的内容，在并购发生了一段时间后，公司的资源整合能力、市场竞争力、抗风险能力、盈利能力会发生变化。由此可见，并购在短期和长期的绩效上发生作用的途径和产生的结果有所不同，对应的决策者能力也有所差异。

基于上述理论分析，本研究对公司决策者教育背景与并购绩效的关系做出进一步的假设。通过大量文献的引证，说明了教育背景中的学历、学校类型、学校层次、专业、MBA 以及海外背景对并购绩效有着显著影响。根据上述分析，本研究提出六个基本假设：假设 1a：在教育背景中，学历对并购短期绩效的提升没有显著作用。假设 1b：在教育背景中，学历对并购长期绩效的提升具有积极作用。假设 2a：在教育背景中，学校层次对并购短期绩效的提升有显著作用。假设 2b：在教育背景中，学校层次对并购长期绩效的提升没有显著作用。假设 3a：在教育背景中，经管专业背景与文法史哲类专业背景的公司决策者有利于提高并购短期绩效，理工类专业背景的公司决策者对并购短期绩效没有显著作用。假设 3b：在教育背景中，理工科专业背景的公司决策者能通过并购战略提升公司长期绩效；经管类专业背景与文法史哲类专业背景的公司决策者对提高并购长期绩效没有显著作用。假设 4a：在教育背景中，有 MBA 背景的公司决策者对并购短期绩效有着积极影响。假设 4b：在教育背景中，有 MBA 背景的公司决策者有利于提高并购的长期绩效。假设 5a：在教育背景中，拥有海外背景的公司决策者对并购的短期绩效影响不显著。假设 5b：在教育背景中，拥有海外背景的公司决策者有助于提升并购长期绩效。假设 6a：在教育背景中，毕业于理工类院校的公司决策者对并购短期绩效影响不显著，毕业于综合类、财经类、法律和师范类院校的公司决策者有助于提升并购短期绩效。假设 6b：在教育背景中，毕业于理工类院校的公司决策者有助于提升并购长期绩效，毕业于综合类、财经类、法律和师范类院校的公司决策者对并购长期绩效的影响不显著。

不同教育背景的公司决策者在并购绩效上的差异，反映了教育各维度对企业家人力资本的不同影响。假设 1 考察了公司决策者受教育程度对企业家人力资本的影响；假设 2 考察了公司决策者受教育质量对企业家人力资本的影响；假设 3 和假设 6 考察了受教育内容对公司决策者企业家人力资本的影响；假设 4 考察了受教育深度对公司决策者企业家人力资本的影响；假设 5 考察了受教育广度对公司决策者企业家人力资本的影响。

# 第三章 公司决策者教育背景与并购绩效的研究设计

公司决策者能力是其企业家人力资本的外在表现，而教育是企业家人力资本形成的重要来源。对教育的投资，会形成人身上知识与技能的存量，并最终成为人力资本的一部分。公司决策者正是依靠这种人力资本对并购做出决策，并导致了不同的并购绩效。上一章通过对相关理论与研究成果的分析，已经建立了公司决策者教育背景与并购绩效的研究假设。本章节针对上一章节的内容，对实证模型的变量选取、模型构建和数据来源加以说明。

## 一、变量选取

### （一）解释变量：教育背景

Hambrick 和 Mason（1984）在提出“高阶梯队理论”时，就已经将教育背景纳入背景特征的考察范围之中。在现有文献中，受教育程度是学者采用最多的教育背景衡量指标。学历的高低代表着受教育的年限，也代表着受教育者本身的能力。根据信号传递理论的内容，在信息不对称的情况下，受教育程度能够作为甄别能力的信号来对劳动者给予不同薪酬、安排不同工作岗位。（Spence，1973）受不同层次学校教育的个体对知识理解的广度、深度也有所差异，同样会导致认知与价值观的不同。除此之外，专业也是研究者经常考察的教育背景衡量指标。Hambrick 和 Mason（1984）认为，大学专业的选择本身就是个人认知与价值观的反应，而通过专业的学习能够继续修正与完善认知与价值观。MBA，即工商管理硕士，是专业硕士的一种，与一般硕士培养目标不同的是，MBA 旨在培养能够胜任工商企业与经济管理部门高层管理工作需要的实务型、复合型和应用型专业人才。MBA 教育将理论与实践相结合，尤其注重实践经验。另外，公司决策者不仅需要强大的心理素质和抗压能力，还应具备管理决策的相关专业知识。值得注意的是，教育背景所涵盖的内容远不止于此。学校层次同样是教育背景中不可忽略的要素。一般情况下，接受高等教育之前都要经过一次考试的筛选。获得进入重点院校学习的机会，本身就是一种对受教育者能力的认可。重点学校较一般院校师资更为雄厚、软硬件条件更为出色、整体学习氛围更浓厚。不仅如此，重点院校能够为学生提供更多的特长开发与学习深造的机会，能够进一步完善受教育者的能力。根据 2012 年教育部《普通高等学校本科专业目录》的划分，将我国高等院校按学科范围划分为 12 类。不同类型的学校因其优势学科和师生专业背景的差异，会形成自身独特的校园文化，对学生产生潜移默化的影响。另外，我国在教育上同发达国家存在一定差距，海外求学经历除了能提高专业能力以外，还能获得跨文化体验，形成全球化视野。综上所述，本研究拟从六个方面考察公司决策者的教育背景：学历、学校类型、学校层次、专业、MBA、海外背景。

（1）学历（Edu）

学历是指受教育者在经教育部门行政批准、具有国家认可的学历证书颁发权力的学历教育机构结业或毕业后所获得的文凭。在实际的学习生活中，多指最后也是最高层次的一个学历证书。其赋值为：博士＝4，硕士＝3，本科＝2，大专＝1，大专以下＝0。

（2）学校类型（Category）

学校类型指按 2012 年教育部《普通高等学校本科专业目录》12 个学科门类划分，受教育者学校的类型。按照本研究的考察侧重点，将其赋值为：综合＝1，财经＝2，理工＝3，法律、师范＝4，其他＝0。

（3）学校层次（Level）

学校层次指受教育者毕业院校是否为“985”“211”工程建设高校①。其赋值为：毕业于“985”“211”院校=1，非“985”“211”院校=0。

（4）专业（Major）

专业是指根据2011年教育部颁布的《学位授予和人才培养学科目录设置与管理办法》（修订版）中13个学科门类对受教育者专业进行的划分。按照本研究的考察侧重点，将其赋值为：经济学、管理学=1，理学、工学=2，文学、法学、史学、哲学=3，其他=0。

（5）MBA（MBA）

MBA指受教育者接受工商管理硕士（含EMBA）教育并获得学位证书。其赋值为：是=1，否=0。

（6）海外背景（Overseas）

海外背景在本文中特指受教育者在中国以外（港澳台）接受本科及以上教育并获得学位证书。其赋值为：有=1，无=0。

（二）被解释变量：并购绩效

根据前文对绩效的定义，并购绩效是指公司通过并购战略期望获得的结果的实现情况。并购绩效的好坏影响着公司的生存与发展，反映了公司决策者的能力。并购战略对公司的影响主要有两个方面：一是并购给公司股东带来的收益变动；二是并购给企业的盈利能力、偿债能力、经营管理能力等方面带来的变化。从公司股东的角度看，并购绩效更多地体现在短期公司股票价值的变化上；从企业的盈利能力、偿债能力与发展能力来看，并购绩效更多地体现在公司的财务指标上。这两种情形也发展成为度量并购绩效的两种方法——事件研究法与会计指标法。

1. 并购短期绩效

并购的短期绩效是指并购战略对公司股东的影响，主要体现在对公司价

① “985”“211”工程提出于20世纪90年代，在此之前均是以全国重点大学与非重点大学进行划分。但“985”“211”的划分基本涵盖了之前的重点大学，故本文采用“985”“211”工程大学作为学校层次的衡量指标。

值的变化上。并购短期绩效通常会采用超额累计收益法（CAR）进行度量。（Brown 和 Warner，1985）国内众多学者（潘红波等，2008；唐建新和陈冬，2010；王化成等，2010；陈仕华等，2013；陈仕华等，2015；刘笑萍等，2009；顾露露和 Reed，2011 等）也沿用了该方法作为并购短期绩效的度量。超额累计收益（CAR）是指某段时间内公司超额收益的总和。超额收益是指公司事件窗口期内股票价格与正常收益之间的差额。超额累计收益反映的是一定时间内，某一事件给公司价值带来的波动。该研究法的前提假定是股票市场的有效性。通常情况下，事件研究法包括六大步骤：定义事件及事件窗口、选择研究样本、选择度量正常收益的模型、估计异常收益、检验异常收益的显著性以及实证结果及解释。（Campbell 等，2010；Mackinlay，1997；白仲光、蓝翔，2003）事件包括合并、收购、收益公告或再融资行为。窗口包括估计窗、事件窗与事后窗。估计窗是用以估计正常收益的（包括正常收益模型的参数）；事件窗是检验事件对股价影响，造成股价异常的区间；事后窗是事件发生后对股价造成的异常影响的区间。事件窗口期的时间长短根据研究内容决定。Kothari 和 Warner（2004）对事件研究法的运用概况进行了系统阐述。他们检索了 1974—2000 年间美国五种权威期刊与事件研究法相关的文献，并以事件窗口长度为标准对文献进行分类。结论表明：事件研究法经过多年的发展，已成为财务和金融领域的主流研究方法。虽然事件窗口期可长可短，但该方法在短期间研究上已经成熟，长期间研究虽然取得了进步，但仍存在较大缺陷。除此以外，张敏等（2015）还采用并购后股票收益波动（STOCKV）来测度并购的短期绩效。这种方法虽不及超额累计收益运用普及，但也在部分研究中出现。本研究拟以超额累计收益作为并购短期绩效的代理变量。

短期并购绩效，即超额累计收益（CAR），通过对事件窗口期内单只股票日收益与正常日收益之差求和，可得到超额累计收益。本文采用陈仕华等（2015）的做法，选取［－3，1］作为窗口期计算超额累计收益，并将其作为并购短期绩效的代理变量。

2. 并购长期绩效

并购的长期绩效主要体现在公司的财务指标变化上。托宾 Q 值常被作为衡量长期绩效的指标。(Mcconnell，1990；Hermalin 和 Weisbach，1988；Loderer 和 Martin，2004；Cho，1998；Holderness 等，2010) 但在研究后期，总资产净利润率 ROA 及其变化值 ΔROA 却获得了更多的运用。肖明和李海涛（2017）以总资产净利润率（ROA）作为衡量并购绩效的指标。吴超鹏等（2008）、Cai 和 Sevilir（2012）、陈仕华等（2013，2015）、刘春等（2015）以前期与当期 ROA 变化率，即 ΔROA 作为衡量绩效的指标。Janssen（2006）没有直接使用当前的 ROA 作为衡量长期绩效的指标，而是以先进行指数化处理，然后减去行业平均值得到行业调整后的 ROA 作为并购绩效的替代变量。有部分学者以事件研究法中的长期间研究作为并购长期绩效的度量方法。该方法设置较长的事件窗口期，来研究并购对公司绩效带来的影响。Gregory 等（2010）、Giannetti（2003）、李善民和朱滔（2006）、陈仕华等（2013，2015）均以 BHAR 法来计算企业的长期并购绩效。潘红波和余明桂（2014）以并购宣告日扣除行业中位数后的公司净资产收益率变化来表征并购的长期绩效。

除此之外，会计利润率也被部分学者作为研究公司绩效的指标。(Demsetz 和 Lehn，1985；Demsetz 和 Villalonga，2001) 会计收益率与托宾 Q 值在侧重点上有一定的区别。首先是时间，会计利润率侧重回顾，而托宾 Q 值侧重前瞻；第二个区别是对绩效衡量的准确性。会计利润率是会计师受其专业制定的标准约束，而托宾 Q 值主要是受到敏锐的乐观或悲观主义投资者的影响。经济学家倾向于认为，这些投资者大多对市场约束的理解高于会计约束，因此他们大多赞成托宾 Q 值。但实际上，会计利润率并不受投资者心理的影响，且仅仅只涉及对未来事件的部分估计。会计利润率的主要估计是折旧与商誉。相反，托宾 Q 值受到包括现在的商业战略结果在内的多种事件影响的投资者心理的冲击。会计利润率会受到会计方法的影响，但托宾 Q 值同样会面临会计方法造成的扭曲问题。在公司样本中，托宾 Q 值能被控制了会计方法对事实扭曲之后的变量进行更好的解释。Q 值的分子代表公司的市场价值，部分反映了投资者对公司无形资产的价值；Q 值的分母是公司有形资产的重置成本（不包括公司无形资产的投资），公司未来收入流被认为只能从有形资本的投资中产生。这扭曲了来自不同程度无形资本的绩效。（Telser，1969；Demsetz，1979）利用 Q 值的研究，在计算 Q 值的分母时，并没有尝试计算有形资本的重置成本。相反，他们使用的是有形资本的折旧账面价值。这种方法将 Q 值的一部分会计问题纳入其中，使会计利润率的计算变得令人怀疑。很多问题都涉及如何计算无形资产的折旧价值使之符合真正的资产贬值。Q 值的分子在很大程度上反映了会计利润率。投资者在对未来合理预期时肯定会考虑过去的盈利情况。高会计利润率与高的股票价格相联系。Q 值的分母，在以有形资产的账面价值而非重置成本衡量时，非常类似于会计师在估算公司资本投资时使用的方法。可以预计会计利润率和 Q 值高度相关。

冯根福和吴林江（2001）以及葛结根（2015）采取了更为复杂的方法来测度并购绩效。他们首先选取并购公司前后几年报表中有关盈利能力、偿债能力、发展能力、自由现金流能力的若干财务指标，并减去当年该公司所属行业该指标的平均值，获得新的指标。将该指标按并购前后不同年份做因子分析，构建新的评价函数，并计算各公司并购前后不同年度的业绩综合得分。最后根据综合得分来判断并购绩效。顾露露和 Reed（2011）使用日历研究法（Calendar-time Approach）和 FF3FM 模型研究并购的长期绩效。Fama 和 French（1993）在原有的 CAPM 模型中加入公司规模与 BMI 杠杆比率，建立 FF3FM 三因素模型。在模型中，截距项包含了公司规模与 BMI 杠杆效应。有研究者将截距项作为超额收益看待，还有部分学者将日历超额收益（Calendar-time Abnormal Return）作为超额回报进行研究。（Mitchell 和 Stafford，1998；Savor 和 Qi，2009；顾露露和 Reed，2011 等）日历研究法相较于事件研究法，没有评估期要求且公司股票的 β 值恒定。虽然从弱势市场有效性假设来看，股票市场价格能充分反映股票市场上一系列交易价格与数量的信息。但在长期，并购事件对股票市场回报形成的超常收益没有显著影响。因此，本文拟借鉴吴超鹏等（2008）、Cai 和 Sevilir（2012）以及陈仕华等（2013，2015）对企业并购绩效的研究方法，以两期 ROA 的变化率作为并购长期绩效的代理变量。

在综合比较了托宾 Q 值与总资产净利润率（ROA）的优劣性后，又由于并购的协同效应需要一定时间才能得以表现，故本研究拟使用并购后一年 ROA 与并购前一年 ROA 的差值（ΔROA（－1，1））衡量并购的长期绩效。

（三）其他控制变量

为了控制其他因素对公司绩效的影响，本文将公司决策者其他的背景特征，公司基本特征，公司发展能力、偿债能力、自由现金流以及公司所在的行业特征作为控制变量。本研究使用的控制变量具体如下：

1. 其他背景特征

（1）性别（Gender）

公司决策者为男性，赋值为 0，女性赋值为 1。

（2）年龄（Age）

公司决策者在并购事件首次宣告时的年龄。

（3）任期（Tenure）

公司决策者在并购事件预告时在该职位上的任期。（任期不足一年按照一年处理）

2. 公司基本特征

（1）公司规模（Size）

公司规模会对公司战略产生重要影响。（Kimberly，1976；Greve，2008）规模较大的公司能利用规模经济降低生产成本、获得较大市场势力并获得超额利润。（Gooding 和 Wagner，1985；Boone 和 Raman，2004）公司规模是公司所处生命周期的一种表征。范从来和袁静（2002）、刘笑萍等（2009）的研究发现：不同生命周期的公司选择不同并购类型会带来不同的绩效。处于成长期的公司为了获得规模经济和增强市场竞争力，通过横向并购能提高公司绩效；处于成熟期的公司为了减少交易费用和避免因专用性资产投资带来的“敲竹杠”问题，可以进行前后向的纵向并购获得协同效应，从而提高公司绩效；处于衰退期的公司为了获得新的增长点，可以通过混合并购提高公司绩效。另外，公司规模也是公司前期绩效的积累。Tushman 和 Romanelli（1985）认为大规模公司意味着发生根本性转变的可能性很小，通过并购获得的规模经济有限。小规模公司起点低、转变灵活，为了抓住机遇实现跨越式发展，会更加倾向于采取并购战略并获得绩效的提升。

本文的公司规模以上市公司年末总资产账面价值的自然对数来表征。

（2）产权属性（Nature）

中国的国有企业与民营企业在公司特征上存在显著差异。相对于民营与外资企业，国有企业或国有控股企业更易受到政府干预，造成政策的扭曲。李善民和朱滔（2006）在研究中国上市公司并购的长期绩效中发现：国有股比例在第一年能对并购绩效产生显著影响，而在第二、三年，这种影响会逐渐消失。他们认为可能的原因是政府官方背景能减少并购中的交易费用，降低了并购成本，提高了并购的短期绩效。方军雄（2008）对此提出了不同看法，他认为国有企业的战略决策容易受政府干预，特别是地方政府控制企业间的“拉郎配”，造成了大量无效并购，降低了并购绩效。潘红波等（2008）则认为，地方政府对盈利国有企业的并购干预会损害并购的绩效，而对亏损国有企业的干预能够扭亏为盈，提高并购绩效。王凤荣和高飞（2012）认为政治干预对不同生命周期的国企影响有所差异。另外，政治关联可以作为法律的替代机制，使企业产权免受政府损害。但张雯等（2013）的研究得出了不同结论，即政治关联通过对国有企业施加影响，这种计划指令造成了资源的错配，使得有限资源浪费在低效或无效的并购活动中，造成了企业的损失。王砚羽等（2014）的研究支持了这一论点。顾露露和 Reed（2011）在研究中国企业海外并购的绩效时，从政治目的与意识形态角度论述了国有企业海外并购中长期并购绩效低于民营企业的原因。

基于不同产权属性对并购绩效的影响存在差异，故要对其予以控制。对公司的不同产权属性进行赋值：国有产权=1，非国有产权=0。

(3) 公司决策者权力（Power）

决策者权力，是指“公司决策者在进行决策时克服反对意见的能力”。(Pfeffer，1983) Finkelstein（1992）将公司决策者的决策力定位于以下三个方面：结构权力，即决策者在公司内部的正式职位；所有权权力，即决策者持股比例；专家权威，即决策者作为专业人才的声望与威信。本文拟采用董事长与总经理是否二职合一来表征公司决策者权力。董事长与总经理二职合一（Duality）则赋值为1，否则为0。

3. 财务指标

根据李善民等（2004）、吴超鹏等（2008）、李焰等（2011）、陈仕华等（2013，2015）众多学者对财务指标控制变量的选取，本研究选择代表公司发展能力、偿债能力以及现金流量的主营业务增长率、资产负债率以及自由现金流作为财务指标类的控制变量。

(1) 主营业务增长率（Growth）

主营业务增长率等于（本年主营业务收入－上年主营业务收入）/上年主营业务收入。

(2) 资产负债率（Lev）

资产负债率等于总负债/总资产。

(3) 自由现金流率（OCF）

自由现金流率等于经营性现金流/总资产。

4. 行业特征

除上述变量以外，本文还控制了行业特征。行业标准划分根据中国证监会《上市公司行业分类指引（2012年版）》的标准，按照不同行业代码设定虚拟变量。

（四）中介变量：风险偏好

并购的本质是一种投资活动，是由决策者个体的认知与心理特征决定。

Hambrick 和 Mason（1984）以及 Hammond 等（1998）认为决策者行为是决策者风险偏好的函数，对于投资决策的分歧是由不同风险偏好造成的。根据行为金融学的内容，决策者心理特征决定了其风险偏好，而性别、年龄、教育、工作经验等背景特征是形成心理特征的重要因素。风险偏好是决定行为选择的关键因素，而行为选择直接导致了不同的行为绩效。公司决策者风险偏好与背景特征存在着因果关系。（Richard 等，2000；Peng 和 Wei，2007；Hambrick 和 Mason，1984；Prendergast 和 Stole，1996）同样，公司决策者风险偏好也能导致不同的企业战略及绩效。Moers 和 Peek（2001）在研究个人财富与个人风险偏好时发现两者具有正相关性。Friend 和 Blume（1975）、Cohn（1975）等学者认为个人持有风险资产的比重与风险偏好正相关。风险资产是指个人持有的所有上市公司的股票和期权市值，总资产是指个人从公司获取的风险资产与非风险资产之和，主要是薪酬、股权等。根据企业家人力资本理论可知：企业家人力资本属于异质性人力资本，在投入以后会形成专用性资产。这种专用性资产一旦被锁定，就难以变作他用。公司决策者持有较高股份不符合风险分散的原则。国内公司决策者——董事长，无论是在物质资本还是人力资本上，都承担着一定的风险。基于以上分析，本文将风险偏好作为中介变量代入实证模型。公司风险偏好的度量以个人持有风险性资产占比来衡量。

**表 3－1　变量定义总表**

| 变量名称 | 定义 | 解释 |
| --- | --- | --- |
| 解释变量：教育背景 | 学历（Edu） | 所获得的最高学历（博士＝4，硕士＝3，本科＝2，大专＝1，以下＝0） |
| | 学校类型（Category） | 学校的类型（综合＝1，财经＝2，理工＝3，法律、师范＝4，其他＝0。当学校类型为上述五种类型时，赋值为 1，否则为 0） |
| | 学校层次（Level） | 学校是否为“985”“211”工程重点建设高校，是＝1，否＝0 |
| | 专业（Major） | 所学专业（经管＝1，理工＝2，文法史哲＝3，其余＝0） |

续表

| 变量名称 | 定义 | 解释 |
| --- | --- | --- |
| 解释变量：教育背景 | MBA | 是否获得 MBA 学位，是=1，否=0 |
| | 海外背景（Overseas） | 是否有过海外留学经历，是=1，否=0 |
| 被解释变量 | 短期绩效（Short-term performance） | 事件窗口期内的超额累计收益率（CAR） |
| | 长期绩效（Long-term performance） | 以总资产净利润率的变化值（ΔROA）表征，即（并购后一年年末息税前利润与折旧对总资产比率净利润/当年总资产余额）－（并购前一年年年末息税前利润与折旧对总资产比率净利润/前年总资产余额） |
| 控制变量：其他背景特征 | 性别（Gender） | 公司决策者性别（男性=0，女性=1） |
| | 年龄（Age） | 公司决策者年龄 |
| | 任期（Tenure） | 公司决策者任职时间（截止到并购事件宣告年） |
| 控制变量：企业特征 | 规模（Size） | 上市公司年末总资产账面价值的自然对数 |
| | 产权属性（Nature） | 是否为国有企业，是=1，否=0 |
| | 公司决策者权力（Power） | 董事长总经理二职合一（Duality）：是=1，否=0 |
| | 主营业务增长率（Growth） | 上市公司年末对年初的营业收入增长率 |
| 控制变量：财务指标 | 资产负债率（Lev） | 年末账面总资产/年末总负债 |
| | 营业现金流量（OCF） | 收购方经营性现金流/总资产（产息前税后利润＋折旧与摊销－营运资本增加－资本支出）/年末总资产 |
| | 财务杠杆（Leverage） | （净利润＋所得税费用＋财务费用）/（净利润＋所得税费用） |
| | 投资收益率（EI） | 本期投资收益/（长期股权投资本期期末值＋持有至到期投资本期期末值＋交易性金融资产本期期末值＋可供出售金融资产本期期末值＋衍生金融资产本期期末值） |
| 中介变量 | 风险偏好（Risk） | 公司决策者持有公司风险资产占比，等于决策者持有公司股票价值/（决策者持有公司股票价值＋决策者薪酬） |

## 二、建立模型

本文采取陈仕华等（2015）的方法，以 CAR 衡量并购的短期绩效，以 ΔROA 来衡量并购的长期绩效。由于上市公司董事长在学历、学校类型、学校层次、专业、MBA 与海外背景信息上的搜集情况各不相同，因此每组的样本数量有所差异。部分董事长的教育背景六个衡量指标会有部分缺失，为避免过度剔除造成的样本数量过低，在不对实证结论造成严重影响的前提下，仅剔除教育背景全部缺失的样本而保留部分残缺样本，对缺失样本在实证模型中采用中位数予以填充。为了避免教育背景指标简单叠加掩盖样本的异质性，本研究拟将自变量逐一代入模型并分别进行回归。鉴于并购的短期绩效和长期绩效发生作用的途径不同，产生的结果与所需要的决策者能力也无必然联系，故本研究采用含中介变量的多元线性回归模型，分别探讨教育背景各维度对并购短期绩效与长期绩效的影响。

（一）并购短期绩效模型构建

1. 超额累计收益的计算及检验

本文借鉴陈仕华等（2015）的做法，设定事件窗口期为并购首次宣告的前三天和后一天，即并购窗口为［－3，1］。估计窗口为并购首次公告前的 60 天到前 30 天，即估计窗口为［－60，－30］。设定模型如下：

$$AR_{it}=R_{it}-E[R_{it}\mid X_t]$$

其中 $R_{it}$ 为证券 i 在事件窗口内的实际收益率，$E[R_{it}\mid X_t]$ 为事件 i 在窗口中的正常收益率（或被称为预期收益率），$X_t$ 为在 t 时点下的信息集合。换句话说，正常收益是指在不发生并购事件时的预期收益，非正常收益是指窗口期内并购事件发生前后实际收益与预期收益之差。正常收益率的估计通常有均值调整法（Constant Mean Return Model）及市场法（Market Model）。均值调整法中，$X_t$ 被假设为常数且股票平均收益不随时间改变，而在市场法中，$X_t$ 为市场回报率且股票平均收益与市场收益之间存在稳定的线性关系。

选定正常收益的估计模型后，需要选取事件发生前一段时间的样本估计模型中的参数。该段时间即为估计窗口（Estimation Windows）。为了不影响参数估计，估计窗口与事件窗口不宜重叠。在完成该步骤后，要利用估计窗口中得到的参数估计值，计算事件窗口内的超额累计收益率，且需要检验该收益率是否显著异于零。检验对象为截面的平均超额收益率（在事件窗口内某个时点上 N 个证券的平均超额收益率），或单只股票在一段时间内的超额累计收益率（在事件窗口期一段时间内的超额收益之和），或平均累计超额回报率（N 个证券的平均超额累计收益率）。对上述对象，可用基于传统 t 检验以及其修正统计量的参数检验，或利用符号检验（Sign Test）、秩检验（Rank Test）、自体抽样（Bootstrap）等方法的非参数检验进行判定。

超额收益率的模型从大类上可分为统计类模型与经济类模型。统计类检验模型包括均值调整模型、市场调整模型、市场模型与因子分析；经济类模型包括 CAMP 模型和 ATP 模型。两者的区别在于，前者无需经济理论的支撑，只需假定资产收益率的分布即可，而后者不仅要对资产收益率的分布特征作出假设，还要对投资者行为作出假设。但后者能够通过约束得到更好的估计效果。Brown 和 Warner（1985）的研究表明，统计类模型虽然简单，但是检验效果并不亚于经济类模型，原因在于较为复杂的模型也无法减小超额收益率的方差。使用统计类模型，通常需要假设某一资产的收益在时序上服从独立同分布，多个资产则服从多元正态分布。

设 $t=0$ 为事件日，$t=T_1+1$ 到 $t=T_2$ 为事件窗口，$t=T_0+1$ 到 $t=T_1$ 为估计窗口。设 $L_1=T_1-T_0$ 和 $L_2=T_2-T_1$ 为估计窗口与事件窗口的时间长度。若研究的是事件当天的市场反应，则可令 $T_2=T_1+1$，$L_2=1$；若研究事件发生后的效应，则事件窗口为 $t=T_2+1$ 到 $t=T_3$，时间长度为 $L_3=T_3-T_2$。

本文采用市场模型法对预期收益进行估计。市场模型的基本设定如下：

$$R_{it}=\alpha_i+\beta_i R_{mt}+\varepsilon_{it}$$

$$E[\varepsilon_{it}]=0 \quad Var[\varepsilon_{it}]=\sigma_{\varepsilon_i}^2$$

其中，$R_{it}$与$R_{mt}$分别表示证券i和市场组合在t时点的收益率，$\varepsilon_{it}$为随机干扰项，$\alpha_i$、$\beta_i$为待估参数。因所选为深沪上市公司样本，故本文采用综合市场指数（等权平均法）代替$R_{mt}$。市场模型法能够削弱个股收益与市场收益波动的联动影响，降低了超额收益的方差，提高了估计结果的准确性，且估计模型的$R^2$越大，这种优势越明显。

市场模型的步骤如下：

（1）在估计窗口内，运用OLS法对单只股票进行估计，获得参数$\alpha_i$与$\beta_i$的估计值$\hat{\alpha}$、$\hat{\beta}$，以及残差：

$$e_{it}=R_{it(estimation)}-\hat{\alpha}_i-\hat{\beta}_i R_{mt(estimation)}$$

（2）在事件窗口内，计算股票i的预期收益：

$$E[R_{it}]=\hat{\alpha}_i+\hat{\beta}_i R_{mt}$$

（3）在事件窗口内，计算股票i的超额收益：

$$AR_{it}=R_{it}-E[R_{it}]$$
$$=R_{it}-(\hat{\alpha}+\hat{\beta}R_{mt})$$

在完成对事件窗口期并购企业股票超额累计收益的估计后，需要对其进行显著异于零的检验，以判定并购事件是否对股价造成了显著影响。所有并购事件的样本构成$L_2$个观测值。将窗口期内某一日所有并购企业的超额收益$AR_{it}$进行加总，得到平均超额收益；也可以选取某一并购企业窗口期内一段时序上的超额收益进行加总，得到超额累计收益；还可以对所有并购企业时序内的超额累计收益进行截面平均，得到平均超额累计收益。本文需要检验在并购事件首次公告前后一段时间内造成的股价波动，宜采用对超额收益进行时序加总的方法。事件窗口［$t_1$，$t_2$］内的超额累计收益（CAR）计算公式为：

$$CAR(t_1, t_2)=\sum_{t=t_1}^{t_2}AR_{it}$$

（4）显著性检验。计算出超额累计收益后，需要对单个股票在事件窗口期内以及样本总体的超额累计收益率进行显著性检验。原假设为：超额累计收益率的均值为 0。构建如下统计量：

$$J_1=\frac{CAR(t_1, t_2)}{[\sigma^2(t_1, t_2)]^{1/2}}\sim N(0, 1)$$

$$\sigma^2(t_1, t_2)=L_2\sigma^2(AAR_t)$$

$\sigma^2$（$t_1$，$t_2$）是事件窗口（$t_1$，$t_2$）内平均超常收益率（$AAR_t$）的方差。事件窗口越长，CAR 的方差越大。$J_1$ 是以平均超额收益率 $AAR_t$ 的标准差的估计量 $[\sigma(t_1, t_2)]^{1/2}$ 对超额累计收益标准化后的结果，因此，只适合于大样本且并不准确。考虑另外一种 CAR（$t_1$，$t_2$）标准化的方法，其统计量为：

$$J_2=\left(\frac{N(L_1-4)}{L_1-2}\right)^{1/2}\overline{SCAR}(t_1, t_2)$$

其中，$\overline{SCAR}(t_1, t_2)=\frac{1}{n}\sum_{i=1}^{n}\frac{CAR_i(t_1, t_2)}{[\sigma_i^2(t_1, t_2)]^{1/2}}\sim N(0, 1)$

上述统计量中，$J_1$、$J_2$ 渐进服从标准正态分布。在大多数研究中的超额累计收益相差不大，故研究结果对 $J_1$、$J_2$ 并不敏感。

2. 并购短期绩效检验模型

通过上述步骤计算出并购样本的超额累计收益后，本研究将其作为并购短期绩效的代理变量进行分析。由于教育背景的信息搜集情况各不相同，为了避免过度剔除造成的样本量过低，本研究保留了教育背景中部分残缺的公司决策者样本。为了避免自变量同步回归掩盖了其原有的异质性，本研究拟在随后的实证分析中将教育背景各要素依次代入模型，探讨教育的不同维度对并购短期绩效的影响。根据本研究设计需要，建立如下模型：

$$Risk=\alpha_0+\alpha_1 Edu+\alpha_2 Category+\alpha_3 Level+\alpha_4 Major+\alpha_5 MBA+\alpha_6 Overseas+controls+e$$

$$CAR(1)=\beta_0+\beta_1 edu+\beta_2 risk+control+\varepsilon$$

$$CAR(2)=\beta_0+\beta_1 c_1+\beta_2 risk+Control+\varepsilon$$

$$CAR(3)=\beta_0+\beta_1 c_2+\beta_2 risk+Control+\varepsilon$$

$$CAR(4)=\beta_0+\beta_1 c_3+\beta_2 risk+Control+\varepsilon$$

$$CAR(5) = \beta_0 + \beta_1 c_4 + \beta_2 risk + Control + \varepsilon$$

$$CAR(6) = \beta_0 + \beta_1 c_5 + \beta_2 risk + Control + \varepsilon$$

$$CAR(7) = \beta_0 + \beta_1 level + \beta_2 risk + Control + \varepsilon$$

$$CAR(8) = \beta_0 + \beta_1 m_1 + \beta_2 risk + Control + \varepsilon$$

$$CAR(9) = \beta_0 + \beta_1 m_2 + \beta_2 risk + Control + \varepsilon$$

$$CAR(10) = \beta_0 + \beta_1 m_3 + \beta_2 risk + Control + \varepsilon$$

$$CAR(11) = \beta_0 + \beta_1 m_4 + \beta_2 risk + Control + \varepsilon$$

$$CAR(12) = \beta_0 + \beta_1 mba + \beta_2 risk + Control + \varepsilon$$

$$CAR(13) = \beta_0 + \beta_1 overseas + \beta_2 risk + Control + \varepsilon$$

$$CAR(14) = \beta_0 + \beta_1 edu + \beta_2 c_1 + \beta_3 c_2 + \beta_4 c_3 + \beta_5 c_4 + \beta_6 c_5 + \beta_7 level + \beta_8 m_1 + \beta_9 m_2 + \beta_{10} m_3 + \beta_{11} m_4 + \beta_{12} mba + \beta_{13} overseas + \beta_{14} risk + Control + \varepsilon$$

其中，$\beta$ 为并购短期绩效各模型的待检验系数，$\beta_0$ 为截距项，$\varepsilon$ 为残差项，control 为所有控制变量。

并购短期绩效模型的稳健性检验。采用调整事件窗口期长度重新计算超额累计收益（CAR）的方法进行稳健性检验。（姜付秀和黄继承，2013）事件窗口的选取有一定的随机性，故适当扩大或缩小事件窗口进行估计，可以验证实证结果是否具有稳定性。本研究采用［－1，3］反向窗口及对称窗口［－3，3］进行稳健性检验。

（二）并购长期绩效模型构建

本研究将并购后一年与前一年总资产净利润率变化值（ΔROA）作为并购长期绩效的代理变量进行分析。由于教育背景的信息搜集情况各不相同，为了避免过度剔除造成的样本量过低，本研究保留了教育背景中部分残缺的公司决策者样本。为了避免将教育背景同步带入引起的多重共线性问题，本研究拟在随后的实证分析中依次带入教育背景的各指标进行回归，探讨教育各维度对并购长期绩效的影响。根据本研究设计需要，建立如下模型：

$$Risk = \alpha_0 + \alpha_1 Edu + \alpha_2 Category + \alpha_3 Level + \alpha_4 Major + \alpha_5 MBA +$$

$$\alpha_6 Overseas + controls + e$$

$$\Delta ROA(1) = \beta_0 + \beta_1 edu + \beta_2 risk + control + \varepsilon$$

$$\Delta ROA(2) = \beta_0 + \beta_1 c_1 + \beta_2 risk + Control + \varepsilon$$

$$\Delta ROA(3) = \beta_0 + \beta_1 c_2 + \beta_2 risk + Control + \varepsilon$$

$$\Delta ROA(4) = \beta_0 + \beta_1 c_3 + \beta_2 risk + Control + \varepsilon$$

$$\Delta ROA(5) = \beta_0 + \beta_1 c_4 + \beta_2 risk + Control + \varepsilon$$

$$\Delta ROA(6) = \beta_0 + \beta_1 c_5 + \beta_2 risk + Control + \varepsilon$$

$$\Delta ROA(7) = \beta_0 + \beta_1 level + \beta_2 risk + Control + \varepsilon$$

$$\Delta ROA(8) = \beta_0 + \beta_1 m_1 + \beta_2 risk + Control + \varepsilon$$

$$\Delta ROA(9) = \beta_0 + \beta_1 m_2 + \beta_2 risk + Control + \varepsilon$$

$$\Delta ROA(10) = \beta_0 + \beta_1 m_3 + \beta_2 risk + Control + \varepsilon$$

$$\Delta ROA(11) = \beta_0 + \beta_1 m_4 + \beta_2 risk + Control + \varepsilon$$

$$\Delta ROA(12) = \beta_0 + \beta_1 mba + \beta_2 risk + Control + \varepsilon$$

$$\Delta ROA(13) = \beta_0 + \beta_1 overseas + \beta_2 risk + Control + \varepsilon$$

$$\Delta ROA(14) = \beta_0 + \beta_1 edu + \beta_2 c_1 + \beta_3 c_2 + \beta_4 c_3 + \beta_5 c_4 + \beta_6 c_5 + \beta_7 level + \beta_8 m_1 + \beta_9 m_2 + \beta_{10} m_3 + \beta_{11} m_4 + \beta_{12} mba + \beta_{13} overseas + \beta_{14} risk + Control + \varepsilon$$

其中，$\beta$ 为并购短期绩效各模型的待检验系数，$\beta_0$ 为截距项，$\varepsilon$ 为残差项，control 为所有控制变量。

并购长期绩效稳健性检验。对于并购的长期绩效，本文采用两种方法对实证结果进行稳健性检验。一是以并购当年与前一年的总资产净利润率变化值（ΔROA（−1，0））代替并购后一年与前一年总资产净利润率变化值（ΔROA（−1，+1））进行稳健性检验。二是以托宾 Q 值替代 ΔROA 进行稳健性检验。托宾 Q 值是衡量企业成长能力的重要指标。托宾 Q 值越高，公司的成长性越好。公司市场价值高于重置成本，企业就能通过发行较少股票而买到更多投资品，企业倾向于将金融资本转化为产业资本，加大投资力度。托宾 Q 值高的公司有着更好的发展前景，能够显示公司并购是否产生了协同效应。因此，以托宾 Q 值对并购长期绩效进行稳健性检验具有合理性。

### 三、数据来源

本研究的数据主要来源于国泰安信息服务中心 CSMAR 数据库，缺失项由 Wind 数据库、新浪财经、公司及高校官网，以及其他新闻网站中的数据进行补充。国泰安 CSMAR 数据库由股票市场、因子研究、公司研究、人物特征、基金市场、债券市场、衍生市场、经济研究、绿色经济研究、行业研究、银行研究、货币市场研究、海外研究、板块研究、市场资讯、专题研究、科技金融研究以及商品市场研究十八个系列组成，包含两千多张表、上万个指标、近四万个字段。本研究所需要的教育背景及其他背景特征数据来自“人物特征研究”中的上市公司人物特征，缺失项则由搜索新浪财经各上市公司板块“公司资料”中的公司高管板块以及查询高校校友新闻获得。并购数据、公司特征由“公司研究系列”中的并购重组、财务指标分析、股权性质板块获得。股票市场数据由“股票市场系列”中的股票市场交易板块中获得。第一学历是对个人影响最深刻的学历，对第一学历学校与专业的研究更能反映教育对企业家人力资本的影响。本研究原则上尽量采用第一学历的教育信息，但部分上市公司高管的第一学历资料匮乏，若在尝试以上几种资料搜集途径后仍然无法获取有效信息，即对该样本予以删除。除此之外，本文将按下列标准进行筛选：（1）剔除金融类上市公司；（2）剔除在 2011—2017 年出现过 ST、*ST 等重大事项的公司；（3）剔除公司决策者教育背景数据完全缺失或公司财务指标完全缺失的公司；（4）本文研究对象为主动采取并购战略的一方，故剔除在并购交易地位中的卖方；（5）并购公告并不意味着并购已经成功，故剔除并购失败的公司；（6）重大资产重组与关联交易会造成当期财务指标的异常波动，对实证结果造成不良影响，故剔除包含重大资产重组与关联交易的公司①；（7）重组类型中的资产置换、要约

① 参照姜付秀等（2009）、刘春等（2015）、赖黎等（2017）的研究。

收购、股份回购等方式中的并购双方关系更为复杂，为了简化研究，只选取重组类型为资产收购的并购方作为研究对象①。

公司决策者教育背景在数据筛选上还有以下几点需要说明：第一，高校层次的划分经历过几个阶段。新中国成立初期发布的《中共中央关于在高等学校中指定一批重点学校的决定》，将国内20所高校确定为全国重点大学。1960年的《中共中央关于增加全国重点高等学校的决定》、1978年的《国务院转发教育部关于恢复和办好全国重点高等学校的报告的通知》将重点大学数量增加到88所，1981年又继续扩大了11所。1995年和1998年，国家先后启动“211工程”与“985工程”高校建设项目，重点大学的提法随之被“211”“985”大学替代。2017年，教育部、财政部、国家发展改革委联合发布《关于公布世界一流大学和一流学科建设高校及建设学科名单的通知》，正式确认与启动“双一流”高校与“双一流”学科战略。由于高校层次划分几经转变，而公司决策者年龄跨度较大，故本研究在重点大学评价上，统一采用涵盖重点大学较为全面的“211”“985”标准，即以公司决策者接受高等教育时，其所在院校是否在“211”“985”工程出现后，被直接纳入或被并入“211”“985”高校中作为评判学校层次是否为重点的依据。第二，公司决策者的学校类型、学校层次、专业背景原则上使用第一学历信息，但由于国内对公司高管背景特征的研究时间较短，不少数据库在教育背景信息的统计上存在缺陷；另外，20世纪不少白手起家的公司创办者受教育程度普遍偏低，作为如今的成功人士，他们不愿提及自身的劣势，只会选择性地公布研究生阶段的有关信息或直接忽略教育背景。在无法获取第一学历信息的情况下，按照以下原则进行下一步筛选：（1）对于最高学历信息可知的，可利用最高学历信息加以填充；（2）公司决策者个人简历中有财务管理及会计、审计类职称，或有工程技术类职称时，可将其划入经管类专业或理工类专业背景。（3）海外背景专指在海外高校学习并取得相应学历学位，而不包括短暂访学、参加学术交流等其他活动。

① 参照李增泉等（2005）、李善民和朱滔（2006）及王砚羽等（2014）的研究。

并购短期绩效检验模型与并购长期绩效检验模型中的数据样本略有不同。在并购短期绩效检验模型中，研究数据是在总数据来源的基础上，进一步删除了 2011—2017 年并购公告日及其事件窗口期内日股票市场收益率缺失项，共得到 732 个研究样本；在并购长期绩效检验模型中，由于 2018 年年末数据尚未正式发布，故该部分数据在总的数据来源及筛选原则基础之上，将原样本区间更改为 2011—2016 年，即剔除首次公告日在 2017 年的并购样本，并删除缺失值，最终获得 974 个并购公司数据作为并购长期绩效研究的样本。

## 四、本章小结

本章节根据上一章节的理论假设进行实证研究的设计。首先，依据前文内容分别对自变量、因变量、控制变量和中介变量进行设定与说明，并进行实证模型的构建。由于并购发生后在短期内和长期内的作用机理和影响结果不同，体现的公司决策者能力也有所差异。故在构建指标体系与实证模型时，对并购的短期绩效和长期绩效分别进行设定与检验。另外，考虑到教育除了通过决策者认知来影响并购绩效以外，还能通过影响决策者风险偏好来影响并购绩效。公司决策者个人风险偏好不易观测，本研究拟用个人持有风险资产比重作为风险偏好的代理变量，代入实证模型。最后，对实证模型所需数据来源的搜集、整理和筛选进行必要的解释和说明。

# 第四章　公司决策者教育背景与并购短期绩效的实证研究

从前文论述可知，公司战略决策是由公司决策者进行裁决的。公司决策者依据自身的认知与心理特征从决策集中选出最优方案，即是公司决策者的决策过程。公司决策者的认知与心理特征就是潜藏在决策者身上的企业家人力资本的一部分，这种人力资本即决策者能力。因此，公司决策者的决策能力是企业家人力资本的外在表现。在并购战略中，公司决策者通过并购决策，在并购事件公告后造成舆论轰动，抬高股票价格，增加股东收益。根据上一章节的研究设计，本章节拟对公司决策者教育背景与并购短期绩效进行实证分析。

## 一、短期并购绩效的计算与检验

如表 4—1、表 4—2 所示，利用上述方法求得并购事件的超额累计收益后，对单个上市公司和总体样本的检验结果均显著。从实证结果中可以看出：在样本公司进行并购宣告前后，公司股票的超额累计收益显著异于零，可以拒绝原假设。从量表中 CAR 值的符号还能发现：公司的并购战略对公司股票产生了显著影响，但这种影响可正可负，这一结论验证了“过度自信的决策者有低估并购的不稳定性的可能”，“政府干预拉郎配”会造成并购绩效下降等论断。（肖明和李海涛，2017；方军雄，2008）因此，并购有降低公司价值和公司绩效的可能。（Morck 等，1990；Bruner，2002；Sharma 和 Ho，2002；张新，2003）

表 4－1　单个公司并购超额累计收益显著性检验（部分）

| ID | CAR | Test | Pvalue | Sig |
|---|---|---|---|---|
| 300133 | 0.235 | 3.122 | 0.002 | * * * |
| 300356 | －0.232 | －3.922 | 0.000 | * * * |
| 300185 | 0.075 | 4.679 | 0.000 | * * * |
| 300411 | －0.045 | －3.744 | 0.000 | * * * |
| 300525 | －0.326 | －4.280 | 0.000 | * * * |
| 600308 | 0.047 | 2.793 | 0.002 | * * * |
| 600866 | 0.107 | 4.536 | 0.000 | * * * |
| 300152 | 0.255 | 3.140 | 0.002 | * * * |
| 601689 | 0.048 | 3.208 | 0.001 | * * * |
| 300275 | －0.229 | －3.231 | 0.001 | * * * |
| 300287 | －0.512 | －32.565 | 0.000 | * * * |
| 300340 | －0.196 | －3.140 | 0.002 | * * * |
| 002428 | －0.110 | －3.539 | 0.000 | * * * |
| 002341 | 0.182 | 3.309 | 0.001 | * * * |
| 002514 | －0.061 | －4.171 | 0.000 | * * * |

（其中*** $p<0.01$，** $p<0.05$，* $p<0.1$）

表 4－2　总体样本并购超额累计收益显著性检验

| | Robust | | | | |
|---|---|---|---|---|---|
| CAR | Coef | Std. Err | t | P>｜t｜ | [95% Conf. Interval] |
| _ cons | 0.011 | 0.005 | 2.060 | 0.000 | 0.021 |

## 二、总体与分组描述性统计

### （一）总体样本描述性统计

各变量描述性统计如表 4－3 所示。学历变量的均值为 2.523，中位数为 3，最大值为 4，最小值为 0，标准差为 1.035，说明样本中公司决策者的学历主要分布在本科与硕士，且硕士居多，博士及本科以下学历相对较少。学校层次的均值为 0.521，中位数为 0.529，最大值为 1，最小值为 0，标准

**表 4-3　总体样本描述性统计**

| 变量 | 样本数 | 平均值 | 中位数 | 标准差 | 最小值 | 最大值 |
|---|---|---|---|---|---|---|
| CAR | 732 | 0.009 | 0.004 | 0.099 | −0.546 | 0.317 |
| Risk | 732 | 0.574 | 0.962 | 0.474 | 0 | 1 |
| Edu | 732 | 2.523 | 3 | 1.035 | 0 | 4 |
| Category | 732 | 1.702 | 1.708 | 1.180 | 0 | 4 |
| Level | 732 | 0.521 | 0.529 | 0.450 | 0 | 1 |
| Major | 732 | 1.500 | 2 | 0.806 | 0 | 1 |
| MBA | 732 | 0.318 | 0 | 0.466 | 0 | 1 |
| Overseas | 732 | 0.085 | 0 | 0.279 | 0 | 1 |
| Gender | 732 | 0.038 | 0 | 0.192 | 0 | 1 |
| Age | 732 | 51.325 | 51 | 6.734 | 31 | 77 |
| Tenure | 732 | 4.346 | 4 | 2.635 | 1 | 14 |
| Size | 732 | 21.539 | 21.401 | 0.951 | 17.863 | 25.216 |
| Nature | 732 | 0.178 | 0.000 | 0.382 | 0.000 | 1.000 |
| Duality | 732 | 0.399 | 0 | 0.490 | 0 | 1 |
| Lev | 732 | 0.343 | 0.317 | 0.178 | 0.006 | 0.898 |
| Growth | 732 | 0.437 | 0.261 | 0.826 | −0.752 | 11.440 |
| Leverage | 732 | 1.260 | 1.006 | 2.413 | 7.483 | 38.953 |
| EI | 732 | 0.046 | 0.000 | 0.560 | 0.000 | 14.985 |
| OFC | 732 | −0.012 | 0 | 0.141 | −0.686 | 0.437 |

差为 0.450，说明样本中公司决策者的学校层次分布相对均匀，重点院校出身与非重点院校出身的公司决策者数量相当。MBA 的均值为 0.318，中位数为 0，最大值为 1，最小值为 0，标准差为 0.466，说明样本中公司决策者多未接受过 MBA 教育。海外背景的均值为 0.085，中位数为 0，最大值为 1，最小值为 0，标准差为 0.279，说明样本内大部分公司决策者没有海外求学的经历。超额累计收益的均值为 0.009，中位数为 0.004，最大值为 0.317，最小值为−0.546，标准差为 0.099，说明超额累计收益分布较为分散，且多数并购公司的超额累计收益为正。风险偏好的均值为 0.574，中位

数为0.962，最大值为1，最小值为0，标准差为0.474，说明公司决策者风险偏好的分布较为分散，即大部分公司决策者持有公司股权占比较大，但在剩余者中，完全不持有公司股票的公司决策者居多，两极分化严重。在其他变量中，性别的均值为0.038，中位数为0，标准差为0.192，说明大多数公司决策者为男性，印证了Jiekun Huang与D. J. Kisgen的说法，即男性决策者比女性决策者更倾向于频繁的并购战略。年龄的均值为51.325，中位数为51，最大值为77，最小值为31，标准差为6.734，说明公司决策者年龄分布较为均匀，多数人集中在四五十岁，年龄结构较为合理。任期的均值为4.346，中位数为4，最大值为14，最小值为1，标准差为2.635，说明选择并购战略的公司决策者多为上任时间不长的董事长。"新官上任三把火"，为了树立威信、建功立业，他们更加急于通过频繁的战略扩张来达成目的。（张兆国等，2013）

（二）分组样本描述性统计

表4—4、表4—5、表4—6、表4—7、表4—8、表4—9分别描述了依照学历、学校类型、学校层次、专业、MBA以及海外背景分组的超额累计收益的情况。① 从表4—4可以看出，硕士学历的均值最低、标准差最大，最大值和最小值也为全样本的极值，这表明获得硕士学历的公司决策者通过并购决策获得的超额累计收益波动性大。从各组样本数量看，获得硕士学历的数量最多，在并购战略上表现也最为积极。获得博士学位的公司决策者虽然并购数量并不突出，但超额累计收益的均值远高于其他组，且方差较小，证明该组公司决策者的超额累计收益波动较小，保持着稳定的正向绩效。从表4—5可以看出，理工类院校毕业的公司决策者对并购战略更为积极，并取得了远高于其他组的良好短期绩效，但该组超额累计收益波动较大。其他类院校（主要为农学与医学）与综合类毕业的公司决策者均值较大且标准差较小，相对来说超额累计收益较为稳定。从表4—6可以看出，毕业于重点院校的公司决策者均值为负并有着较大的标准差。从表4—7可以看出，经

① 在表4—4、4—5、4—6、4—7、4—8、4—9分组中的NA代表缺失组。

表 4－4　学历分组比较

| 变量 | 学校类型 | 样本数量 | 均值 | 标准差 | 最小值 | 最大值 |
|---|---|---|---|---|---|---|
| 超额累计收益(CAR) | 0 | 42 | 0.015 | 0.080 | −0.101 | 0.271 |
| | 1 | 74 | 0.044 | 0.099 | −0.118 | 0.235 |
| | 2 | 175 | 0.017 | 0.090 | −0.326 | 0.255 |
| | 3 | 341 | −0.005 | 0.106 | −0.546 | 0.317 |
| | 4 | 100 | 0.317 | 0.085 | −0.227 | 0.284 |

表 4－5　学校类型分组比较

| 变量 | 学校类型 | 样本数量 | 均值 | 标准差 | 最小值 | 最大值 |
|---|---|---|---|---|---|---|
| 超额累计收益(CAR) | 0 | 154 | 0.021 | 0.075 | −0.159 | 0.271 |
| | 1 | 153 | 0.017 | 0.094 | −0.196 | 0.284 |
| | 2 | 18 | 0.008 | 0.117 | −0.172 | 0.255 |
| | 3 | 262 | 0.255 | 0.111 | −0.546 | 0.317 |
| | 4 | 10 | 0.002 | 0.062 | −0.147 | 0.070 |
| | NA | 135 | 0.035 | 0.095 | −0.239 | 0.275 |

表 4－6　学校层次分组比较

| 变量 | 学校层次 | 样本数量 | 均值 | 标准差 | 最小值 | 最大值 |
|---|---|---|---|---|---|---|
| 超额累计收益(CAR) | 0 | 286 | 0.020 | 0.087 | −0.546 | 0.271 |
| | 1 | 308 | −0.014 | 0.105 | −0.512 | 0.284 |
| | NA | 138 | 0.038 | 0.098 | −0.239 | 0.317 |

表 4－7　专业分组比较

| 变量 | 专业背景 | 样本数量 | 均值 | 标准差 | 最小值 | 最大值 |
|---|---|---|---|---|---|---|
| 超额累计收益(CAR) | 0 | 133 | 0.020 | 0.072 | −0.088 | 0.271 |
| | 1 | 73 | −0.009 | 0.082 | −0.237 | 0.255 |
| | 2 | 411 | −0.004 | 0.106 | −0.546 | 0.284 |
| | 3 | 24 | 0.033 | 0.094 | −0.147 | 0.237 |
| | NA | 91 | 0.060 | 0.096 | −0.239 | 0.317 |

表 4－8　MBA 分组比较

| 变量 | MBA 背景 | 样本数量 | 均值 | 标准差 | 最小值 | 最大值 |
|---|---|---|---|---|---|---|
| 超额累计收益(CAR) | 0 | 499 | 0.004 | 0.102 | －0.546 | 0.317 |
| | 1 | 233 | 0.019 | 0.092 | －0.239 | 0.275 |

表 4－9　海外背景分组比较

| 变量 | 海外背景 | 样本数量 | 均值 | 标准差 | 最小值 | 最大值 |
|---|---|---|---|---|---|---|
| 超额累计收益(CAR) | 0 | 670 | 0.011 | 0.100 | －0.546 | 0.284 |
| | 1 | 62 | －0.013 | 0.086 | －0.188 | 0.317 |

管类背景的公司决策者通过并购获得的超额累计收益平均值最小且为负值，但超额累计收益的波动幅度也较小。理工科背景的公司决策者对并购战略最为积极，但超额累计收益的均值为负值且标准差最大，证明其超额累计收益分布较为分散。如表 4－8 所示，有过 MBA 学习经历与没有 MBA 学习经历的公司决策者相比，有着更高的均值与更低的标准差，在超额累计收益上初步推断要优于没有接受 MBA 教育者。如表 4－9 所示，受过海外教育的公司决策者在并购战略中获得的超额累计收益的均值为负，但标准差较小，最大值、最小值较之无海外背景者更大。

## 三、相关性及中介变量检验

### （一）相关性检验

表 4－10 为各变量之间相关性检验的统计结果。相关性检验是为了避免多重共线性问题。严重的多重共线性问题会导致变量系数估计的偏误，使显著性检验失去意义。另外，由于样本具有随机性，相关系数是一个随机变量，两个不相关的变量也可能导致相关系数较高，造成虚假相关。为了判定样本相关系数是否能代表总体的相关情况，要对其进行相关性检验。从表中可以看出，自变量中的学历、学校层次、海外背景在 1％的置信水平下通过了与中介变量风险偏好的相关性检验，MBA 在 5％的置信水平下通过了与

表 4－10　主要变量相关性分析(部分)

| | car | risk | edu | c1 | c2 | c3 | c4 | c5 | level | m1 | m2 | m3 | m4 | mba | overseas |
|---|---|---|---|---|---|---|---|---|---|---|---|---|---|---|---|
| car | 1 | | | | | | | | | | | | | | |
| risk | −0.045 | 1 | | | | | | | | | | | | | |
| edu | −0.087** | −0.167*** | 1 | | | | | | | | | | | | |
| c1 | 0.061 | −0.066* | −0.203*** | 1 | | | | | | | | | | | |
| c2 | 0.04 | 0.064* | 0.172*** | −0.265*** | 1 | | | | | | | | | | |
| c3 | 0.126*** | 0.095** | −0.327*** | −0.246*** | −0.245*** | 1 | | | | | | | | | |
| c4 | −0.001 | −0.063* | 0.022 | −0.082** | −0.081** | −0.076** | 1 | | | | | | | | |
| c5 | −0.185*** | −0.043 | 0.286*** | −0.385*** | −0.383*** | −0.356*** | −0.118*** | 1 | | | | | | | |
| level | −0.152*** | 0.103*** | 0.235*** | −0.492*** | 0.383*** | 0.009 | −0.007 | 0.102*** | 1 | | | | | | |
| m1 | 0.05 | −0.024 | −0.187*** | 0.791*** | −0.181*** | −0.188*** | −0.075** | −0.351*** | −0.430*** | 1 | | | | | |
| m2 | −0.061* | −0.137*** | 0.043 | 0.007 | 0.076** | −0.065* | 0.477*** | −0.172*** | 0.083** | −0.157*** | 1 | | | | |
| m3 | 0.193*** | 0.107*** | −0.287*** | −0.184*** | −0.193*** | 0.768*** | −0.06 | −0.272*** | 0.007 | −0.177*** | −0.125*** | 1 | | | |
| m4 | −0.146*** | 0.04 | 0.306*** | −0.490*** | 0.169*** | −0.307*** | −0.180*** | 0.607*** | 0.281*** | −0.533*** | −0.377*** | −0.427*** | 1 | | |
| mba | 0.070* | 0.084** | 0.229*** | −0.086** | 0.096*** | 0.104*** | −0.070* | −0.063* | 0.133*** | −0.131*** | 0.066* | 0.152*** | −0.035 | 1 | |
| overseas | −0.067* | −0.105*** | 0.206*** | 0.048 | 0.121*** | −0.044 | −0.048 | −0.083** | 0.06 | 0.099*** | 0.046 | −0.085** | −0.028 | 0.087** | 1 |

(其中*** $p<0.01$，** $p<0.05$，* $p<0.1$)

风险偏好的相关性检验，但风险偏好同超额累计收益的相关系数并不显著，是否存在中介作用需留待进一步验证。①

从与因变量的相关性看，学校层次在1%的置信水平下通过了与超额累计收益的相关性检验，学历、任期在5%的置信水平下通过了与超额累计收益的相关性检验，MBA与海外背景在10%的置信水平下通过了与超额累计收益的相关性检验。故可以判定自变量、控制变量与因变量存在一定的因果关系，可以建立回归模型。各自变量与控制变量之间相关系数的绝对值较小，不存在严重的多重共线性问题。

（二）中介变量检验

本研究采用因果步骤法对中介变量进行检验。如表4－11所示，在自变

**表4－11　短期模型中的中介变量检验**

| Variables | Risk | Variables | Risk |
|---|---|---|---|
| edu | －0.037* | m2 | 0.058 |
| | (－0.019) | | (－0.123) |
| c1 | 0.260* | m3 | 0.039 |
| | (－0.143) | | (－0.129) |
| c2 | 0.213 | m4 | 0.055 |
| | (－0.142) | | (－0.113) |
| c3 | 0.134 | mba | 0.121*** |
| | (－0.149) | | (－0.036) |
| c4 | －0.026 | overseas | －0.069 |
| | (－0.18) | | (－0.062) |
| c5 | 0.203 | control | Yes |
| | (－0.143) | constant | 0.954* |
| level | 0.134*** | | (－0.489) |
| | (－0.043) | observation | 732 |
| m1 | 0.136 | R-squared | 0.4436 |
| | (－0.122) | | |

（其中*** $p<0.01$，** $p<0.05$，* $p<0.1$）

① 学校类型和专业属于分组变量，故以Stata中的tab命令生成c1、c2、c3、c4、c5以及m1、m2、m3、m4九个虚拟变量，便于回归模型的检验。

表 4－12　包含中介变量的回归分析

| VARIABLES | (1) car(−3,1) | (2) car(−3,1) | (3) car(−3,1) | (4) car(−3,1) | (5) car(−3,1) | (6) car(−3,1) | (7) car(−3,1) | (8) car(−3,1) | (9) car(−3,1) | (10) car(−3,1) | (11) car(−3,1) | (12) car(−3,1) | (13) car(−3,1) | (14) car(−3,1) |
|---|---|---|---|---|---|---|---|---|---|---|---|---|---|---|
| edu | −0.0182*** | | | | | | | | | | | | | −0.0077 |
| | (0.0043) | | | | | | | | | | | | | (0.0048) |
| c1 | | 0.0400*** | | | | | | | | | | | | 0.0240 |
| | | (0.0118) | | | | | | | | | | | | (0.0352) |
| c2 | | | 0.0057 | | | | | | | | | | | 0.0303 |
| | | | (0.0103) | | | | | | | | | | | (0.0348) |
| c3 | | | | 0.0388*** | | | | | | | | | | 0.0027 |
| | | | | (0.0108) | | | | | | | | | | (0.0365) |
| c4 | | | | | 0.0203 | | | | | | | | | 0.0636 |
| | | | | | (0.0265) | | | | | | | | | (0.0441) |
| c5 | | | | | | −0.0524*** | | | | | | | | −0.0130 |
| | | | | | | (0.0086) | | | | | | | | (0.0352) |
| level | | | | | | | −0.0374*** | | | | | | | −0.0273** |
| | | | | | | | (0.0090) | | | | | | | (0.0107) |
| m1 | | | | | | | | 0.0390*** | | | | | | 0.0290 |
| | | | | | | | | (0.0130) | | | | | | (0.0300) |
| m2 | | | | | | | | | −0.0194 | | | | | −0.0163 |
| | | | | | | | | | (0.0147) | | | | | (0.0301) |
| m3 | | | | | | | | | | 0.0661*** | | | | 0.0737** |
| | | | | | | | | | | (0.0126) | | | | (0.0316) |
| m4 | | | | | | | | | | | −0.0500*** | | | 0.0106 |
| | | | | | | | | | | | (0.0095) | | | (0.0277) |
| mba | | | | | | | | | | | | 0.0166* | | 0.0154* |
| | | | | | | | | | | | | (0.0089) | | (0.0089) |
| overseas | | | | | | | | | | | | | −0.0208 | −0.0178 |
| | | | | | | | | | | | | | (0.0155) | (0.0153) |
| risk | −0.0349*** | −0.0357*** | −0.0340*** | −0.0321*** | −0.0330*** | −0.0335*** | −0.0302*** | −0.0355*** | −0.0342*** | −0.0326*** | −0.0328*** | −0.0359*** | −0.0340*** | −0.0349*** |
| | (0.0097) | (0.0098) | (0.0098) | (0.0097) | (0.0099) | (0.0096) | (0.0097) | (0.0098) | (0.0098) | (0.0096) | (0.0096) | (0.0099) | (0.0098) | (0.0096) |
| gender | −0.0249 | −0.0209 | −0.0107 | −0.0159 | −0.0126 | −0.0276 | −0.0216 | −0.0231 | −0.0101 | −0.0185 | −0.0341* | −0.0101 | −0.0120 | −0.0462** |
| | (0.0198) | (0.0198) | (0.0198) | (0.0196) | (0.0198) | (0.0194) | (0.0197) | (0.0200) | (0.0198) | (0.0194) | (0.0199) | (0.0197) | (0.0198) | (0.0196) |
| age | −0.0023*** | −0.0014** | −0.0012* | −0.0017*** | −0.0012** | −0.0014** | −0.0014** | −0.0013** | −0.0012* | −0.0016*** | −0.0017*** | −0.0010 | −0.0013** | −0.0018*** |
| | (0.0007) | (0.0006) | (0.0006) | (0.0006) | (0.0006) | (0.0006) | (0.0006) | (0.0006) | (0.0006) | (0.0006) | (0.0006) | (0.0006) | (0.0006) | (0.0007) |

**续表**

| VARIABLES | (1) car(−3,1) | (2) car(−3,1) | (3) car(−3,1) | (4) car(−3,1) | (5) car(−3,1) | (6) car(−3,1) | (7) car(−3,1) | (8) car(−3,1) | (9) car(−3,1) | (10) car(−3,1) | (11) car(−3,1) | (12) car(−3,1) | (13) car(−3,1) | (14) car(−3,1) |
|---|---|---|---|---|---|---|---|---|---|---|---|---|---|---|
| tenure | 0.0064*** | 0.0055*** | 0.0049*** | 0.0055*** | 0.0050*** | 0.0055*** | 0.0052*** | 0.0051*** | 0.0050*** | 0.0051*** | 0.0052*** | 0.0050*** | 0.0049*** | 0.0058*** |
| | (0.0017) | (0.0017) | (0.0017) | (0.0017) | (0.0017) | (0.0017) | (0.0017) | (0.0017) | (0.0017) | (0.0017) | (0.0017) | (0.0017) | (0.0017) | (0.0017) |
| size | 0.0050 | 0.0039 | 0.0027 | 0.0051 | 0.0024 | 0.0051 | 0.0021 | 0.0046 | 0.0032 | 0.0059 | 0.0070 | 0.0020 | 0.0031 | 0.0062 |
| | (0.0055) | (0.0055) | (0.0055) | (0.0055) | (0.0056) | (0.0054) | (0.0055) | (0.0055) | (0.0055) | (0.0055) | (0.0055) | (0.0055) | (0.0055) | (0.0054) |
| nature | −0.0273** | −0.0364*** | −0.0354** | −0.0299** | −0.0339** | −0.0267** | −0.0331** | −0.0375*** | −0.0359*** | −0.0294** | −0.0333** | −0.0351** | −0.0331** | −0.0197 |
| | (0.0138) | (0.0137) | (0.0138) | (0.0138) | (0.0139) | (0.0135) | (0.0136) | (0.0137) | (0.0138) | (0.0136) | (0.0135) | (0.0138) | (0.0139) | (0.0136) |
| duality | −0.0008 | 0.0004 | 0.0006 | 0.0009 | −0.0003 | 0.0075 | −0.0021 | 0.0028 | 0.0007 | 0.0016 | 0.0032 | 0.0010 | −0.0009 | 0.0062 |
| | (0.0089) | (0.0090) | (0.0091) | (0.0090) | (0.0091) | (0.0089) | (0.0090) | (0.0090) | (0.0091) | (0.0089) | (0.0089) | (0.0091) | (0.0091) | (0.0089) |
| lev | −0.0345 | −0.0398 | −0.0341 | −0.0432* | −0.0350 | −0.0418 | −0.0326 | −0.0395 | −0.0343 | −0.0374 | −0.0463* | −0.0377 | −0.0401 | −0.0404 |
| | (0.0260) | (0.0262) | (0.0265) | (0.0262) | (0.0264) | (0.0257) | (0.0261) | (0.0263) | (0.0264) | (0.0259) | (0.0259) | (0.0264) | (0.0266) | (0.0258) |
| growth | −0.0039 | −0.0018 | −0.0041 | −0.0051 | −0.0051 | −0.0030 | −0.0024 | −0.0032 | −0.0042 | −0.0069 | −0.0050 | −0.0032 | −0.0041 | −0.0039 |
| | (0.0047) | (0.0048) | (0.0048) | (0.0047) | (0.0049) | (0.0046) | (0.0047) | (0.0047) | (0.0047) | (0.0047) | (0.0047) | (0.0048) | (0.0047) | (0.0048) |
| leverage | −0.0006 | −0.0005 | −0.0002 | −0.0002 | −0.0002 | −0.0001 | 0.0000 | −0.0005 | −0.0003 | −0.0001 | −0.0003 | −0.0000 | −0.0003 | −0.0001 |
| | (0.0018) | (0.0018) | (0.0018) | (0.0018) | (0.0018) | (0.0018) | (0.0018) | (0.0018) | (0.0018) | (0.0018) | (0.0018) | (0.0018) | (0.0018) | (0.0018) |
| ei | −0.0072 | −0.0074 | −0.0077 | −0.0081 | −0.0077 | −0.0098 | −0.0073 | −0.0076 | −0.0067 | −0.0074 | −0.0096 | −0.0071 | −0.0077 | −0.0072 |
| | (0.0077) | (0.0078) | (0.0078) | (0.0078) | (0.0078) | (0.0076) | (0.0077) | (0.0078) | (0.0078) | (0.0077) | (0.0077) | (0.0078) | (0.0078) | (0.0075) |
| ofc | −0.0137 | −0.0162 | −0.0161 | −0.0125 | −0.0143 | −0.0276 | −0.0264 | −0.0338 | −0.0206 | −0.0078 | −0.0183 | −0.0099 | −0.0144 | −0.0398 |
| | (0.0269) | (0.0270) | (0.0274) | (0.0270) | (0.0272) | (0.0266) | (0.0270) | (0.0278) | (0.0276) | (0.0267) | (0.0267) | (0.0273) | (0.0272) | (0.0277) |
| Constant | 0.0893 | −0.0135 | 0.0400 | 0.0107 | 0.0468 | −0.0071 | 0.0736 | −0.0134 | 0.0388 | −0.0077 | −0.0217 | 0.0388 | 0.0354 | −0.0243 |
| | (0.1166) | (0.1176) | (0.1175) | (0.1167) | (0.1178) | (0.1147) | (0.1164) | (0.1181) | (0.1174) | (0.1156) | (0.1158) | (0.1173) | (0.1175) | (0.1203) |
| Industry fixed | Y | Y | Y | Y | Y | Y | Y | Y | Y | Y | Y | Y | Y | Y |
| Observations | 732 | 732 | 732 | 732 | 732 | 732 | 732 | 732 | 732 | 732 | 732 | 732 | 732 | 732 |
| R-squared | 0.158 | 0.151 | 0.136 | 0.152 | 0.137 | 0.181 | 0.158 | 0.147 | 0.138 | 0.170 | 0.171 | 0.140 | 0.138 | 0.235 |

（其中*** $p<0.01$，** $p<0.05$，* $p<0.1$）

表 4－13　不含中介变量的回归分析

| VARIABLES | (1)<br>car(－3,1) | (2)<br>car(－3,1) | (3)<br>car(－3,1) | (4)<br>car(－3,1) | (5)<br>car(－3,1) | (6)<br>car(－3,1) | (7)<br>car(－3,1) | (8)<br>car(－3,1) | (9)<br>car(－3,1) | (10)<br>car(－3,1) | (11)<br>car(－3,1) | (12)<br>car(－3,1) | (13)<br>car(－3,1) | (14)<br>car(－3,1) |
|---|---|---|---|---|---|---|---|---|---|---|---|---|---|---|
| edu | －0.0177*** | | | | | | | | | | | | | －0.0064 |
| | (0.0044) | | | | | | | | | | | | | (0.0048) |
| c1 | | 0.0374*** | | | | | | | | | | | | 0.0149 |
| | | (0.0119) | | | | | | | | | | | | (0.0354) |
| c2 | | | 0.0041 | | | | | | | | | | | 0.0229 |
| | | | (0.0103) | | | | | | | | | | | (0.0350) |
| c3 | | | | 0.0404*** | | | | | | | | | | －0.0019 |
| | | | | (0.0109) | | | | | | | | | | (0.0368) |
| c4 | | | | | 0.0284 | | | | | | | | | 0.0645 |
| | | | | | (0.0266) | | | | | | | | | (0.0445) |
| c5 | | | | | | －0.0525*** | | | | | | | | －0.0201 |
| | | | | | | (0.0087) | | | | | | | | (0.0355) |
| level | | | | | | | －0.0399*** | | | | | | | －0.0320*** |
| | | | | | | | (0.0091) | | | | | | | (0.0107) |
| m1 | | | | | | | | 0.0361*** | | | | | | 0.0243 |
| | | | | | | | | (0.0131) | | | | | | (0.0302) |
| m2 | | | | | | | | | －0.0174 | | | | | －0.0184 |
| | | | | | | | | | (0.0148) | | | | | (0.0304) |
| m3 | | | | | | | | | | 0.0671*** | | | | 0.0724** |
| | | | | | | | | | | (0.0127) | | | | (0.0319) |
| m4 | | | | | | | | | | | －0.0505*** | | | 0.0087 |
| | | | | | | | | | | | (0.0095) | | | (0.0280) |
| mba | | | | | | | | | | | | 0.0127 | | 0.0112 |
| | | | | | | | | | | | | (0.0089) | | (0.0089) |
| overseas | | | | | | | | | | | | | －0.0197 | －0.0153 |
| | | | | | | | | | | | | | (0.0156) | (0.0154) |
| gender | －0.0249 | －0.0206 | －0.0112 | －0.0164 | －0.0134 | －0.0280 | －0.0226 | －0.0226 | －0.0106 | －0.0189 | －0.0347* | －0.0107 | －0.0123 | －0.0465** |
| | (0.0200) | (0.0200) | (0.0200) | (0.0198) | (0.0200) | (0.0196) | (0.0198) | (0.0202) | (0.0199) | (0.0196) | (0.0200) | (0.0199) | (0.0199) | (0.0197) |
| age | －0.0023*** | －0.0014** | －0.0013** | －0.0018*** | －0.0013** | －0.0015** | －0.0015** | －0.0014** | －0.0013** | －0.0017*** | －0.0018*** | －0.0011* | －0.0014** | －0.0019*** |
| | (0.0007) | (0.0006) | (0.0006) | (0.0006) | (0.0006) | (0.0006) | (0.0006) | (0.0006) | (0.0006) | (0.0006) | (0.0006) | (0.0006) | (0.0006) | (0.0007) |
| tenure | 0.0061*** | 0.0052*** | 0.0047*** | 0.0053*** | 0.0047*** | 0.0053*** | 0.0050*** | 0.0048*** | 0.0047*** | 0.0049*** | 0.0049*** | 0.0047*** | 0.0047*** | 0.0054*** |
| | (0.0017) | (0.0017) | (0.0017) | (0.0017) | (0.0017) | (0.0017) | (0.0017) | (0.0017) | (0.0017) | (0.0017) | (0.0017) | (0.0017) | (0.0017) | (0.0017) |

**续表**

| VARIABLES | (1) car(−3,1) | (2) car(−3,1) | (3) car(−3,1) | (4) car(−3,1) | (5) car(−3,1) | (6) car(−3,1) | (7) car(−3,1) | (8) car(−3,1) | (9) car(−3,1) | (10) car(−3,1) | (11) car(−3,1) | (12) car(−3,1) | (13) car(−3,1) | (14) car(−3,1) |
|---|---|---|---|---|---|---|---|---|---|---|---|---|---|---|
| size | 0.0070 | 0.0059 | 0.0047 | 0.0071 | 0.0042 | 0.0071 | 0.0039 | 0.0066 | 0.0052 | 0.0079 | 0.0090 | 0.0043 | 0.0051 | 0.0080 |
| | (0.0055) | (0.0055) | (0.0055) | (0.0055) | (0.0056) | (0.0054) | (0.0055) | (0.0055) | (0.0055) | (0.0055) | (0.0055) | (0.0055) | (0.0055) | (0.0055) |
| nature | −0.0159 | −0.0245* | −0.0241* | −0.0191 | −0.0225* | −0.0156 | −0.0230* | −0.0256* | −0.0245* | −0.0185 | −0.0224* | −0.0234* | −0.0219 | −0.0081 |
| | (0.0135) | (0.0134) | (0.0135) | (0.0135) | (0.0136) | (0.0133) | (0.0133) | (0.0135) | (0.0135) | (0.0133) | (0.0133) | (0.0135) | (0.0136) | (0.0133) |
| duality | −0.0044 | −0.0033 | −0.0030 | −0.0023 | −0.0038 | 0.0041 | −0.0053 | −0.0011 | −0.0029 | −0.0017 | −0.0001 | −0.0028 | −0.0043 | 0.0023 |
| | (0.0090) | (0.0090) | (0.0091) | (0.0090) | (0.0091) | (0.0089) | (0.0090) | (0.0091) | (0.0091) | (0.0089) | (0.0089) | (0.0091) | (0.0091) | (0.0089) |
| lev | −0.0265 | −0.0313 | −0.0267 | −0.0362 | −0.0275 | −0.0341 | −0.0256 | −0.0311 | −0.0266 | −0.0300 | −0.0389 | −0.0290 | −0.0320 | −0.0315 |
| | (0.0262) | (0.0263) | (0.0266) | (0.0263) | (0.0265) | (0.0258) | (0.0261) | (0.0264) | (0.0265) | (0.0260) | (0.0261) | (0.0265) | (0.0267) | (0.0259) |
| growth | −0.0039 | −0.0020 | −0.0041 | −0.0052 | −0.0054 | −0.0031 | −0.0023 | −0.0033 | −0.0043 | −0.0070 | −0.0050 | −0.0035 | −0.0041 | −0.0047 |
| | (0.0047) | (0.0048) | (0.0048) | (0.0047) | (0.0049) | (0.0047) | (0.0047) | (0.0048) | (0.0048) | (0.0047) | (0.0047) | (0.0048) | (0.0048) | (0.0048) |
| leverage | −0.0008 | −0.0007 | −0.0004 | −0.0003 | −0.0004 | −0.0003 | −0.0001 | −0.0007 | −0.0005 | −0.0003 | −0.0005 | −0.0003 | −0.0005 | −0.0003 |
| | (0.0018) | (0.0018) | (0.0018) | (0.0018) | (0.0018) | (0.0018) | (0.0018) | (0.0018) | (0.0018) | (0.0018) | (0.0018) | (0.0018) | (0.0018) | (0.0018) |
| ei | −0.0063 | −0.0065 | −0.0068 | −0.0073 | −0.0068 | −0.0089 | −0.0065 | −0.0066 | −0.0059 | −0.0066 | −0.0088 | −0.0063 | −0.0068 | −0.0065 |
| | (0.0078) | (0.0078) | (0.0079) | (0.0078) | (0.0079) | (0.0077) | (0.0078) | (0.0078) | (0.0079) | (0.0077) | (0.0077) | (0.0079) | (0.0079) | (0.0076) |
| ofc | −0.0206 | −0.0232 | −0.0225 | −0.0188 | −0.0206 | −0.0343 | −0.0332 | −0.0395 | −0.0268 | −0.0142 | −0.0248 | −0.0180 | −0.0212 | −0.0474* |
| | (0.0271) | (0.0272) | (0.0275) | (0.0271) | (0.0274) | (0.0268) | (0.0271) | (0.0280) | (0.0277) | (0.0269) | (0.0268) | (0.0274) | (0.0274) | (0.0279) |
| Constant | 0.0357 | −0.0634 | −0.0108 | −0.0385 | 0.0005 | −0.0573 | 0.0310 | −0.0625 | −0.0123 | −0.0572 | −0.0715 | −0.0140 | −0.0153 | −0.0576 |
| | (0.1167) | (0.1179) | (0.1176) | (0.1166) | (0.1179) | (0.1148) | (0.1163) | (0.1184) | (0.1175) | (0.1155) | (0.1157) | (0.1174) | (0.1175) | (0.1210) |
| Industry fixed | Y | Y | Y | Y | Y | Y | Y | Y | Y | Y | Y | Y | Y | Y |
| Observations | 732 | 732 | 732 | 732 | 732 | 732 | 732 | 732 | 732 | 732 | 732 | 732 | 732 | 732 |
| R-squared | 0.142 | 0.133 | 0.121 | 0.138 | 0.122 | 0.166 | 0.145 | 0.130 | 0.122 | 0.156 | 0.156 | 0.123 | 0.123 | 0.219 |

（其中*** $p<0.01$，** $p<0.05$，* $p<0.1$）

量与风险偏好的回归中，学历、学校类型中的综合类高校在10%的置信水平下显著，学校层次与MBA在1%的置信水平下显著。从中介变量回归模型上看，$R^2$ 为0.4436，说明模型整体解释力较高。在回归模型中，如表4—12、表4—13所示，风险偏好的系数均通过了1%的显著性检验。在剔除风险偏好进行回归后，自变量系数的显著性没有发生变化，但 $R^2$ 值有较为明显的下降。根据中介效应的定义，当自变量只能通过中介变量对因变量产生影响时，为完全中介效应；当自变量既能通过中介变量对因变量产生影响，又能直接对因变量产生影响时，为部分中介效应。在检验中的区别就在于，剔除中介变量后，自变量的显著性是否发生变化。上述结果表明：在并购短期绩效的回归模型中，风险偏好的部分中介作用明显。

## 四、回归结果分析及稳健性检验

### （一）回归结果分析

从相关性检验中可看出，部分重要变量之间相关性检验结果显著，为了更准确地估计教育各要素对并购短期绩效的影响，避免多重共线性问题，本研究拟将重要变量逐一代入模型进行检验。表4—12列出了教育背景与并购短期绩效的回归结果。回归模型的 $R^2$ 在0.136到0.235之间，说明公司决策者教育背景对并购短期绩效差异有一定程度的解释力。

中介变量风险偏好的系数在所有回归中全部为负，且均通过置信水平为1%的显著性检验。说明公司决策者越偏好风险，并购的短期绩效越低。该结果说明在短期绩效模型中的风险偏好中介作用显著存在。结合前文内容，我们可以得出结论：教育能通过风险偏好，对并购短期绩效产生显著影响。在教育背景中，综合类院校、重点院校、MBA背景的公司决策者更偏好风险，而高学历公司决策者则在风险态度上较为谨慎。

学历的系数为负，且通过置信水平为1%的显著性检验，说明公司决策者的学历同并购短期绩效显著负相关。学历对提高并购短期绩效不仅没有积极作用，甚至还产生了抑制效应，假设1a成立。造成这一结果的原因可能有两点：第一，虽然高学历者在风险态度上更为谨慎，但可能是因为研究生教育更强调事物发展的方向和趋势，而对必要的营销、公关手段较为忽略，再加上校园生活远比社会简单，学历高的公司决策者反而无法在短期内抬高股价，获得好的短期绩效，甚至还可能因为自身的固执使其他高管和外界对并购前景产生怀疑，造成股价下跌。因此，从并购短期内来看，在接受了本科教育以后，继续接受更高层次的教育对公司决策者的战略选择及绩效不能产生积极影响。（Barker 和 Mueller，2002；李焰等，2011）第二，高学历有可能提高资本市场对企业未来的预期，但无法对现阶段的盈利与收入产生积极作用。（陆瑶和张鸣宇，2015）接受过更高学历教育的公司决策者可能更善于长期规划，其决策对并购协同效应的影响无法在短期内得以体现。

在学校类型中，综合类高校的系数为正，且通过了1%的显著性检验，表明综合类学校的教育有利于公司决策者提高并购的短期绩效。理工类院校的系数为正，且通过1%的显著性检验，说明在理工类院校学习的经历能帮助公司决策者提高并购短期绩效。理工类、法律和师范类学校的系数为正，但每个模型系数的 t 检验均不显著。其他类学校的系数为负，且通过 1%显著性检验，说明其他类院校毕业的公司决策者不利于提高并购短期绩效。比较不同类型学校可知，综合类院校与理工类院校毕业的公司决策者对提高并购的短期绩效作用显著，而财经类、法律和师范类的则情况不明，假设 6a 不成立。对学校类型的研究尚属首次，但从目前国内各类型高校的研究中我们依然可以找出部分答案：在 1998 年，原浙江大学、杭州大学、浙江医科大学、浙江农业大学合并为综合性大学——浙江大学，并在排名上获得迅速提升。浙大取得的成功立刻产生了示范效应，随后武汉大学、华中科技大学、中南大学、哈尔滨工业大学、四川大学、中山大学等高校先后进行院校合并。综合类院校逐渐成为高校发展的主要趋势。2008—2017 年，从高考录取分数线排名的变化情况看，进步的武汉大学、中山大学、四川大学、中南财经政法大学等高校多得益于 21 世纪初的院校合并。这些学校发展成为综合性大学后，生源质量得到了显著提升。而退步的大学除了地域因素以外，多为专业性高校，例如北京外国语大学、北京理工大学、中国政法大学、北京交通大学等。综合类院校学生生源较好，且受不同学科的影响，思维更加多元化，并能通过校园活动在不同领域积累下良好人脉。例如，学校可以通过演讲比赛、辩论赛、创新创业大赛，为不同背景学生提供相互交流的机会。通过这些活动和比赛，形成学生的多元思维，并为将来积攒人脉。这些有利因素使市场对该种教育背景决策者的并购行为充满信心，有利于短期绩效的提升。理工科院校是院校合并、高校扩招前的宠儿，生于20世纪五六十年代的众多优秀知识分子大多选择理工类院校学习，并在走上工作岗位后成为各自领域的佼佼者。另一方面，可能如陈传明和孙俊华（2008）所言，受过理工类思维熏陶的人倾向于多元化战略，多元化战略往往意味着企业的扩张，容易在市场中制造利好舆论，引起并购短期绩效的提高。

学校层次的系数为负，且通过了1%的显著性检验，证明了学校层次对提高并购短期绩效有着显著的副作用。假设2a不成立。结合中介变量检验的结论可知：毕业于重点院校的公司决策者更有可能过度自信而偏好风险投资。过度自信的决策者容易被外界认为高估目标企业的价值，在并购短期绩效中未获得好的表现也在情理之中。

在专业中，经管、文法史哲类的系数为正且均在1%的水平上显著，说明接受经管及文法史哲的专业教育有利于公司决策者利用各种公关手段，通过并购宣告抬高股票价格。理工科的系数为正，但未通过显著性检验，其对并购短期绩效的影响不明确。其他专业的系数为负，且通过了置信水平为1%的显著性检验，说明其他专业背景的公司决策者不利于提高并购的短期绩效。假设3a成立。

MBA的系数为正，且通过了置信水平为10%的显著性检验。MBA受教育者通过不断地知识、信息及手段更新，具有比未受过MBA教育者更为科学的决策方法和更加丰富的商业手腕，能够在并购决策后成功释放利好消息，引起股价上涨。假设4a成立。海外背景的系数为正，但未通过统计性检验，其对并购短期绩效的影响不明确，假设5a成立。

在其他人口背景中，性别的系数未通过显著性检验，年龄的系数为负，任期的系数为正，且通过了显著性检验。这说明公司决策者年龄越大，越不利于提升并购的短期绩效；公司决策者任期越长，越有利于提升并购的短期绩效。

（二）稳健性检验

本研究采用改变事件窗口期的方法进行稳健性检验。参照潘红波等（2008）、陈仕华等（2015）、余鹏翼和王满四（2018）的做法，选取［－1，3］及对称窗口期［－3，3］替代事件窗口期［－3，1］的超额累计收益，进行稳健性检验。如表 4－14、表 4－15、表 4－16、表 4－17 所示，中介变量在事件窗口期［－1，3］与事件窗口期［－3，3］的回归模型中均显著且符号为负。剔除中介变量后，自变量系数显著性没有发生变化，且模型 $R^2$ 有明显下降。在事件窗口期［－1，3］的模型中，除综合类院校、经管与理工专业的系数不再显著外，其余自变量的显著性和符号没有发生变化。事件窗口期［－3，3］的模型中自变量系数符号与显著性检验结果均未发生变化。基于以上分析可判定，并购短期绩效模型通过稳健性检验。

## 五、实证研究结论

公司决策者教育背景对并购短期绩效有显著影响。这种影响来自两个路径，即直接作用于决策和通过风险偏好的中介作用间接作用于决策，进而造成并购短期绩效的差异。详细分解如下：

1. 学历对并购短期绩效的影响

高学历公司决策者在风险态度上更为谨慎，但可能是因为认知的缘故，导致高学历公司决策者不仅没有提高并购短期绩效，反而产生了负面影响。出现这一结果的原因可能有两个方面：第一，高学历公司决策者较之于低学历者，社会经验欠缺，在团队沟通和公关造势上显得不足。第二，高学历有可能提高资本市场对企业未来的预期，但无法对现阶段的盈利与收入产生作用。因此，高学历者可能在前景的判断和长期的规划中占据优势，这一说法

表 4－14　事件窗口期[－1,3]的稳健性检验回归分析(包含中介变量)

| VARIABLES | (1)<br>car(－1,3) | (2)<br>car(－1,3) | (3)<br>car(－1,3) | (4)<br>car(－1,3) | (5)<br>car(－1,3) | (6)<br>car(－1,3) | (7)<br>car(－1,3) | (8)<br>car(－1,3) | (9)<br>car(－1,3) | (10)<br>car(－1,3) | (11)<br>car(－1,3) | (12)<br>car(－1,3) | (13)<br>car(－1,3) | (14)<br>car(－1,3) |
|---|---|---|---|---|---|---|---|---|---|---|---|---|---|---|
| edu | －0.0112** | | | | | | | | | | | | | －0.0003 |
| | (0.0048) | | | | | | | | | | | | | (0.0054) |
| c1 | | 0.0171 | | | | | | | | | | | | 0.0027 |
| | | (0.0131) | | | | | | | | | | | | (0.0394) |
| c2 | | | －0.0043 | | | | | | | | | | | 0.0325 |
| | | | (0.0113) | | | | | | | | | | | (0.0389) |
| c3 | | | | 0.0381*** | | | | | | | | | | 0.0011 |
| | | | | (0.0120) | | | | | | | | | | (0.0409) |
| c4 | | | | | 0.0369 | | | | | | | | | 0.0804 |
| | | | | | (0.0291) | | | | | | | | | (0.0493) |
| c5 | | | | | | －0.0331*** | | | | | | | | 0.0054 |
| | | | | | | (0.0097) | | | | | | | | (0.0395) |
| level | | | | | | | －0.0380*** | | | | | | | －0.0408*** |
| | | | | | | | (0.0100) | | | | | | | (0.0119) |
| m1 | | | | | | | | 0.0230 | | | | | | 0.0493 |
| | | | | | | | | (0.0144) | | | | | | (0.0335) |
| m2 | | | | | | | | | －0.0130 | | | | | 0.0051 |
| | | | | | | | | | (0.0161) | | | | | (0.0337) |
| m3 | | | | | | | | | | 0.0733*** | | | | 0.1071*** |
| | | | | | | | | | | (0.0139) | | | | (0.0354) |
| m4 | | | | | | | | | | | －0.0449*** | | | 0.0239 |
| | | | | | | | | | | | (0.0105) | | | (0.0310) |
| mba | | | | | | | | | | | | 0.0170* | | 0.0135 |
| | | | | | | | | | | | | (0.0098) | | (0.0099) |
| overseas | | | | | | | | | | | | | －0.0277 | －0.0255 |
| | | | | | | | | | | | | | (0.0170) | (0.0171) |
| risk | －0.0229** | －0.0230** | －0.0220** | －0.0206* | －0.0209* | －0.0220** | －0.0185* | －0.0232** | －0.0225** | －0.0209** | －0.0214** | －0.0245** | －0.0226** | －0.0200* |
| | (0.0108) | (0.0108) | (0.0108) | (0.0107) | (0.0108) | (0.0107) | (0.0107) | (0.0108) | (0.0108) | (0.0106) | (0.0107) | (0.0109) | (0.0108) | (0.0107) |
| gender | －0.0310 | －0.0268 | －0.0231 | －0.0271 | －0.0250 | －0.0330 | －0.0331 | －0.0296 | －0.0218 | －0.0306 | －0.0431* | －0.0214 | －0.0236 | －0.0511** |
| | (0.0220) | (0.0220) | (0.0218) | (0.0216) | (0.0218) | (0.0218) | (0.0217) | (0.0222) | (0.0218) | (0.0214) | (0.0220) | (0.0217) | (0.0217) | (0.0219) |
| age | －0.0022*** | －0.0017** | －0.0016** | －0.0020*** | －0.0016** | －0.0017** | －0.0018*** | －0.0016** | －0.0016** | －0.0020*** | －0.0020*** | －0.0013* | －0.0017** | －0.0018** |
| | (0.0007) | (0.0007) | (0.0007) | (0.0007) | (0.0007) | (0.0007) | (0.0007) | (0.0007) | (0.0007) | (0.0007) | (0.0007) | (0.0007) | (0.0007) | (0.0007) |

**续表**

| VARIABLES | (1)<br>car(−1,3) | (2)<br>car(−1,3) | (3)<br>car(−1,3) | (4)<br>car(−1,3) | (5)<br>car(−1,3) | (6)<br>car(−1,3) | (7)<br>car(−1,3) | (8)<br>car(−1,3) | (9)<br>car(−1,3) | (10)<br>car(−1,3) | (11)<br>car(−1,3) | (12)<br>car(−1,3) | (13)<br>car(−1,3) | (14)<br>car(−1,3) |
|---|---|---|---|---|---|---|---|---|---|---|---|---|---|---|
| tenure | 0.0063*** | 0.0057*** | 0.0055*** | 0.0060*** | 0.0054*** | 0.0058*** | 0.0056*** | 0.0055*** | 0.0054*** | 0.0056*** | 0.0056*** | 0.0054*** | 0.0054*** | 0.0052*** |
| | (0.0019) | (0.0019) | (0.0019) | (0.0019) | (0.0019) | (0.0019) | (0.0019) | (0.0019) | (0.0019) | (0.0019) | (0.0019) | (0.0019) | (0.0019) | (0.0019) |
| size | 0.0025 | 0.0017 | 0.0013 | 0.0034 | 0.0005 | 0.0027 | 0.0006 | 0.0023 | 0.0015 | 0.0046 | 0.0049 | 0.0004 | 0.0016 | 0.0028 |
| | (0.0061) | (0.0061) | (0.0061) | (0.0061) | (0.0061) | (0.0061) | (0.0060) | (0.0061) | (0.0061) | (0.0060) | (0.0061) | (0.0061) | (0.0061) | (0.0061) |
| nature | −0.0047 | −0.0101 | −0.0095 | −0.0044 | −0.0072 | −0.0043 | −0.0075 | −0.0109 | −0.0101 | −0.0031 | −0.0078 | −0.0095 | −0.0067 | 0.0047 |
| | (0.0153) | (0.0152) | (0.0152) | (0.0152) | (0.0153) | (0.0151) | (0.0150) | (0.0152) | (0.0152) | (0.0149) | (0.0150) | (0.0152) | (0.0153) | (0.0152) |
| duality | 0.0038 | 0.0046 | 0.0039 | 0.0052 | 0.0037 | 0.0091 | 0.0022 | 0.0060 | 0.0048 | 0.0060 | 0.0071 | 0.0054 | 0.0031 | 0.0073 |
| | (0.0099) | (0.0100) | (0.0101) | (0.0099) | (0.0100) | (0.0100) | (0.0099) | (0.0100) | (0.0100) | (0.0098) | (0.0099) | (0.0100) | (0.0100) | (0.0099) |
| lev | −0.1095*** | −0.1118*** | −0.1108*** | −0.1179*** | −0.1096*** | −0.1140*** | −0.1072*** | −0.1125*** | −0.1093*** | −0.1124*** | −0.1199*** | −0.1125*** | −0.1164*** | −0.1118*** |
| | (0.0289) | (0.0290) | (0.0291) | (0.0289) | (0.0290) | (0.0288) | (0.0287) | (0.0290) | (0.0290) | (0.0285) | (0.0287) | (0.0290) | (0.0293) | (0.0289) |
| growth | 0.0057 | 0.0066 | 0.0054 | 0.0047 | 0.0040 | 0.0063 | 0.0074 | 0.0062 | 0.0055 | 0.0026 | 0.0049 | 0.0066 | 0.0057 | 0.0034 |
| | (0.0052) | (0.0053) | (0.0052) | (0.0052) | (0.0054) | (0.0052) | (0.0052) | (0.0052) | (0.0052) | (0.0052) | (0.0052) | (0.0052) | (0.0052) | (0.0054) |
| leverage | −0.0010 | −0.0008 | −0.0007 | −0.0006 | −0.0006 | −0.0006 | −0.0005 | −0.0009 | −0.0008 | −0.0006 | −0.0008 | −0.0005 | −0.0008 | −0.0003 |
| | (0.0020) | (0.0020) | (0.0020) | (0.0020) | (0.0020) | (0.0020) | (0.0020) | (0.0020) | (0.0020) | (0.0020) | (0.0020) | (0.0020) | (0.0020) | (0.0020) |
| ei | −0.0068 | −0.0069 | −0.0069 | −0.0075 | −0.0072 | −0.0084 | −0.0068 | −0.0070 | −0.0065 | −0.0068 | −0.0089 | −0.0065 | −0.0071 | −0.0065 |
| | (0.0086) | (0.0086) | (0.0086) | (0.0086) | (0.0086) | (0.0086) | (0.0085) | (0.0086) | (0.0086) | (0.0084) | (0.0085) | (0.0086) | (0.0086) | (0.0084) |
| ofc | −0.0478 | −0.0490 | −0.0472 | −0.0463 | −0.0476 | −0.0565* | −0.0603** | −0.0597* | −0.0523* | −0.0408 | −0.0516* | −0.0434 | −0.0480 | −0.0726** |
| | (0.0298) | (0.0299) | (0.0301) | (0.0297) | (0.0299) | (0.0298) | (0.0298) | (0.0307) | (0.0304) | (0.0294) | (0.0296) | (0.0300) | (0.0299) | (0.0310) |
| Industry fixed | Y | Y | Y | Y | Y | Y | Y | Y | Y | Y | Y | Y | Y | Y |
| Constant | 0.0876 | 0.0321 | 0.0557 | 0.0281 | 0.0683 | 0.0255 | 0.0890 | 0.0242 | 0.0549 | 0.0047 | 0.0015 | 0.0541 | 0.0497 | 0.0005 |
| | (0.1298) | (0.1307) | (0.1296) | (0.1289) | (0.1299) | (0.1288) | (0.1285) | (0.1309) | (0.1296) | (0.1274) | (0.1285) | (0.1293) | (0.1294) | (0.1349) |
| Observations | 732 | 732 | 732 | 732 | 732 | 732 | 732 | 732 | 732 | 732 | 732 | 732 | 732 | 732 |
| R-squared | 0.166 | 0.161 | 0.159 | 0.172 | 0.161 | 0.174 | 0.177 | 0.162 | 0.160 | 0.193 | 0.182 | 0.163 | 0.162 | 0.230 |

(其中 *** $p<0.01$, ** $p<0.05$, * $p<0.1$)

## 表 4－15 事件窗口期[－1,3]的稳健性检验回归分析(不含中介变量)

| variables | (1) car(－1,3) | (2) car(－1,3) | (3) car(－1,3) | (4) car(－1,3) | (5) car(－1,3) | (6) car(－1,3) | (7) car(－1,3) | (8) car(－1,3) | (9) car(－1,3) | (10) car(－1,3) | (11) car(－1,3) | (12) car(－1,3) | (13) car(－1,3) | (14) car(－1,3) |
|---|---|---|---|---|---|---|---|---|---|---|---|---|---|---|
| edu | －0.0109** | | | | | | | | | | | | | 0.0004 |
| | (0.0048) | | | | | | | | | | | | | (0.0054) |
| c1 | | 0.0154 | | | | | | | | | | | | －0.0025 |
| | | (0.0132) | | | | | | | | | | | | (0.0394) |
| c2 | | | －0.0053 | | | | | | | | | | | 0.0282 |
| | | | (0.0113) | | | | | | | | | | | (0.0389) |
| c3 | | | | 0.0392*** | | | | | | | | | | －0.0016 |
| | | | | (0.0120) | | | | | | | | | | (0.0409) |
| c4 | | | | | 0.0421 | | | | | | | | | 0.0809 |
| | | | | | (0.0291) | | | | | | | | | (0.0494) |
| c5 | | | | | | －0.0332*** | | | | | | | | 0.0013 |
| | | | | | | (0.0097) | | | | | | | | (0.0395) |
| level | | | | | | | －0.0395*** | | | | | | | －0.0435*** |
| | | | | | | | (0.0100) | | | | | | | (0.0119) |
| m1 | | | | | | | | 0.0211 | | | | | | 0.0466 |
| | | | | | | | | (0.0144) | | | | | | (0.0336) |
| m2 | | | | | | | | | －0.0116 | | | | | 0.0040 |
| | | | | | | | | | (0.0162) | | | | | (0.0337) |
| m3 | | | | | | | | | | 0.0740*** | | | | 0.1064*** |
| | | | | | | | | | | (0.0139) | | | | (0.0354) |
| m4 | | | | | | | | | | | －0.0453*** | | | 0.0228 |
| | | | | | | | | | | | (0.0105) | | | (0.0311) |
| mba | | | | | | | | | | | | 0.0143 | | 0.0111 |
| | | | | | | | | | | | | (0.0097) | | (0.0099) |
| overseas | | | | | | | | | | | | | －0.0270 | －0.0241 |
| | | | | | | | | | | | | | (0.0171) | (0.0171) |
| gender | －0.0311 | －0.0266 | －0.0234 | －0.0275 | －0.0255 | －0.0332 | －0.0338 | －0.0293 | －0.0222 | －0.0309 | －0.0435** | －0.0218 | －0.0238 | －0.0513** |
| | (0.0220) | (0.0220) | (0.0218) | (0.0217) | (0.0219) | (0.0218) | (0.0217) | (0.0222) | (0.0218) | (0.0214) | (0.0220) | (0.0218) | (0.0218) | (0.0219) |
| age | －0.0023*** | －0.0017** | －0.0017** | －0.0021*** | －0.0017** | －0.0018*** | －0.0018*** | －0.0017** | －0.0016** | －0.0021*** | －0.0021*** | －0.0014** | －0.0017** | －0.0019*** |
| | (0.0007) | (0.0007) | (0.0007) | (0.0007) | (0.0007) | (0.0007) | (0.0007) | (0.0007) | (0.0007) | (0.0007) | (0.0007) | (0.0007) | (0.0007) | (0.0007) |
| tenure | 0.0061*** | 0.0055*** | 0.0053*** | 0.0058*** | 0.0052*** | 0.0056*** | 0.0055*** | 0.0053*** | 0.0052*** | 0.0054*** | 0.0054*** | 0.0052*** | 0.0052*** | 0.0050*** |
| | (0.0019) | (0.0019) | (0.0019) | (0.0019) | (0.0019) | (0.0019) | (0.0019) | (0.0019) | (0.0019) | (0.0019) | (0.0019) | (0.0019) | (0.0019) | (0.0019) |

**续表**

| variables | (1) car(−1,3) | (2) car(−1,3) | (3) car(−1,3) | (4) car(−1,3) | (5) car(−1,3) | (6) car(−1,3) | (7) car(−1,3) | (8) car(−1,3) | (9) car(−1,3) | (10) car(−1,3) | (11) car(−1,3) | (12) car(−1,3) | (13) car(−1,3) | (14) car(−1,3) |
|---|---|---|---|---|---|---|---|---|---|---|---|---|---|---|
| size | 0.0038 | 0.0030 | 0.0027 | 0.0047 | 0.0016 | 0.0040 | 0.0016 | 0.0036 | 0.0028 | 0.0059 | 0.0062 | 0.0019 | 0.0029 | 0.0038 |
| | (0.0061) | (0.0061) | (0.0061) | (0.0061) | (0.0061) | (0.0060) | (0.0060) | (0.0061) | (0.0061) | (0.0060) | (0.0060) | (0.0061) | (0.0061) | (0.0061) |
| nature | 0.0027 | −0.0025 | −0.0022 | 0.0026 | 0.0000 | 0.0030 | −0.0013 | −0.0032 | −0.0026 | 0.0038 | −0.0007 | −0.0015 | 0.0006 | 0.0113 |
| | (0.0149) | (0.0148) | (0.0148) | (0.0148) | (0.0149) | (0.0148) | (0.0146) | (0.0148) | (0.0148) | (0.0146) | (0.0146) | (0.0148) | (0.0149) | (0.0148) |
| duality | 0.0015 | 0.0022 | 0.0016 | 0.0031 | 0.0015 | 0.0069 | 0.0003 | 0.0035 | 0.0025 | 0.0039 | 0.0050 | 0.0028 | 0.0008 | 0.0051 |
| | (0.0099) | (0.0099) | (0.0100) | (0.0099) | (0.0099) | (0.0100) | (0.0098) | (0.0100) | (0.0100) | (0.0098) | (0.0098) | (0.0099) | (0.0100) | (0.0099) |
| lev | −0.1043*** | −0.1064*** | −0.1059*** | −0.1134*** | −0.1048*** | −0.1090*** | −0.1029*** | −0.1069*** | −0.1042*** | −0.1077*** | −0.1151*** | −0.1066*** | −0.1111*** | −0.1067*** |
| | (0.0289) | (0.0290) | (0.0291) | (0.0289) | (0.0290) | (0.0288) | (0.0287) | (0.0290) | (0.0290) | (0.0284) | (0.0287) | (0.0290) | (0.0292) | (0.0288) |
| growth | 0.0057 | 0.0065 | 0.0054 | 0.0047 | 0.0038 | 0.0063 | 0.0074 | 0.0061 | 0.0055 | 0.0025 | 0.0049 | 0.0064 | 0.0057 | 0.0030 |
| | (0.0052) | (0.0053) | (0.0053) | (0.0052) | (0.0054) | (0.0052) | (0.0052) | (0.0052) | (0.0052) | (0.0052) | (0.0052) | (0.0053) | (0.0052) | (0.0054) |
| leverage | −0.0011 | −0.0010 | −0.0009 | −0.0008 | −0.0007 | −0.0008 | −0.0006 | −0.0010 | −0.0009 | −0.0008 | −0.0009 | −0.0007 | −0.0009 | −0.0003 |
| | (0.0020) | (0.0020) | (0.0020) | (0.0020) | (0.0020) | (0.0020) | (0.0020) | (0.0020) | (0.0020) | (0.0020) | (0.0020) | (0.0020) | (0.0020) | (0.0020) |
| ei | −0.0062 | −0.0063 | −0.0063 | −0.0070 | −0.0067 | −0.0078 | −0.0063 | −0.0064 | −0.0059 | −0.0063 | −0.0083 | −0.0060 | −0.0065 | −0.0061 |
| | (0.0086) | (0.0086) | (0.0086) | (0.0086) | (0.0086) | (0.0086) | (0.0085) | (0.0086) | (0.0087) | (0.0085) | (0.0085) | (0.0086) | (0.0086) | (0.0084) |
| ofc | −0.0524* | −0.0535* | −0.0513* | −0.0503* | −0.0517* | −0.0609** | −0.0645** | −0.0633** | −0.0564* | −0.0449 | −0.0559* | −0.0490 | −0.0525* | −0.0769** |
| | (0.0299) | (0.0299) | (0.0301) | (0.0297) | (0.0299) | (0.0298) | (0.0298) | (0.0308) | (0.0304) | (0.0294) | (0.0296) | (0.0300) | (0.0299) | (0.0310) |
| Industry fixed | Y | Y | Y | Y | Y | Y | Y | Y | Y | Y | Y | Y | Y | Y |
| Constant | 0.0524 | 0.0000 | 0.0227 | −0.0035 | 0.0389 | −0.0077 | 0.0627 | −0.0080 | 0.0212 | −0.0271 | −0.0310 | 0.0182 | 0.0160 | −0.0186 |
| | (0.1291) | (0.1302) | (0.1289) | (0.1281) | (0.1292) | (0.1281) | (0.1278) | (0.1304) | (0.1289) | (0.1266) | (0.1278) | (0.1288) | (0.1288) | (0.1347) |
| Observations | 732 | 732 | 732 | 732 | 732 | 732 | 732 | 732 | 732 | 732 | 732 | 732 | 732 | 732 |
| R-squared | 0.160 | 0.155 | 0.154 | 0.167 | 0.156 | 0.168 | 0.173 | 0.156 | 0.154 | 0.188 | 0.177 | 0.156 | 0.157 | 0.226 |

（其中*** $p<0.01$，** $p<0.05$，* $p<0.1$）

表 4－16　事件窗口期[－3,3]的稳健性检验回归分析(包含中介变量)

| | (1) | (2) | (3) | (4) | (5) | (6) | (7) | (8) | (9) | (10) | (11) | (12) | (13) | (14) |
|---|---|---|---|---|---|---|---|---|---|---|---|---|---|---|
| Variables | car(－3,3) | car(－3,3) | car(－3,3) | car(－3,3) | car(－3,3) | car(－3,3) | car(－3,3) | car(－3,3) | car(－3,3) | car(－3,3) | car(－3,3) | car(－3,3) | car(－3,3) | car(－3,3) |
| edu | －0.0205*** | | | | | | | | | | | | | －0.0065 |
| | (0.0055) | | | | | | | | | | | | | (0.0061) |
| c1 | | 0.0409*** | | | | | | | | | | | | －0.0062 |
| | | (0.0150) | | | | | | | | | | | | (0.0446) |
| c2 | | | 0.0039 | | | | | | | | | | | 0.0237 |
| | | | (0.0130) | | | | | | | | | | | (0.0441) |
| c3 | | | | 0.0467*** | | | | | | | | | | －0.0177 |
| | | | | (0.0138) | | | | | | | | | | (0.0463) |
| c4 | | | | | 0.0185 | | | | | | | | | 0.0654 |
| | | | | | (0.0336) | | | | | | | | | (0.0559) |
| c5 | | | | | | －0.0571*** | | | | | | | | －0.0294 |
| | | | | | | (0.0110) | | | | | | | | (0.0447) |
| level | | | | | | | －0.0539*** | | | | | | | －0.0489*** |
| | | | | | | | (0.0114) | | | | | | | (0.0136) |
| m1 | | | | | | | | 0.0479*** | | | | | | 0.0613 |
| | | | | | | | | (0.0165) | | | | | | (0.0380) |
| m2 | | | | | | | | | －0.0359* | | | | | －0.0125 |
| | | | | | | | | | (0.0186) | | | | | (0.0382) |
| m3 | | | | | | | | | | 0.0834*** | | | | 0.1166*** |
| | | | | | | | | | | (0.0160) | | | | (0.0401) |
| m4 | | | | | | | | | | | －0.0558*** | | | 0.0324 |
| | | | | | | | | | | | (0.0121) | | | (0.0352) |
| mba | | | | | | | | | | | | 0.0190* | | 0.0183 |
| | | | | | | | | | | | | (0.0112) | | (0.0113) |
| overseas | | | | | | | | | | | | | －0.0355* | －0.0317 |
| | | | | | | | | | | | | | (0.0196) | (0.0194) |
| risk | －0.0376*** | －0.0383*** | －0.0364*** | －0.0344*** | －0.0356*** | －0.0360*** | －0.0311** | －0.0384*** | －0.0372*** | －0.0348*** | －0.0352*** | －0.0388*** | －0.0367*** | －0.0358*** |
| | (0.0123) | (0.0124) | (0.0125) | (0.0124) | (0.0125) | (0.0122) | (0.0123) | (0.0124) | (0.0124) | (0.0122) | (0.0123) | (0.0125) | (0.0124) | (0.0122) |
| gender | －0.0448* | －0.0394 | －0.0291 | －0.0350 | －0.0307 | －0.0473* | －0.0444* | －0.0441* | －0.0273 | －0.0386 | －0.0550** | －0.0281 | －0.0307 | －0.0707*** |
| | (0.0252) | (0.0252) | (0.0251) | (0.0249) | (0.0252) | (0.0248) | (0.0249) | (0.0254) | (0.0250) | (0.0247) | (0.0253) | (0.0250) | (0.0250) | (0.0248) |
| age | －0.0032*** | －0.0022*** | －0.0020** | －0.0025*** | －0.0020** | －0.0022*** | －0.0023*** | －0.0021*** | －0.0020** | －0.0025*** | －0.0025*** | －0.0017** | －0.0021*** | －0.0025*** |
| | (0.0008) | (0.0008) | (0.0008) | (0.0008) | (0.0008) | (0.0008) | (0.0008) | (0.0008) | (0.0008) | (0.0008) | (0.0008) | (0.0008) | (0.0008) | (0.0008) |

**续表**

| Variables | (1) car(−3,3) | (2) car(−3,3) | (3) car(−3,3) | (4) car(−3,3) | (5) car(−3,3) | (6) car(−3,3) | (7) car(−3,3) | (8) car(−3,3) | (9) car(−3,3) | (10) car(−3,3) | (11) car(−3,3) | (12) car(−3,3) | (13) car(−3,3) | (14) car(−3,3) |
|---|---|---|---|---|---|---|---|---|---|---|---|---|---|---|
| tenure | 0.0084*** | 0.0073*** | 0.0067*** | 0.0074*** | 0.0067*** | 0.0073*** | 0.0070*** | 0.0069*** | 0.0067*** | 0.0069*** | 0.0069*** | 0.0067*** | 0.0066*** | 0.0071*** |
| | (0.0022) | (0.0022) | (0.0022) | (0.0022) | (0.0022) | (0.0021) | (0.0021) | (0.0022) | (0.0022) | (0.0021) | (0.0021) | (0.0022) | (0.0022) | (0.0021) |
| size | 0.0083 | 0.0069 | 0.0057 | 0.0086 | 0.0055 | 0.0083 | 0.0049 | 0.0080 | 0.0066 | 0.0098 | 0.0105 | 0.0049 | 0.0063 | 0.0092 |
| | (0.0070) | (0.0070) | (0.0070) | (0.0070) | (0.0070) | (0.0069) | (0.0069) | (0.0070) | (0.0070) | (0.0069) | (0.0070) | (0.0070) | (0.0070) | (0.0069) |
| nature | −0.0248 | −0.0349** | −0.0338* | −0.0273 | −0.0325* | −0.0244 | −0.0306* | −0.0365** | −0.0350** | −0.0264 | −0.0315* | −0.0336* | −0.0300* | −0.0138 |
| | (0.0175) | (0.0174) | (0.0175) | (0.0175) | (0.0177) | (0.0173) | (0.0172) | (0.0174) | (0.0175) | (0.0172) | (0.0173) | (0.0175) | (0.0176) | (0.0172) |
| duality | −0.0072 | −0.0059 | −0.0058 | −0.0051 | −0.0065 | 0.0019 | −0.0093 | −0.0029 | −0.0050 | −0.0042 | −0.0027 | −0.0050 | −0.0078 | 0.0009 |
| | (0.0114) | (0.0114) | (0.0116) | (0.0114) | (0.0115) | (0.0114) | (0.0113) | (0.0115) | (0.0115) | (0.0113) | (0.0113) | (0.0115) | (0.0115) | (0.0112) |
| lev | −0.1124*** | −0.1179*** | −0.1125*** | −0.1229*** | −0.1131*** | −0.1205*** | −0.1095*** | −0.1185*** | −0.1116*** | −0.1160*** | −0.1256*** | −0.1161*** | −0.1216*** | −0.1167*** |
| | (0.0331) | (0.0333) | (0.0336) | (0.0333) | (0.0335) | (0.0328) | (0.0329) | (0.0333) | (0.0334) | (0.0328) | (0.0331) | (0.0334) | (0.0337) | (0.0327) |
| growth | 0.0005 | 0.0027 | 0.0003 | −0.0009 | −0.0006 | 0.0015 | 0.0028 | 0.0015 | 0.0001 | −0.0033 | −0.0007 | 0.0013 | 0.0004 | −0.0001 |
| | (0.0060) | (0.0061) | (0.0060) | (0.0060) | (0.0062) | (0.0059) | (0.0060) | (0.0060) | (0.0060) | (0.0059) | (0.0059) | (0.0060) | (0.0060) | (0.0061) |
| leverage | −0.0008 | −0.0006 | −0.0003 | −0.0003 | −0.0003 | −0.0002 | 0.0000 | −0.0007 | −0.0006 | −0.0003 | −0.0005 | −0.0001 | −0.0005 | −0.0001 |
| | (0.0023) | (0.0023) | (0.0023) | (0.0023) | (0.0023) | (0.0023) | (0.0023) | (0.0023) | (0.0023) | (0.0023) | (0.0023) | (0.0023) | (0.0023) | (0.0022) |
| ei | −0.0068 | −0.0071 | −0.0073 | −0.0079 | −0.0073 | −0.0096 | −0.0069 | −0.0072 | −0.0057 | −0.0070 | −0.0095 | −0.0067 | −0.0074 | −0.0062 |
| | (0.0098) | (0.0099) | (0.0099) | (0.0099) | (0.0099) | (0.0098) | (0.0098) | (0.0099) | (0.0099) | (0.0097) | (0.0098) | (0.0099) | (0.0099) | (0.0095) |
| ofc | −0.0412 | −0.0439 | −0.0433 | −0.0398 | −0.0420 | −0.0564* | −0.0593* | −0.0659* | −0.0533 | −0.0337 | −0.0464 | −0.0368 | −0.0419 | −0.0842** |
| | (0.0342) | (0.0344) | (0.0347) | (0.0343) | (0.0345) | (0.0340) | (0.0342) | (0.0353) | (0.0349) | (0.0339) | (0.0340) | (0.0346) | (0.0345) | (0.0352) |
| Constant | 0.0575 | −0.0527 | 0.0020 | −0.0332 | 0.0082 | −0.0493 | 0.0504 | −0.0636 | −0.0002 | −0.0582 | −0.0669 | 0.0006 | −0.0059 | −0.0558 |
| | (0.1483) | (0.1496) | (0.1491) | (0.1482) | (0.1495) | (0.1465) | (0.1470) | (0.1499) | (0.1487) | (0.1466) | (0.1475) | (0.1488) | (0.1488) | (0.1526) |
| Industry fixed | Y | Y | Y | Y | Y | Y | Y | Y | Y | Y | Y | Y | Y | Y |
| Observations | 732 | 732 | 732 | 732 | 732 | 732 | 732 | 732 | 732 | 732 | 732 | 732 | 732 | 732 |
| R-squared | 0.169 | 0.161 | 0.152 | 0.166 | 0.152 | 0.185 | 0.179 | 0.163 | 0.157 | 0.185 | 0.178 | 0.156 | 0.156 | 0.248 |

(其中*** $p<0.01$，** $p<0.05$，* $p<0.1$)

表 4－17　事件窗口期[－3,3]的稳健性检验回归分析(不含中介变量)

| VARIABLES | (1)<br>car(－3,3) | (2)<br>car(－3,3) | (3)<br>car(－3,3) | (4)<br>car(－3,3) | (5)<br>car(－3,3) | (6)<br>car(－3,3) | (7)<br>car(－3,3) | (8)<br>car(－3,3) | (9)<br>car(－3,3) | (10)<br>car(－3,3) | (11)<br>car(－3,3) | (12)<br>car(－3,3) | (13)<br>car(－3,3) | (14)<br>car(－3,3) |
|---|---|---|---|---|---|---|---|---|---|---|---|---|---|---|
| edu | －0.0200*** | | | | | | | | | | | | | －0.0052 |
| | (0.0055) | | | | | | | | | | | | | (0.0061) |
| c1 | | 0.0381** | | | | | | | | | | | | －0.0155 |
| | | (0.0151) | | | | | | | | | | | | (0.0448) |
| c2 | | | 0.0022 | | | | | | | | | | | 0.0161 |
| | | | (0.0131) | | | | | | | | | | | (0.0443) |
| c3 | | | | 0.0484*** | | | | | | | | | | －0.0225 |
| | | | | (0.0138) | | | | | | | | | | (0.0466) |
| c4 | | | | | 0.0272 | | | | | | | | | 0.0663 |
| | | | | | (0.0337) | | | | | | | | | (0.0563) |
| c5 | | | | | | －0.0572*** | | | | | | | | －0.0366 |
| | | | | | | (0.0111) | | | | | | | | (0.0449) |
| level | | | | | | | －0.0565*** | | | | | | | －0.0537*** |
| | | | | | | | (0.0114) | | | | | | | (0.0135) |
| m1 | | | | | | | | 0.0448*** | | | | | | 0.0564 |
| | | | | | | | | (0.0166) | | | | | | (0.0382) |
| m2 | | | | | | | | | －0.0336* | | | | | －0.0145 |
| | | | | | | | | | (0.0187) | | | | | (0.0384) |
| m3 | | | | | | | | | | 0.0844*** | | | | 0.1152*** |
| | | | | | | | | | | (0.0161) | | | | (0.0403) |
| m4 | | | | | | | | | | | －0.0565*** | | | 0.0304 |
| | | | | | | | | | | | (0.0121) | | | (0.0354) |
| mba | | | | | | | | | | | | 0.0148 | | 0.0140 |
| | | | | | | | | | | | | (0.0112) | | (0.0112) |
| overseas | | | | | | | | | | | | | －0.0343* | －0.0292 |
| | | | | | | | | | | | | | (0.0197) | (0.0195) |
| gender | －0.0448* | －0.0391 | －0.0297 | －0.0356 | －0.0316 | －0.0477* | －0.0454* | －0.0435* | －0.0278 | －0.0391 | －0.0556** | －0.0288 | －0.0311 | －0.0710*** |
| | (0.0253) | (0.0254) | (0.0253) | (0.0251) | (0.0253) | (0.0250) | (0.0250) | (0.0256) | (0.0252) | (0.0248) | (0.0254) | (0.0252) | (0.0252) | (0.0250) |
| age | －0.0033*** | －0.0022*** | －0.0021*** | －0.0026*** | －0.0021*** | －0.0023*** | －0.0024*** | －0.0022*** | －0.0020*** | －0.0026*** | －0.0026*** | －0.0019** | －0.0022*** | －0.0026*** |
| | (0.0008) | (0.0008) | (0.0008) | (0.0008) | (0.0008) | (0.0008) | (0.0008) | (0.0008) | (0.0008) | (0.0008) | (0.0008) | (0.0008) | (0.0008) | (0.0008) |
| tenure | 0.0080*** | 0.0070*** | 0.0064*** | 0.0071*** | 0.0064*** | 0.0070*** | 0.0068*** | 0.0065*** | 0.0064*** | 0.0066*** | 0.0067*** | 0.0064*** | 0.0063*** | 0.0068*** |
| | (0.0022) | (0.0022) | (0.0022) | (0.0022) | (0.0022) | (0.0021) | (0.0021) | (0.0022) | (0.0022) | (0.0021) | (0.0021) | (0.0022) | (0.0022) | (0.0021) |

**续表**

| VARIABLES | (1)<br>car(−3,3) | (2)<br>car(−3,3) | (3)<br>car(−3,3) | (4)<br>car(−3,3) | (5)<br>car(−3,3) | (6)<br>car(−3,3) | (7)<br>car(−3,3) | (8)<br>car(−3,3) | (9)<br>car(−3,3) | (10)<br>car(−3,3) | (11)<br>car(−3,3) | (12)<br>car(−3,3) | (13)<br>car(−3,3) | (14)<br>car(−3,3) |
|---|---|---|---|---|---|---|---|---|---|---|---|---|---|---|
| size | 0.0105 | 0.0091 | 0.0080 | 0.0107 | 0.0074 | 0.0105 | 0.0067 | 0.0102 | 0.0088 | 0.0119* | 0.0126* | 0.0074 | 0.0085 | 0.0111 |
| | (0.0070) | (0.0070) | (0.0070) | (0.0070) | (0.0070) | (0.0069) | (0.0069) | (0.0070) | (0.0070) | (0.0069) | (0.0070) | (0.0070) | (0.0070) | (0.0069) |
| nature | −0.0125 | −0.0221 | −0.0217 | −0.0157 | −0.0202 | −0.0125 | −0.0203 | −0.0236 | −0.0226 | −0.0147 | −0.0198 | −0.0209 | −0.0180 | −0.0019 |
| | (0.0171) | (0.0170) | (0.0171) | (0.0171) | (0.0172) | (0.0169) | (0.0168) | (0.0170) | (0.0171) | (0.0168) | (0.0169) | (0.0171) | (0.0172) | (0.0169) |
| duality | −0.0110 | −0.0098 | −0.0097 | −0.0086 | −0.0103 | −0.0017 | −0.0126 | −0.0070 | −0.0089 | −0.0077 | −0.0062 | −0.0092 | −0.0115 | −0.0030 |
| | (0.0114) | (0.0114) | (0.0116) | (0.0114) | (0.0115) | (0.0114) | (0.0113) | (0.0115) | (0.0115) | (0.0113) | (0.0113) | (0.0115) | (0.0115) | (0.0112) |
| lev | −0.1038*** | −0.1089*** | −0.1045*** | −0.1154*** | −0.1049*** | −0.1122*** | −0.1023*** | −0.1094*** | −0.1032*** | −0.1081*** | −0.1177*** | −0.1067*** | −0.1129*** | −0.1076*** |
| | (0.0332) | (0.0334) | (0.0336) | (0.0334) | (0.0335) | (0.0329) | (0.0329) | (0.0334) | (0.0335) | (0.0329) | (0.0331) | (0.0335) | (0.0338) | (0.0328) |
| growth | 0.0005 | 0.0025 | 0.0002 | −0.0010 | −0.0010 | 0.0014 | 0.0029 | 0.0014 | 0.0001 | −0.0033 | −0.0007 | 0.0010 | 0.0004 | −0.0008 |
| | (0.0060) | (0.0061) | (0.0061) | (0.0060) | (0.0062) | (0.0059) | (0.0060) | (0.0060) | (0.0060) | (0.0060) | (0.0060) | (0.0061) | (0.0060) | (0.0061) |
| leverage | −0.0010 | −0.0008 | −0.0006 | −0.0005 | −0.0005 | −0.0004 | −0.0002 | −0.0010 | −0.0008 | −0.0005 | −0.0007 | −0.0004 | −0.0007 | −0.0002 |
| | (0.0023) | (0.0023) | (0.0023) | (0.0023) | (0.0023) | (0.0023) | (0.0023) | (0.0023) | (0.0023) | (0.0023) | (0.0023) | (0.0023) | (0.0023) | (0.0022) |
| ei | −0.0059 | −0.0061 | −0.0063 | −0.0070 | −0.0064 | −0.0087 | −0.0060 | −0.0062 | −0.0048 | −0.0061 | −0.0086 | −0.0058 | −0.0064 | −0.0055 |
| | (0.0099) | (0.0099) | (0.0100) | (0.0099) | (0.0100) | (0.0098) | (0.0098) | (0.0099) | (0.0100) | (0.0098) | (0.0098) | (0.0100) | (0.0100) | (0.0096) |
| ofc | −0.0487 | −0.0514 | −0.0501 | −0.0465 | −0.0488 | −0.0636* | −0.0663* | −0.0720** | −0.0600* | −0.0405 | −0.0534 | −0.0457 | −0.0492 | −0.0920*** |
| | (0.0343) | (0.0345) | (0.0348) | (0.0343) | (0.0346) | (0.0341) | (0.0342) | (0.0354) | (0.0351) | (0.0340) | (0.0341) | (0.0347) | (0.0346) | (0.0353) |
| Constant | −0.0002 | −0.1061 | −0.0525 | −0.0859 | −0.0418 | −0.1034 | 0.0065 | −0.1168 | −0.0558 | −0.1111 | −0.1205 | −0.0564 | −0.0606 | −0.0899 |
| | (0.1480) | (0.1496) | (0.1488) | (0.1477) | (0.1493) | (0.1462) | (0.1466) | (0.1499) | (0.1484) | (0.1462) | (0.1471) | (0.1486) | (0.1485) | (0.1531) |
| Industry fixed | Y | Y | Y | Y | Y | Y | Y | Y | Y | Y | Y | Y | Y | Y |
| Observations | 732 | 732 | 732 | 732 | 732 | 732 | 732 | 732 | 732 | 732 | 732 | 732 | 732 | 732 |
| R-squared | 0.158 | 0.149 | 0.141 | 0.157 | 0.142 | 0.174 | 0.171 | 0.150 | 0.145 | 0.175 | 0.168 | 0.143 | 0.145 | 0.238 |

（其中*** $p<0.01$，** $p<0.05$，* $p<0.1$）

可留待下一章节检验。

2. 学校类型对并购短期绩效的影响

综合类院校毕业的公司决策者虽较为偏好风险，但他们的认知又有利于提高并购的短期绩效。综合类院校在院校合并的浪潮兴起后，实力得到迅速提升，并吸引了大批优秀学子报考。学生质量的保证、优质的师资以及背景的多元化使得受教育者能接受不同学科思维的熏陶，锻炼了交际、公关的手段，并在不同领域积累了人脉。这些因素有利于公司决策者在并购宣告前后获得有利的舆论效果，提高公司股价并获得较好的短期绩效。理工类院校毕业的公司决策者有利于提高并购的短期绩效，可能的原因有两点：第一，院校合并前，理工类院校比较受推崇，生源质量较好。第二，理工类院校毕业的决策者受学校氛围的影响，倾向于多元化战略。这种并购战略能在市场上制造利好消息，抬高公司股票价格，进而提高并购的短期绩效。

3. 学校层次对并购短期绩效的影响

毕业于重点院校的公司决策者偏好风险，容易产生过度自信，这种个人评价与市场评价的偏差反映到股票市场上会导致并购后股价的下跌，降低了并购的短期绩效。

4. 专业对并购短期绩效的影响

经管类与文法史哲类专业背景的公司决策者能利用所学知识提高并购的短期绩效。他们掌握的专业知识多可用于股票市场的运作，文法史哲专业背景的公司决策者擅于宣传与公关，能够实现通过并购在短期内提高股票价格的目的。理工科背景的公司决策者受专业知识的影响，对研发创新有高度的热忱，但出于技术性考虑的并购能否取得相应绩效在短期内无法体现。

5. MBA 对并购短期绩效的影响

MBA 有利于提高并购短期绩效。接受过 MBA 教育的公司决策者较为偏好风险，但他们擅于使用科学的决策方法和丰富的商业手腕，在股票市场中制造利好消息，最终导致股票价格上升，提高了并购短期绩效。

6. 海外背景对并购短期绩效的影响

有过海外留学经历的公司决策者对并购短期绩效没有显著影响。具体原因留作下一章节进行讨论。

## 六、本章小结

本章节根据第二章的理论分析与研究假设和第三章的研究设计，以2011—2017年A股上市公司中筛选出的732个并购公司及其董事长作为研究样本，建立了含有风险偏好中介变量的实证模型，并对前文所述的六个基本假设进行检验。

检验结果表明：公司决策者学历与并购短期绩效显著负相关，假设1a成立。高学历公司决策者较为谨慎，但可能是缺乏必要的商业手段或仅仅着眼于长远目标而不去计较眼前得失，导致其在并购后的短期内未能显现出积极效果。毕业于财经类、法律和师范类院校的公司决策者与并购短期绩效的关系不显著，毕业于综合类与理工类院校的公司决策者与并购短期绩效显著正相关，假设6a不成立。理工类院校和综合类院校在院校合并前后分别是高校中的宠儿，学生质量优于其他类别院校，本身较强的智能和优秀人脉的积累能让他们在并购后的市场上树立信心，短期内促使股票价格上升。拥有重点院校背景的公司决策者与并购短期绩效负相关，假设2a成立。重点院校毕业者容易产生过度自信，容易被市场认定为高估目标企业价值，引起股票市场不利因素的产生。公司决策者拥有经管类与文法史哲类专业背景对并购短期绩效有正面影响，理工科专业背景对并购短期绩效的提升没有显著作用，假设3a不成立。经管的知识能够直接运用到并购与股票市场的实操中，而文法史哲的知识能帮助他们有效沟通和制造利好舆论、抬高股票价格。公司决策者MBA背景与并购短期绩效正相关，假设4a成立。公司决策者接受MBA教育后会在科学决策和商业手段上得到提高，有利于并购宣告制造利好消息，提高股票价格，进而对并购短期绩效产生正面影响。公司决策者海外背景与并购短期绩效没有显著关系，假设5a不成立。具体原因在下一章节讨论。

本章的理论与现实意义在于：第一，从全新的视角论证了教育与经济的关系，即教育通过影响决策者的风险偏好与认知来影响并购决策，引起股票价格变化，造成股票市场波动，提高公司股东的收益。这种全新的视角是对企业家人力资本理论的拓展与深化。第二，对董事长背景特征进行分组统计，能更直观地认识现阶段我国上市公司董事长在学历、毕业学校、所学专业、MBA、海外留学、性别、年龄等背景特征的分布情况以及不同组董事长在并购短期绩效中的差异。我国并购企业的董事长获得硕士及以上学历且毕业于重点院校者已有相当规模，但大部分董事长未受过 MBA 与海外留学教育。第三，其他院校类型和专业背景的公司决策者与并购短期绩效显著负相关，证明教育内容的确能对决策能力产生影响。没有受过和并购决策所需知识和思维相关训练的决策者在并购决策效果上同受过相关知识与思维训练者存在明显的差距。第四，重点院校是培养精英的摇篮，但从并购短期绩效的研究上看，毕业于重点院校的公司决策者并未有更好的表现；另一方面，赴海外留学的公司决策者也并未在并购短期内获得更加突出的成绩。这些现象可能与现行教育体系和人才培养与选拔模式存在关联，需要我们去寻找答案。

# 第五章 公司决策者教育背景与并购长期绩效的实证研究

上一章讨论了公司决策者教育背景与并购短期绩效的关系，本章延续上一章的研究思路与方法，继续探讨公司决策者教育背景与并购长期绩效的关系。富有战略眼光的公司决策者能依据个人能力对纷繁复杂的内外部环境进行分析，在必要的情况下，即使短期内无法取得立竿见影的效果，他们也会顶住公司其他高管的反对及舆论压力，坚定地进行决策并要求公司全体成员贯彻执行。这种卓越的预判力、敢打敢拼的冒险精神以及坚定的信念是企业家人力资本的又一重要表现。

## 一、总体与分组描述性统计

### （一）总体样本描述性统计

各变量描述性统计如表5—1所示。学历变量的均值为2.464，中位数为3，最大值为4，最小值为0，标准差为0.993，说明样本中公司决策者的学历主要分布在本科与硕士，且硕士居多，博士及本科以下学历相对较少。学校层次的均值为0.510，中位数为0.530，最大值为1，最小值为0，标准差为0.463，说明样本中公司决策者的学校层次相对分布均匀，重点院校出身与一般院校出身的公司决策者数量相当。MBA的均值为0.289，中位数为0，最大值为1，最小值为0，标准差为0.453，说明样本内大部分公司决策者未接受过MBA教育。海外背景的均值为0.068，中位数为0，最大值为1，最小值为0，标准差为0.251，说明样本内大部分公司决策者未有过海外求学的经历。总资产净利润率变化值的均值为−0.011，中位数为

**表 5－1　总体样本描述性统计**

| 变量名 | 样本数 | 平均数 | 标准差 | 中位数 | 最大值 | 最小值 |
|---|---|---|---|---|---|---|
| ΔROA（－1，＋1） | 974 | －0.011 | 0.048 | －0.007 | 0.283 | －0.306 |
| risk | 974 | 0.592 | 0.469 | 0.965 | 1 | 0 |
| edu | 974 | 2.464 | 0.993 | 3 | 4 | 0 |
| level | 974 | 0.510 | 0.463 | 0.529 | 1 | 0 |
| mba | 974 | 0.289 | 0.453 | 0.000 | 1 | 0 |
| overseas | 974 | 0.068 | 0.251 | 0 | 1 | 0 |
| gender | 974 | 0.039 | 0.194 | 0 | 1 | 0 |
| age | 974 | 51.757 | 6.547 | 51 | 79 | 32 |
| tenure | 974 | 4.574 | 2.726 | 4 | 16 | 1 |
| size | 974 | 21.548 | 0.941 | 21.421 | 25.216 | 18.905 |
| nature | 974 | 0.183 | 0.387 | 0.000 | 1 | 0 |
| duality | 974 | 0.418 | 0.493 | 0 | 1 | 0 |
| lev | 974 | 0.349 | 0.191 | 0.310 | 0.925 | 0.006 |
| growth | 974 | 0.401 | 0.620 | 0.258 | 5.367 | －0.831 |
| leverage | 974 | 1.219 | 2.202 | 1.009 | 38.953 | －8.780 |
| ei | 974 | 0.042 | 0.492 | 0.000 | 14.985 | 0 |
| ofc | 974 | －0.006 | 0.141 | 0 | 0.397 | －1.291 |

－0.007，最大值为 0.283，最小值为－0.306，标准差为 0.048，说明总资产净利润率变化值分布较为分散，且多数并购公司的总资产净利润率变化值为负，并购企业并未获得预期的协同效应。风险偏好的均值为 0.592，中位数为 0.965，最大值为 1，最小值为 0，标准差为 0.469，说明公司决策者风险偏好的分布较为分散，即大部分公司决策者持有公司股权占比较大，但在剩余者中，完全不持有公司股票的公司决策者居多，两极分化严重。在其他变量中，性别的均值为 0.039，中位数为 0，说明大多数公司决策者为男性，印证了 Jiekun Huang 与 D. J. Kisgen 的说法，即男性决策者比女性决策者更倾向于频繁的并购战略。年龄的均值为 51.757，中位数为 51，最大值为

79，最小值为 32，标准差为 6.547，说明公司决策者年龄分布较为均匀，多数人集中在四五十岁，年龄结构较为合理。任期的均值为 4.574，中位数为 4，最大值为 16，最小值为 1，标准差为 2.726，说明选择并购战略的公司决策者多为上任时间不长的董事长。"新官上任三把火"，为了树立威信、建功立业，他们更加急于通过频繁的战略扩张来达成目的。（张兆国等，2013）

（二）分组样本描述性统计

表 5—2、表 5—3、表 5—4、表 5—5、表 5—6、表 5—7 分别描述了按学历、学校类型、学校层次、专业、MBA 及海外背景分组的总资产净利润率变化值的情况。从表 5—2 可以看出，本科学历组均值最低，硕士学历组标准差最大，且最大值与最小值为全样本极值，说明获得硕士学历的公司决策者在并购决策后公司总资产净利润率变化波动较大。从各组样本数量看，出乎意料的是，专科及以下学历公司决策者标准差与极差较小，说明在并购

**表 5—2　学历分组比较**

| education | 样本数 | 平均数 | 标准差 | 最大值 | 最小值 |
|---|---|---|---|---|---|
| 0 | 45 | —0.012 | 0.037 | 0.078 | —0.119 |
| 1 | 114 | —0.016 | 0.046 | 0.085 | —0.152 |
| 2 | 269 | —0.010 | 0.050 | 0.162 | —0.235 |
| 3 | 436 | —0.012 | 0.049 | 0.283 | —0.306 |
| 4 | 110 | —0.005 | 0.047 | 0.252 | —0.152 |

**表 5—3　学校类型分组比较**

| category | 样本数 | 平均数 | 标准差 | 最大值 | 最小值 |
|---|---|---|---|---|---|
| 0 | 248 | —0.012 | 0.039 | 0.085 | —0.152 |
| 1 | 192 | —0.003 | 0.051 | 0.252 | —0.266 |
| 2 | 19 | —0.016 | 0.026 | 0.039 | —0.071 |
| 3 | 364 | —0.018 | 0.054 | 0.283 | —0.306 |
| 4 | 16 | —0.026 | 0.039 | 0.009 | —0.139 |
| NA | 135 | 0.000 | 0.044 | 0.143 | —0.123 |

**表 5-4　学校层次分组比较**

| level | 样本数 | 平均数 | 标准差 | 最大值 | 最小值 |
|---|---|---|---|---|---|
| 0 | 412 | −0.016 | 0.041 | 0.135 | −0.185 |
| 1 | 424 | −0.010 | 0.055 | 0.283 | −0.306 |
| NA | 138 | 0.000 | 0.044 | 0.143 | −0.123 |

**表 5-5　专业分组比较**

| major | 样本数 | 平均数 | 标准差 | 最大值 | 最小值 |
|---|---|---|---|---|---|
| 0 | 222 | −0.010 | 0.045 | 0.252 | −0.152 |
| 1 | 103 | −0.009 | 0.055 | 0.143 | −0.266 |
| 2 | 537 | −0.014 | 0.049 | 0.283 | −0.306 |
| 3 | 27 | −0.013 | 0.050 | 0.057 | −0.166 |
| NA | 85 | −0.001 | 0.038 | 0.139 | −0.089 |

**表 5-6　MBA 分组比较**

| mba | 样本数 | 平均数 | 标准差 | 最大值 | 最小值 |
|---|---|---|---|---|---|
| 0 | 693 | −0.013 | 0.043 | 0.252 | −0.235 |
| 1 | 281 | −0.008 | 0.059 | 0.283 | −0.306 |

**表 5-7　海外背景分组比较**

| overseas | 样本数 | 平均数 | 标准差 | 最大值 | 最小值 |
|---|---|---|---|---|---|
| 0 | 908 | −0.011 | 0.049 | 0.283 | −0.306 |
| 1 | 66 | −0.012 | 0.032 | 0.067 | −0.087 |

实施后公司总资产净利润率变化的波动小。这印证了周为（2014）的研究结论，即由于我国传统小农经济思维的束缚，低学历民营企业家对投融资有一定的排斥情绪，他们更倾向于稳打稳扎的发展。“老干妈”创始人陶华碧在走出国门后依然坚持“不贷款、不上市”的态度，就是这一类企业家内心真实写照。表 5—3 可以看出，理工类院校毕业的公司决策者对并购战略更为积

极，但均值最小、标准差最大，说明理工科院校毕业的公司决策者所在企业并购后总资产净利润率分布最为分散。财经类院校标准差较小，说明财经类院校毕业的公司决策在并购后公司总资产净利润率变化值相对稳定。表5—4可以看出，重点院校组的平均值高于一般院校组，但标准差、极差高于普通组，说明毕业于重点大学的公司决策者虽然在并购后的总资产净利润率上整体优于一般院校，但波动幅度较大。如表5—5所示，经管专业组的均值最高，但标准差也最大，说明该组总资产净利润率波动性大。最大值与最小值出现在理工科专业背景组，且该组均值最低，说明理工科教育背景公司决策者的表现在两个极端，但大部分不容乐观。从表5—6可看出，MBA组的均值较高，但标准差与极差较大。表5—7显示，海外背景组在均值、标准差与极差上小于非海外背景组，整体总资产净利润率较低但波动幅度小。

## 二、相关性及中介变量检验

### （一）相关性检验

表5—8为各变量之间相关性检验的统计结果。相关性检验是为了避免多重共线性问题。严重的多重共线性问题会导致变量系数估计的偏误，使显著性检验失去意义。另外，由于样本具有随机性，相关系数是一个随机变量，两个不相关的变量也可能导致相关系数较高，造成虚假相关。为了判定样本相关系数是否能代表总体的相关情况，故要对其进行显著性检验。从表中可以看出，自变量中的学历与风险偏好的相关系数在1%的置信水平下显著，学校层次、海外背景与风险偏好的相关系数在5%的置信水平下显著，风险偏好与总资产净利润率变化值的相关系数在5%的置信水平下显著，初步判定风险偏好的中介作用存在。对于因变量，学校层次的相关系数在10%的置信水平下显著，而控制变量中的年龄和任期分别在10%、5%的置信水平下显著。自变量与因变量存在一定的因果关系，可以建立回归模型。各自变量与控制变量之间相关系数的绝对值较小，不存在严重的多重共线性问题。

表 5－8　变量相关性检验(部分)

| | Δroa | risk | edu | c1 | c2 | c3 | c4 | c5 | level | m1 | m2 | m3 | m4 | mba | overseas |
|---|---|---|---|---|---|---|---|---|---|---|---|---|---|---|---|
| Δroa1 | 1 | | | | | | | | | | | | | | |
| risk | −0.080** | 1 | | | | | | | | | | | | | |
| edu | 0.035 | −0.185*** | 1 | | | | | | | | | | | | |
| c1 | −0.011 | −0.007 | −0.288*** | 1 | | | | | | | | | | | |
| c2 | 0.087*** | 0.005 | 0.191*** | −0.287*** | 1 | | | | | | | | | | |
| c3 | 0.090*** | 0.041 | −0.231*** | −0.235*** | −0.201*** | 1 | | | | | | | | | |
| c4 | −0.014 | −0.022 | 0.025 | −0.080** | −0.068** | −0.056* | 1 | | | | | | | | |
| c5 | −0.112*** | −0.007 | 0.260*** | −0.449*** | −0.383*** | −0.314*** | −0.107*** | 1 | | | | | | | |
| level | 0.057* | 0.073** | 0.303*** | −0.542*** | 0.375*** | 0.013 | 0.004 | 0.184*** | 1 | | | | | | |
| m1 | 0.009 | −0.007 | −0.251*** | 0.850*** | −0.220*** | −0.199*** | −0.075** | −0.414*** | −0.488*** | 1 | | | | | |
| m2 | 0.017 | −0.114*** | 0.009 | 0 | 0.121*** | −0.024 | 0.411*** | −0.193*** | 0.088*** | −0.182*** | 1 | | | | |
| m3 | 0.069** | 0.095*** | −0.209*** | −0.176*** | −0.148*** | 0.750*** | −0.044 | −0.238*** | 0.014 | −0.171*** | −0.106*** | 1 | | | |
| m4 | −0.055* | 0.03 | 0.324*** | −0.597*** | 0.143*** | −0.236*** | −0.154*** | 0.644*** | 0.351*** | −0.603*** | −0.375*** | −0.353*** | 1 | | |
| mba | 0.043 | 0.012 | 0.282*** | −0.149*** | 0.118*** | 0.105*** | −0.008 | −0.029 | 0.166*** | −0.188*** | 0.089*** | 0.140*** | 0.023 | 1 | |
| overseas | −0.006 | −0.098*** | 0.214*** | −0.003 | 0.142*** | −0.02 | −0.037 | −0.096*** | 0.079** | 0.041 | 0.039 | −0.058* | −0.01 | 0.087*** | 1 |

(其中*** $p<0.01$，** $p<0.05$，* $p<0.1$)

### （二）中介变量检验

本研究采用因果步骤法检验中介效应是否存在。如表 5—9 所示，学历、学校类型中的综合类高校在 1%的置信水平下显著，学校层次、MBA 在 5%的水平下显著。专业背景中的文法史哲类在 1%的水平下显著。表 5—10、表 5—11 所示分别为包含与剔除中介变量的回归。在包含中介变量的回归模型组，风险偏好的系数均未通过显著性检验；在剔除风险偏好后，模型中的 $R^2$ 并未出现明显下降，且自变量显著性没有发生变化。上述结果表明：在并购长期绩效的回归模型中，风险偏好的中介作用并不明显。

**表 5—9 长期模型中的中介变量检验**

| variables | risk | variables | risk |
|---|---|---|---|
| edu | −0.0488*** | m2 | −0.0579 |
| | (0.0177) | | (0.104) |
| c1 | 0.248** | m3 | 0.216* |
| | (0.118) | | (0.116) |
| c2 | 0.0940 | m4 | 0.0811 |
| | (0.113) | | (0.0967) |
| c3 | −0.0314 | mba | 0.0758** |
| | (0.122) | | (0.0327) |
| c4 | 0.166 | overseas | −0.0684 |
| | (0.153) | | (0.0587) |
| c5 | 0.0851 | control | yes |
| | (0.113) | constant | 0.261 |
| level | 0.0962** | | (0.420) |
| | (0.0378) | observation | 974 |
| m1 | −0.0123 | R-squared | 0.388 |
| | (0.108) | | |

（其中*** p<0.01，** p<0.05，* p<0.1）

**表 5－10　包含中介变量的并购长期绩效模型回归分析**

| VARIABLES | (1) Δroa (−1,+1) | (2) Δroa (−1,+1) | (3) Δroa (−1,+1) | (4) Δroa (−1,+1) | (5) Δroa (−1,+1) | (6) Δroa (−1,+1) | (7) Δroa (−1,+1) | (8) Δroa (−1,+1) | (9) Δroa (−1,+1) | (10) Δroa (−1,+1) | (11) Δroa (−1,+1) | (12) Δroa (−1,+1) | (13) Δroa (−1,+1) | (14) Δroa (−1,+1) |
|---|---|---|---|---|---|---|---|---|---|---|---|---|---|---|
| edu | 0.0053*** | | | | | | | | | | | | | 0.0064*** |
| | (0.0017) | | | | | | | | | | | | | (0.0020) |
| c1 | | 0.0015 | | | | | | | | | | | | 0.0189 |
| | | (0.0044) | | | | | | | | | | | | (0.0132) |
| c2 | | | 0.0109*** | | | | | | | | | | | 0.0196 |
| | | | (0.0040) | | | | | | | | | | | (0.0126) |
| c3 | | | | 0.0055 | | | | | | | | | | 0.0138 |
| | | | | (0.0045) | | | | | | | | | | (0.0137) |
| c4 | | | | | 0.0063 | | | | | | | | | 0.0204 |
| | | | | | (0.0111) | | | | | | | | | (0.0171) |
| c5 | | | | | | −0.0107*** | | | | | | | | 0.0049 |
| | | | | | | (0.0033) | | | | | | | | (0.0126) |
| level | | | | | | | 0.0032 | | | | | | | −0.0003 |
| | | | | | | | (0.0035) | | | | | | | (0.0043) |
| m1 | | | | | | | | 0.0010 | | | | | | 0.0101 |
| | | | | | | | | (0.0045) | | | | | | (0.0121) |
| m2 | | | | | | | | | 0.0015 | | | | | 0.0071 |
| | | | | | | | | | (0.0055) | | | | | (0.0116) |
| m3 | | | | | | | | | | 0.0104* | | | | 0.0222* |
| | | | | | | | | | | (0.0055) | | | | (0.0130) |
| m4 | | | | | | | | | | | −0.0047 | | | 0.0114 |
| | | | | | | | | | | | (0.0037) | | | (0.0108) |
| mba | | | | | | | | | | | | 0.0062* | | 0.0020 |
| | | | | | | | | | | | | (0.0035) | | (0.0037) |
| overseas | | | | | | | | | | | | | 0.0061 | −0.0015 |
| | | | | | | | | | | | | | (0.0064) | (0.0066) |
| risk | −0.0042 | −0.0051 | −0.0050 | −0.0050 | −0.0050 | −0.0051 | −0.0052 | −0.0050 | −0.0050 | −0.0054 | −0.0050 | −0.0055 | −0.0048 | −0.0053 |
| | (0.0037) | (0.0037) | (0.0037) | (0.0037) | (0.0037) | (0.0037) | (0.0037) | (0.0037) | (0.0037) | (0.0037) | (0.0037) | (0.0037) | (0.0037) | (0.0038) |
| gender | 0.0082 | 0.0032 | 0.0053 | 0.0040 | 0.0038 | 0.0011 | 0.0048 | 0.0034 | 0.0038 | 0.0035 | 0.0018 | 0.0046 | 0.0042 | 0.0048 |
| | (0.0078) | (0.0080) | (0.0077) | (0.0077) | (0.0077) | (0.0077) | (0.0078) | (0.0080) | (0.0077) | (0.0077) | (0.0079) | (0.0077) | (0.0077) | (0.0080) |

**续表**

| VARIABLES | (1) Δroa (−1,+1) | (2) Δroa (−1,+1) | (3) Δroa (−1,+1) | (4) Δroa (−1,+1) | (5) Δroa (−1,+1) | (6) Δroa (−1,+1) | (7) Δroa (−1,+1) | (8) Δroa (−1,+1) | (9) Δroa (−1,+1) | (10) Δroa (−1,+1) | (11) Δroa (−1,+1) | (12) Δroa (−1,+1) | (13) Δroa (−1,+1) | (14) Δroa (−1,+1) |
|---|---|---|---|---|---|---|---|---|---|---|---|---|---|---|
| age | 0.0002 | −0.0001 | −0.0000 | −0.0001 | −0.0001 | −0.0001 | −0.0001 | −0.0001 | −0.0001 | −0.0001 | −0.0001 | 0.0000 | −0.0001 | 0.0002 |
| | (0.0003) | (0.0003) | (0.0003) | (0.0003) | (0.0003) | (0.0002) | (0.0003) | (0.0003) | (0.0003) | (0.0003) | (0.0003) | (0.0003) | (0.0003) | (0.0003) |
| tenure | 0.0034*** | 0.0037*** | 0.0035*** | 0.0037*** | 0.0036*** | 0.0036*** | 0.0036*** | 0.0037*** | 0.0037*** | 0.0037*** | 0.0037*** | 0.0036*** | 0.0037*** | 0.0033*** |
| | (0.0006) | (0.0006) | (0.0006) | (0.0006) | (0.0006) | (0.0006) | (0.0006) | (0.0006) | (0.0006) | (0.0006) | (0.0006) | (0.0006) | (0.0006) | (0.0006) |
| size | −0.0076*** | −0.0067*** | −0.0069*** | −0.0064*** | −0.0068*** | −0.0064*** | −0.0067*** | −0.0067*** | −0.0067*** | −0.0064*** | −0.0065*** | −0.0068*** | −0.0068*** | −0.0075*** |
| | (0.0021) | (0.0021) | (0.0021) | (0.0021) | (0.0021) | (0.0021) | (0.0021) | (0.0021) | (0.0021) | (0.0021) | (0.0021) | (0.0021) | (0.0021) | (0.0022) |
| nature | −0.0010 | 0.0012 | 0.0014 | 0.0013 | 0.0013 | 0.0023 | 0.0011 | 0.0012 | 0.0013 | 0.0018 | 0.0017 | 0.0009 | 0.0006 | −0.0002 |
| | (0.0053) | (0.0052) | (0.0052) | (0.0052) | (0.0052) | (0.0052) | (0.0052) | (0.0052) | (0.0052) | (0.0052) | (0.0052) | (0.0052) | (0.0053) | (0.0053) |
| duality | −0.0030 | −0.0030 | −0.0024 | −0.0027 | −0.0028 | −0.0021 | −0.0029 | −0.0029 | −0.0030 | −0.0024 | −0.0027 | −0.0025 | −0.0028 | −0.0018 |
| | (0.0034) | (0.0034) | (0.0034) | (0.0034) | (0.0034) | (0.0034) | (0.0034) | (0.0034) | (0.0034) | (0.0034) | (0.0034) | (0.0034) | (0.0034) | (0.0034) |
| lev | 0.0253** | 0.0248** | 0.0265*** | 0.0240** | 0.0250** | 0.0256** | 0.0251** | 0.0248** | 0.0247** | 0.0243** | 0.0247** | 0.0246** | 0.0266*** | 0.0255** |
| | (0.0100) | (0.0101) | (0.0101) | (0.0101) | (0.0101) | (0.0100) | (0.0101) | (0.0101) | (0.0101) | (0.0101) | (0.0101) | (0.0101) | (0.0103) | (0.0103) |
| growth | 0.0001 | 0.0005 | 0.0007 | 0.0002 | 0.0003 | 0.0004 | 0.0003 | 0.0004 | 0.0004 | −0.0001 | 0.0003 | 0.0006 | 0.0002 | −0.0002 |
| | (0.0025) | (0.0025) | (0.0025) | (0.0025) | (0.0025) | (0.0025) | (0.0025) | (0.0025) | (0.0025) | (0.0025) | (0.0025) | (0.0025) | (0.0025) | (0.0025) |
| leverage | 0.0020*** | 0.0020** | 0.0019** | 0.0019** | 0.0020** | 0.0019** | 0.0019** | 0.0019** | 0.0019** | 0.0019** | 0.0019** | 0.0020*** | 0.0019** | 0.0020*** |
| | (0.0008) | (0.0008) | (0.0008) | (0.0008) | (0.0008) | (0.0008) | (0.0008) | (0.0008) | (0.0008) | (0.0008) | (0.0008) | (0.0008) | (0.0008) | (0.0008) |
| ei | 0.0079** | 0.0081*** | 0.0073** | 0.0080** | 0.0080** | 0.0079** | 0.0079** | 0.0081** | 0.0079** | 0.0081*** | 0.0080** | 0.0081*** | 0.0081** | 0.0079** |
| | (0.0031) | (0.0031) | (0.0031) | (0.0031) | (0.0031) | (0.0031) | (0.0031) | (0.0031) | (0.0032) | (0.0031) | (0.0031) | (0.0031) | (0.0031) | (0.0032) |
| ofc | 0.0288*** | 0.0289*** | 0.0280*** | 0.0288*** | 0.0287*** | 0.0271** | 0.0296*** | 0.0286*** | 0.0292*** | 0.0290*** | 0.0283*** | 0.0302*** | 0.0293*** | 0.0271** |
| | (0.0106) | (0.0106) | (0.0106) | (0.0106) | (0.0107) | (0.0106) | (0.0107) | (0.0107) | (0.0107) | (0.0106) | (0.0106) | (0.0107) | (0.0106) | (0.0109) |
| Constant | 0.1270*** | 0.1315*** | 0.1334*** | 0.1290*** | 0.1352*** | 0.1275*** | 0.1312*** | 0.1320*** | 0.1335*** | 0.1267*** | 0.1296*** | 0.1299*** | 0.1358*** | 0.0892* |
| | (0.0450) | (0.0454) | (0.0449) | (0.0452) | (0.0453) | (0.0449) | (0.0452) | (0.0454) | (0.0451) | (0.0452) | (0.0452) | (0.0451) | (0.0452) | (0.0471) |
| Industry fixed | Y | Y | Y | Y | Y | Y | Y | Y | Y | Y | Y | Y | Y | Y |
| Observations | 974 | 974 | 974 | 974 | 974 | 974 | 974 | 974 | 974 | 974 | 974 | 974 | 974 | 974 |
| R-squared | 0.256 | 0.249 | 0.255 | 0.250 | 0.249 | 0.257 | 0.249 | 0.249 | 0.249 | 0.252 | 0.250 | 0.251 | 0.249 | 0.275 |

(其中*** $p<0.01$，** $p<0.05$，* $p<0.1$)

**表 5－11　不含中介变量的并购长期绩效模型回归分析**

| VARIABLES | (1)<br>Δroa<br>(−1,+1) | (2)<br>Δroa<br>(−1,+1) | (3)<br>Δroa<br>(−1,+1) | (4)<br>Δroa<br>(−1,+1) | (5)<br>Δroa<br>(−1,+1) | (6)<br>Δroa<br>(−1,+1) | (7)<br>Δroa<br>(−1,+1) | (8)<br>Δroa<br>(−1,+1) | (9)<br>Δroa<br>(−1,+1) | (10)<br>Δroa<br>(−1,+1) | (11)<br>Δroa<br>(−1,+1) | (12)<br>Δroa<br>(−1,+1) | (13)<br>Δroa<br>(−1,+1) | (14)<br>Δroa<br>(−1,+1) |
|---|---|---|---|---|---|---|---|---|---|---|---|---|---|---|
| edu | 0.0054^*** | | | | | | | | | | | | | 0.0067^*** |
| | (0.0017) | | | | | | | | | | | | | (0.0020) |
| c1 | | 0.0012 | | | | | | | | | | | | 0.0175 |
| | | (0.0044) | | | | | | | | | | | | (0.0132) |
| c2 | | | 0.0109^*** | | | | | | | | | | | 0.0191 |
| | | | (0.0040) | | | | | | | | | | | (0.0126) |
| c3 | | | | 0.0056 | | | | | | | | | | 0.0139 |
| | | | | (0.0045) | | | | | | | | | | (0.0137) |
| c4 | | | | | 0.0066 | | | | | | | | | 0.0195 |
| | | | | | (0.0111) | | | | | | | | | (0.0171) |
| c5 | | | | | | −0.0106^*** | | | | | | | | 0.0044 |
| | | | | | | (0.0033) | | | | | | | | (0.0126) |
| level | | | | | | | 0.0030 | | | | | | | −0.0008 |
| | | | | | | | (0.0035) | | | | | | | (0.0042) |
| m1 | | | | | | | | 0.0009 | | | | | | 0.0102 |
| | | | | | | | | (0.0045) | | | | | | (0.0121) |
| m2 | | | | | | | | | 0.0019 | | | | | 0.0074 |
| | | | | | | | | | (0.0055) | | | | | (0.0116) |
| m3 | | | | | | | | | | 0.0100^* | | | | 0.0210 |
| | | | | | | | | | | (0.0054) | | | | (0.0130) |
| m4 | | | | | | | | | | | −0.0047 | | | 0.0110 |
| | | | | | | | | | | | (0.0037) | | | (0.0108) |
| mba | | | | | | | | | | | | 0.0059^* | | 0.0016 |
| | | | | | | | | | | | | (0.0035) | | (0.0037) |
| overseas | | | | | | | | | | | | | 0.0065 | −0.0011 |
| | | | | | | | | | | | | | (0.0064) | (0.0066) |
| gender | 0.0085 | 0.0035 | 0.0055 | 0.0042 | 0.0039 | 0.0013 | 0.0050 | 0.0037 | 0.0040 | 0.0037 | 0.0019 | 0.0047 | 0.0044 | 0.0052 |
| | (0.0078) | (0.0080) | (0.0077) | (0.0077) | (0.0077) | (0.0077) | (0.0078) | (0.0080) | (0.0077) | (0.0077) | (0.0079) | (0.0077) | (0.0077) | (0.0080) |
| age | 0.0002 | −0.0001 | −0.0000 | −0.0001 | −0.0001 | −0.0001 | −0.0001 | −0.0001 | −0.0001 | −0.0001 | −0.0001 | −0.0000 | −0.0001 | 0.0002 |
| | (0.0003) | (0.0003) | (0.0003) | (0.0003) | (0.0003) | (0.0002) | (0.0003) | (0.0003) | (0.0003) | (0.0003) | (0.0003) | (0.0003) | (0.0003) | (0.0003) |

**续表**

| VARIABLES | (1) Δroa (−1,+1) | (2) Δroa (−1,+1) | (3) Δroa (−1,+1) | (4) Δroa (−1,+1) | (5) Δroa (−1,+1) | (6) Δroa (−1,+1) | (7) Δroa (−1,+1) | (8) Δroa (−1,+1) | (9) Δroa (−1,+1) | (10) Δroa (−1,+1) | (11) Δroa (−1,+1) | (12) Δroa (−1,+1) | (13) Δroa (−1,+1) | (14) Δroa (−1,+1) |
|---|---|---|---|---|---|---|---|---|---|---|---|---|---|---|
| tenure | 0.0034*** | 0.0037*** | 0.0035*** | 0.0037*** | 0.0037*** | 0.0036*** | 0.0036*** | 0.0037*** | 0.0037*** | 0.0037*** | 0.0037*** | 0.0036*** | 0.0037*** | 0.0033*** |
| | (0.0006) | (0.0006) | (0.0006) | (0.0006) | (0.0006) | (0.0006) | (0.0006) | (0.0006) | (0.0006) | (0.0006) | (0.0006) | (0.0006) | (0.0006) | (0.0006) |
| size | −0.0077*** | −0.0068*** | −0.0070*** | −0.0065*** | −0.0069*** | −0.0065*** | −0.0067*** | −0.0067*** | −0.0068*** | −0.0064*** | −0.0066*** | −0.0069*** | −0.0069*** | −0.0076*** |
| | (0.0021) | (0.0021) | (0.0021) | (0.0021) | (0.0021) | (0.0021) | (0.0021) | (0.0021) | (0.0021) | (0.0021) | (0.0021) | (0.0021) | (0.0021) | (0.0022) |
| nature | 0.0005 | 0.0031 | 0.0032 | 0.0031 | 0.0031 | 0.0041 | 0.0029 | 0.0030 | 0.0031 | 0.0037 | 0.0035 | 0.0029 | 0.0023 | 0.0015 |
| | (0.0051) | (0.0051) | (0.0050) | (0.0051) | (0.0051) | (0.0050) | (0.0051) | (0.0051) | (0.0051) | (0.0051) | (0.0051) | (0.0051) | (0.0051) | (0.0051) |
| duality | −0.0035 | −0.0036 | −0.0031 | −0.0033 | −0.0035 | −0.0027 | −0.0035 | −0.0036 | −0.0036 | −0.0031 | −0.0034 | −0.0032 | −0.0034 | −0.0024 |
| | (0.0034) | (0.0034) | (0.0034) | (0.0034) | (0.0034) | (0.0034) | (0.0034) | (0.0034) | (0.0034) | (0.0034) | (0.0034) | (0.0034) | (0.0034) | (0.0034) |
| lev | 0.0256** | 0.0251** | 0.0269*** | 0.0243** | 0.0254** | 0.0259*** | 0.0254** | 0.0251** | 0.0250** | 0.0247** | 0.0250** | 0.0249** | 0.0270*** | 0.0258** |
| | (0.0100) | (0.0101) | (0.0101) | (0.0101) | (0.0101) | (0.0100) | (0.0101) | (0.0101) | (0.0101) | (0.0101) | (0.0101) | (0.0101) | (0.0103) | (0.0103) |
| growth | 0.0001 | 0.0004 | 0.0007 | 0.0002 | 0.0003 | 0.0004 | 0.0003 | 0.0004 | 0.0004 | −0.0001 | 0.0003 | 0.0005 | 0.0001 | −0.0003 |
| | (0.0025) | (0.0025) | (0.0025) | (0.0025) | (0.0025) | (0.0025) | (0.0025) | (0.0025) | (0.0025) | (0.0025) | (0.0025) | (0.0025) | (0.0025) | (0.0025) |
| leverage | 0.0020*** | 0.0020** | 0.0019** | 0.0019** | 0.0020** | 0.0019** | 0.0019** | 0.0020** | 0.0020** | 0.0020** | 0.0020** | 0.0020*** | 0.0020** | 0.0020*** |
| | (0.0008) | (0.0008) | (0.0008) | (0.0008) | (0.0008) | (0.0008) | (0.0008) | (0.0008) | (0.0008) | (0.0008) | (0.0008) | (0.0008) | (0.0008) | (0.0008) |
| ei | 0.0080** | 0.0083*** | 0.0075** | 0.0081*** | 0.0081*** | 0.0081*** | 0.0080** | 0.0082*** | 0.0080** | 0.0082*** | 0.0081*** | 0.0083*** | 0.0082*** | 0.0080** |
| | (0.0031) | (0.0031) | (0.0031) | (0.0031) | (0.0031) | (0.0031) | (0.0031) | (0.0031) | (0.0032) | (0.0031) | (0.0031) | (0.0031) | (0.0031) | (0.0032) |
| ofc | 0.0280*** | 0.0280*** | 0.0270** | 0.0279*** | 0.0277*** | 0.0262** | 0.0286*** | 0.0277** | 0.0283*** | 0.0280*** | 0.0274** | 0.0291*** | 0.0283*** | 0.0259** |
| | (0.0106) | (0.0106) | (0.0106) | (0.0106) | (0.0106) | (0.0106) | (0.0106) | (0.0107) | (0.0107) | (0.0106) | (0.0106) | (0.0106) | (0.0106) | (0.0109) |
| Constant | 0.1268*** | 0.1318*** | 0.1334*** | 0.1289*** | 0.1352*** | 0.1274*** | 0.1312*** | 0.1321*** | 0.1335*** | 0.1269*** | 0.1295*** | 0.1300*** | 0.1359*** | 0.0906* |
| | (0.0450) | (0.0454) | (0.0450) | (0.0452) | (0.0453) | (0.0449) | (0.0452) | (0.0454) | (0.0452) | (0.0452) | (0.0452) | (0.0451) | (0.0452) | (0.0471) |
| Observations | 974 | 974 | 974 | 974 | 974 | 974 | 974 | 974 | 974 | 974 | 974 | 974 | 974 | 974 |
| R-squared | 0.255 | 0.247 | 0.253 | 0.248 | 0.247 | 0.255 | 0.248 | 0.247 | 0.247 | 0.250 | 0.248 | 0.249 | 0.248 | 0.273 |

（其中*** $p<0.01$，** $p<0.05$，* $p<0.1$）

## 三、回归结果分析及稳健性检验

### （一）回归结果分析

从相关性检验中可看出，部分重要变量之间相关性检验结果显著。为了更准确地估计教育背景对并购长期绩效的影响，避免多重共线性问题，本研究拟将重要变量逐一代入模型进行检验。由于风险偏好的中介作用并不明显，故将其剔除。表5－11列出了教育背景与并购长期绩效的回归结果。不含中介变量的回归模型组中，$R^2$ 在0.2470到0.2555之间，说明公司决策者教育背景对并购长期绩效差异有着一定程度的解释力。

学历的系数为正，且在5％置信水平下显著，说明公司决策者的学历同并购长期绩效显著正相关。学历越高的公司决策者做出并购决策获得的长期并购绩效越高，这与人力资本理论的结论相符，即对教育数量的投入能显著提高人力资本存量，假设1b成立。信号传递理论认为，高学历本身就是能力强的一种信号。（Spence，1973）高学历者能驾驭更为复杂的信息处理问题，适应变化中的市场，在风险态度上更为谨慎，专业领域的深耕细作和科研思维的培养，使他们擅长复杂的、长远的规划布局。（Hambrick和Mason，1984）他们能熟练运用在并购实践中学习到的经验教训，并克服自身的过度自信，修正风险态度，形成新的风险偏好与认知，提高并购决策的准确性。（吴超鹏等，2008）这一结论也同样印证了Hambrick与Wisersema等人的观点。高学历意味着更强的学习能力和更好的抗干扰能力（Streufert和Schroder，1965），论文和课题的写作与调研以及学术“冷板凳”带来的对心理承受力的考验，使他们能克服外部干扰，忍耐并购短期内效果无法显现的压力，实现既定的长期目标。

在学校类型中，只有财经类院校的系数通过了5％置信水平的显著性检验，且符号为正。该检验结果表明财经类院校的学习经历能够帮助公司决策者提高并购长期绩效。财经类院校商业氛围浓厚，学校的创新创业大赛、求职大赛等使学生的商业思维得到提升，而财务、金融、企业治理的课程使学生在学校就掌握了公司管理所必备的基础知识。财经类院校校企合作较多，学校能充分利用这层关系邀请知名企业家来校开展讲座，并聘请其中一部分担任学校兼职教授。学校和企业的良好关系还能为学生提供更多的实习机会，让学生在学习了经济学与企业管理的知识后能迅速在管理实践中加以运用，使其既能够感受到理论知识对实践的指导作用，又能认识到理论与实践之间的差异，进而在下一步的学习中克服思维固化，以更好地吸收与改造理论知识并用以指导实践。有学者认为，学生家境优越则性格更加外向稳定，有助于充分发挥学校社团的教育功能。另外，占地面积越小、功能越集中、配备指导老师越多、对外合作越多、经费越充足也有利于社团功能的发挥。（杨帆等，2016）财经类院校恰好能满足上述要求，这进一步强化了该类院校对决策人才培养的积极效应。其他类型院校的系数为负，且通过了置信水平为5%的显著性检验，结合上一章对其他类型院校的检验可知，没有受过经管思维方式的熏陶不利于未来管理决策工作的进行。综合类、理工类、法律和师范类院校的系数并未通过显著性检验，说明在我国，这些院校虽然能够培养公司决策者所需要的一种或几种素养，但对决策者做出正确战略决策还略显不够，假设6b不成立。

学校层次的系数没有通过显著性检验，证明了学校层次的差异对并购长期绩效没有明显影响。假设2b不成立。造成这一现象的原因可能是，虽然重点学校出身的公司决策者在学习能力、特长技能、校友资源等方面要优于一般院校的决策者，但通过描述性检验我们发现，样本中的公司决策者年龄平均数和中位数均为51，最大值为79，最小值为32。从年龄分布来看，相当一部分公司决策者经历过“文革”、改革开放等历史重大事件。一方面，“文革”时期很多优秀人才丧失了接受高等教育的机会，但这部分人的能力和天赋并不一定比接受高等教育者差。在改革开放后的市场实践中，他们不断成长为一名优秀企业家。另一方面，高校扩招前的重点院校招生名额较少，无法为众多优秀学子提供学习机会，而高考估分填报志愿的政策更是加重了这一问题。受科技报国思潮的影响，当年的尖子生信奉“学好数理化，走遍天下都不怕”，在填报志愿时会优先考虑理工科专业，这也导致一流人才从商者较少。另外，我国高校分类分层本身就存在一定的弊端，无论是三分法还是四分法，均是建立在科研实力的基础之上，而忽略了应用型人才培养的重要性，这也是造成重点院校毕业者并购长期绩效并不突出的原因之一。

所有专业背景中，只有文法史哲类系数通过了置信水平为10%的显著性检验，且系数符号为正。结合对学校类型的研究结果可以说明：教育内容对企业家的影响更多体现在思维方式和视野上，而不是具体的专业知识。但国外研究普遍认为理工科专业背景的公司决策者能够通过加大研发投入、实施多样化并购来提高公司绩效。（Hitt 和 Tyler，1991；Finkelstein 和 Hambrick，1996；Tyler 和 Steensma，1998；Barker 和 Mueller，2002）研发创新是一项高风险的活动，我国较之于西方国家，市场急功近利、专利保护不足，削弱了研发创新的积极性。理工科专业背景的公司决策者多为科技企业负责人，他们以并购释放的研发创新信号可能仅仅是一个噱头，即使在短期内能抬高股市价格，在长期内对公司的发展却没有实质性帮助。经管专业对公司绩效影响不显著，这与前人的研究结论不完全相符。（Schrader，1995；Gottesman 和 Morey，2006a）假设3b不成立。

MBA与并购长期绩效显著正相关，海外背景对并购长期绩效没有显著影响。MBA通过了置信水平为10%的显著性检验，表明有过MBA教育经历的公司决策者比其他人在知识、信息和方法上的更新更为及时，有利于他们对并购的成本收益进行全面而准确的判断。这一结论支持了 Graham 和 Harvey 的观点，假设4b成立。

海外背景的系数未通过显著性检验，海外学习经历虽然能让公司决策者具有国际化视野和知识，但是这种多元文化下形成的思维习惯同本土文化会发生冲突（何韧等，2010），从而抵消了海外留学带来的积极影响，假设5b不成立。

在控制变量中，任期的系数符号为正，且通过了1%水平下的显著性检验。说明任期越长的公司决策者对并购长期绩效的提升越有利。

（二）稳健性检验

本研究采用两种方法对并购长期绩效模型进行稳健性检验。首先，借鉴吴超鹏等（2008）的做法，以并购当年与前一年的总资产净利润率变化值{ΔROA（－1，0)}代替并购后一年与前一年总资产净利润率变化值{ΔROA（－1，＋1)}进行稳健性检验。除此之外，本文还借鉴赵息和张西栓（2013）的做法，采用并购后一年与并购前一年托宾Q变化值{ΔTobinQ（－1，＋1)}代替并购后一年与前一年总资产利润率进行稳健性检验。如表5－12、5－13、5－14、5－15的检验结果所示：包含中介变量的模型中，除并购当年与前一年总资产净利润率稳健性检验模型中部分回归的风险偏好系数在10％的置信水平下显著外，其余均未通过显著性检验。剔除风险偏好后，模型中的自变量符号与显著性检验结果未出现变化，且$R^2$没有显著下降。所有模型中，稳健性检验模型自变量的系数符号与前文检验结果一致。两种方法中的学历与财经类院校系数均通过了显著性检验，其他类院校与MBA系数未通过托宾Q变化值的稳健性检验。文法史哲类专业在两种方式的稳健性检验模型中均不显著，理工类专业和其他专业类分别在两种不同检验模型组中显著，说明文法史哲类系数未能通过显著性检验。风险偏好在并购当年与前一年总资产净利润率的稳健性检验模型中的部分回归通过了置信水平为10％的显著性检验，证明了时间越长风险偏好的影响越小。总体上看，稳健性检验模型中的自变量符号与显著性检验基本同前文模型结果一致，稳健性检验通过。

## 四、实证研究结论

公司决策者教育背景对并购长期绩效有显著影响。不同于并购短期绩效的是，风险偏好对并购长期绩效的影响并不明显，公司决策者教育背景对并购长期绩效的影响主要通过认知来实现。具体的分析如下：

1. 学历对并购长期绩效的影响

高学历的公司决策者能通过并购决策产生协同效应，提高并购的长期绩

表 5－12 并购当年与前一年 ROA 变化率的稳健性检验回归分析(包含中介变量)

| VARIABLES | (1)<br>Δroa(−1,0) | (2)<br>Δroa(−1,0) | (3)<br>Δroa(−1,0) | (4)<br>Δroa(−1,0) | (5)<br>Δroa(−1,0) | (6)<br>Δroa(−1,0) | (7)<br>Δroa(−1,0) | (8)<br>Δroa(−1,0) | (9)<br>Δroa(−1,0) | (10)<br>Δroa(−1,0) | (11)<br>Δroa(−1,0) | (12)<br>Δroa(−1,0) | (13)<br>Δroa(−1,0) | (14)<br>Δroa(−1,0) |
|---|---|---|---|---|---|---|---|---|---|---|---|---|---|---|
| edu | 0.0035**<br>(0.0014) | | | | | | | | | | | | | 0.0026*<br>(0.0016) |
| c1 | | −0.0049<br>(0.0035) | | | | | | | | | | | | 0.0093<br>(0.0105) |
| c2 | | | 0.0103***<br>(0.0031) | | | | | | | | | | | 0.0200**<br>(0.0100) |
| c3 | | | | 0.0025<br>(0.0036) | | | | | | | | | | 0.0124<br>(0.0108) |
| c4 | | | | | 0.0102<br>(0.0088) | | | | | | | | | 0.0150<br>(0.0135) |
| c5 | | | | | | −0.0055**<br>(0.0026) | | | | | | | | 0.0114<br>(0.0100) |
| level | | | | | | | 0.0070**<br>(0.0027) | | | | | | | 0.0027<br>(0.0034) |
| m1 | | | | | | | | −0.0040<br>(0.0035) | | | | | | 0.0061<br>(0.0096) |
| m2 | | | | | | | | | 0.0104**<br>(0.0044) | | | | | 0.0075<br>(0.0092) |
| m3 | | | | | | | | | | 0.0067<br>(0.0043) | | | | 0.0080<br>(0.0103) |
| m4 | | | | | | | | | | | −0.0045<br>(0.0029) | | | −0.0010<br>(0.0086) |
| mba | | | | | | | | | | | | 0.0090***<br>(0.0027) | | 0.0061**<br>(0.0029) |
| overseas | | | | | | | | | | | | | 0.0007<br>(0.0051) | −0.0043<br>(0.0052) |
| risk | −0.0047<br>(0.0029) | −0.0050*<br>(0.0029) | −0.0052*<br>(0.0029) | −0.0052*<br>(0.0029) | −0.0052*<br>(0.0029) | −0.0053*<br>(0.0029) | −0.0056*<br>(0.0029) | −0.0052*<br>(0.0029) | −0.0048<br>(0.0029) | −0.0055*<br>(0.0029) | −0.0052*<br>(0.0029) | −0.0059**<br>(0.0029) | −0.0052*<br>(0.0029) | −0.0056*<br>(0.0030) |
| gender | 0.0042<br>(0.0062) | 0.0034<br>(0.0063) | 0.0026<br>(0.0061) | 0.0013<br>(0.0061) | 0.0011<br>(0.0061) | −0.0002<br>(0.0061) | 0.0034<br>(0.0061) | 0.0030<br>(0.0063) | 0.0012<br>(0.0061) | 0.0010<br>(0.0061) | −0.0008<br>(0.0062) | 0.0023<br>(0.0061) | 0.0013<br>(0.0061) | 0.0029<br>(0.0063) |
| age | 0.0001<br>(0.0002) | −0.0000<br>(0.0002) | 0.0000<br>(0.0002) | −0.0000<br>(0.0002) | −0.0000<br>(0.0002) | −0.0000<br>(0.0002) | −0.0000<br>(0.0002) | −0.0000<br>(0.0002) | −0.0001<br>(0.0002) | −0.0000<br>(0.0002) | −0.0001<br>(0.0002) | 0.0001<br>(0.0002) | −0.0000<br>(0.0002) | 0.0002<br>(0.0002) |

**续表**

| VARIABLES | (1) Δroa(−1,0) | (2) Δroa(−1,0) | (3) Δroa(−1,0) | (4) Δroa(−1,0) | (5) Δroa(−1,0) | (6) Δroa(−1,0) | (7) Δroa(−1,0) | (8) Δroa(−1,0) | (9) Δroa(−1,0) | (10) Δroa(−1,0) | (11) Δroa(−1,0) | (12) Δroa(−1,0) | (13) Δroa(−1,0) | (14) Δroa(−1,0) |
|---|---|---|---|---|---|---|---|---|---|---|---|---|---|---|
| tenure | 0.0019*** | 0.0021*** | 0.0020*** | 0.0021*** | 0.0021*** | 0.0021*** | 0.0020*** | 0.0021*** | 0.0022*** | 0.0021*** | 0.0021*** | 0.0020*** | 0.0021*** | 0.0018*** |
| | (0.0005) | (0.0005) | (0.0005) | (0.0005) | (0.0005) | (0.0005) | (0.0005) | (0.0005) | (0.0005) | (0.0005) | (0.0005) | (0.0005) | (0.0005) | (0.0005) |
| size | −0.0061*** | −0.0056*** | −0.0057*** | −0.0054*** | −0.0057*** | −0.0054*** | −0.0054*** | −0.0056*** | −0.0058*** | −0.0053*** | −0.0053*** | −0.0057*** | −0.0055*** | −0.0059*** |
| | (0.0017) | (0.0017) | (0.0017) | (0.0017) | (0.0017) | (0.0017) | (0.0017) | (0.0017) | (0.0017) | (0.0017) | (0.0017) | (0.0017) | (0.0017) | (0.0017) |
| nature | 0.0034 | 0.0048 | 0.0050 | 0.0049 | 0.0050 | 0.0054 | 0.0045 | 0.0049 | 0.0054 | 0.0053 | 0.0053 | 0.0044 | 0.0048 | 0.0046 |
| | (0.0042) | (0.0041) | (0.0041) | (0.0041) | (0.0041) | (0.0041) | (0.0041) | (0.0041) | (0.0041) | (0.0041) | (0.0041) | (0.0041) | (0.0042) | (0.0042) |
| duality | −0.0029 | −0.0027 | −0.0024 | −0.0028 | −0.0028 | −0.0025 | −0.0028 | −0.0029 | −0.0032 | −0.0026 | −0.0027 | −0.0023 | −0.0029 | −0.0019 |
| | (0.0027) | (0.0027) | (0.0027) | (0.0027) | (0.0027) | (0.0027) | (0.0027) | (0.0027) | (0.0027) | (0.0027) | (0.0027) | (0.0027) | (0.0027) | (0.0027) |
| lev | 0.0132* | 0.0129 | 0.0145* | 0.0125 | 0.0133* | 0.0133* | 0.0135* | 0.0128 | 0.0122 | 0.0126 | 0.0127 | 0.0125 | 0.0131 | 0.0123 |
| | (0.0080) | (0.0080) | (0.0080) | (0.0080) | (0.0080) | (0.0080) | (0.0080) | (0.0080) | (0.0080) | (0.0080) | (0.0080) | (0.0079) | (0.0081) | (0.0081) |
| growth | 0.0016 | 0.0017 | 0.0021 | 0.0017 | 0.0016 | 0.0018 | 0.0016 | 0.0017 | 0.0019 | 0.0015 | 0.0017 | 0.0020 | 0.0018 | 0.0017 |
| | (0.0020) | (0.0020) | (0.0019) | (0.0020) | (0.0020) | (0.0020) | (0.0020) | (0.0020) | (0.0020) | (0.0020) | (0.0020) | (0.0019) | (0.0020) | (0.0020) |
| leverage | 0.0003 | 0.0003 | 0.0003 | 0.0003 | 0.0003 | 0.0003 | 0.0002 | 0.0003 | 0.0003 | 0.0003 | 0.0003 | 0.0004 | 0.0003 | 0.0003 |
| | (0.0006) | (0.0006) | (0.0006) | (0.0006) | (0.0006) | (0.0006) | (0.0006) | (0.0006) | (0.0006) | (0.0006) | (0.0006) | (0.0006) | (0.0006) | (0.0006) |
| ei | 0.0110*** | 0.0108*** | 0.0104*** | 0.0111*** | 0.0111*** | 0.0111*** | 0.0108*** | 0.0109*** | 0.0103*** | 0.0112*** | 0.0111*** | 0.0112*** | 0.0111*** | 0.0100*** |
| | (0.0025) | (0.0025) | (0.0025) | (0.0025) | (0.0025) | (0.0025) | (0.0025) | (0.0025) | (0.0025) | (0.0025) | (0.0025) | (0.0025) | (0.0025) | (0.0025) |
| ofc | 0.0281*** | 0.0281*** | 0.0273*** | 0.0282*** | 0.0278*** | 0.0273*** | 0.0297*** | 0.0295*** | 0.0300*** | 0.0283*** | 0.0277*** | 0.0301*** | 0.0282*** | 0.0286*** |
| | (0.0084) | (0.0084) | (0.0084) | (0.0084) | (0.0084) | (0.0084) | (0.0084) | (0.0085) | (0.0084) | (0.0084) | (0.0084) | (0.0084) | (0.0084) | (0.0086) |
| Constant | 0.0923*** | 0.1016*** | 0.0967*** | 0.0946*** | 0.0998*** | 0.0936*** | 0.0923*** | 0.1009*** | 0.0990*** | 0.0923*** | 0.0930*** | 0.0918*** | 0.0967*** | 0.0686* |
| | (0.0356) | (0.0358) | (0.0355) | (0.0358) | (0.0358) | (0.0356) | (0.0356) | (0.0359) | (0.0356) | (0.0357) | (0.0357) | (0.0355) | (0.0358) | (0.0372) |
| Observations | 974 | 974 | 974 | 974 | 974 | 974 | 974 | 974 | 974 | 974 | 974 | 974 | 974 | 974 |
| R-squared | 0.455 | 0.452 | 0.457 | 0.451 | 0.451 | 0.453 | 0.455 | 0.451 | 0.454 | 0.452 | 0.452 | 0.457 | 0.451 | 0.470 |

（其中*** $p<0.01$，** $p<0.05$，* $p<0.1$）

表 5－13　并购当年与前一年 ROA 变化率的稳健性检验回归分析(不含中介变量)

| VARIABLES | (1)<br>Δroa(−1,0) | (2)<br>Δroa(−1,0) | (3)<br>Δroa(−1,0) | (4)<br>Δroa(−1,0) | (5)<br>Δroa(−1,0) | (6)<br>Δroa(−1,0) | (7)<br>Δroa(−1,0) | (8)<br>Δroa(−1,0) | (9)<br>Δroa(−1,0) | (10)<br>Δroa(−1,0) | (11)<br>Δroa(−1,0) | (12)<br>Δroa(−1,0) | (13)<br>Δroa(−1,0) | (14)<br>Δroa(−1,0) |
|---|---|---|---|---|---|---|---|---|---|---|---|---|---|---|
| edu | 0.0037***<br>(0.0014) | | | | | | | | | | | | | 0.0029*<br>(0.0016) |
| c1 | | −0.0052<br>(0.0035) | | | | | | | | | | | | 0.0079<br>(0.0104) |
| c2 | | | 0.0103***<br>(0.0031) | | | | | | | | | | | 0.0195*<br>(0.0100) |
| c3 | | | | 0.0026<br>(0.0036) | | | | | | | | | | 0.0126<br>(0.0108) |
| c4 | | | | | 0.0105<br>(0.0088) | | | | | | | | | 0.0141<br>(0.0136) |
| c5 | | | | | | −0.0055**<br>(0.0026) | | | | | | | | 0.0109<br>(0.0100) |
| level | | | | | | | 0.0068**<br>(0.0027) | | | | | | | 0.0021<br>(0.0034) |
| m1 | | | | | | | | −0.0041<br>(0.0035) | | | | | | 0.0061<br>(0.0096) |
| m2 | | | | | | | | | 0.0109**<br>(0.0044) | | | | | 0.0079<br>(0.0092) |
| m3 | | | | | | | | | | 0.0063<br>(0.0043) | | | | 0.0068<br>(0.0103) |
| m4 | | | | | | | | | | | −0.0046<br>(0.0029) | | | −0.0015<br>(0.0086) |
| mba | | | | | | | | | | | | 0.0086***<br>(0.0027) | | 0.0057*<br>(0.0029) |
| overseas | | | | | | | | | | | | | 0.0011<br>(0.0051) | −0.0039<br>(0.0052) |
| gender | 0.0045<br>(0.0062) | 0.0037<br>(0.0063) | 0.0028<br>(0.0061) | 0.0015<br>(0.0061) | 0.0013<br>(0.0061) | 0.0000<br>(0.0061) | 0.0035<br>(0.0062) | 0.0032<br>(0.0063) | 0.0013<br>(0.0061) | 0.0012<br>(0.0061) | −0.0006<br>(0.0062) | 0.0024<br>(0.0061) | 0.0015<br>(0.0061) | 0.0034<br>(0.0063) |
| age | 0.0001<br>(0.0002) | −0.0000<br>(0.0002) | 0.0000<br>(0.0002) | −0.0001<br>(0.0002) | −0.0001<br>(0.0002) | −0.0001<br>(0.0002) | −0.0000<br>(0.0002) | −0.0000<br>(0.0002) | −0.0001<br>(0.0002) | −0.0001<br>(0.0002) | −0.0001<br>(0.0002) | 0.0001<br>(0.0002) | −0.0000<br>(0.0002) | 0.0002<br>(0.0002) |
| tenure | 0.0019***<br>(0.0005) | 0.0021***<br>(0.0005) | 0.0020***<br>(0.0005) | 0.0021***<br>(0.0005) | 0.0021***<br>(0.0005) | 0.0021***<br>(0.0005) | 0.0020***<br>(0.0005) | 0.0021***<br>(0.0005) | 0.0022***<br>(0.0005) | 0.0021***<br>(0.0005) | 0.0021***<br>(0.0005) | 0.0020***<br>(0.0005) | 0.0021***<br>(0.0005) | 0.0018***<br>(0.0005) |

**续表**

| VARIABLES | (1)<br>Δroa(−1,0) | (2)<br>Δroa(−1,0) | (3)<br>Δroa(−1,0) | (4)<br>Δroa(−1,0) | (5)<br>Δroa(−1,0) | (6)<br>Δroa(−1,0) | (7)<br>Δroa(−1,0) | (8)<br>Δroa(−1,0) | (9)<br>Δroa(−1,0) | (10)<br>Δroa(−1,0) | (11)<br>Δroa(−1,0) | (12)<br>Δroa(−1,0) | (13)<br>Δroa(−1,0) | (14)<br>Δroa(−1,0) |
|---|---|---|---|---|---|---|---|---|---|---|---|---|---|---|
| size | −0.0062*** | −0.0056*** | −0.0058*** | −0.0055*** | −0.0057*** | −0.0054*** | −0.0055*** | −0.0057*** | −0.0059*** | −0.0054*** | −0.0054*** | −0.0058*** | −0.0056*** | −0.0061*** |
| | (0.0017) | (0.0017) | (0.0017) | (0.0017) | (0.0017) | (0.0017) | (0.0017) | (0.0017) | (0.0017) | (0.0017) | (0.0017) | (0.0017) | (0.0017) | (0.0017) |
| nature | 0.0050 | 0.0066 | 0.0069* | 0.0068* | 0.0069* | 0.0073* | 0.0065 | 0.0068* | 0.0072* | 0.0072* | 0.0072* | 0.0066* | 0.0066 | 0.0064 |
| | (0.0040) | (0.0040) | (0.0040) | (0.0040) | (0.0040) | (0.0040) | (0.0040) | (0.0040) | (0.0040) | (0.0040) | (0.0040) | (0.0040) | (0.0040) | (0.0041) |
| duality | −0.0035 | −0.0033 | −0.0031 | −0.0035 | −0.0034 | −0.0032 | −0.0035 | −0.0036 | −0.0038 | −0.0033 | −0.0034 | −0.0030 | −0.0036 | −0.0026 |
| | (0.0027) | (0.0027) | (0.0027) | (0.0027) | (0.0027) | (0.0027) | (0.0027) | (0.0027) | (0.0027) | (0.0027) | (0.0027) | (0.0027) | (0.0027) | (0.0027) |
| lev | 0.0135* | 0.0132* | 0.0149* | 0.0128 | 0.0136* | 0.0136* | 0.0139* | 0.0131 | 0.0124 | 0.0129 | 0.0131 | 0.0129 | 0.0135* | 0.0127 |
| | (0.0080) | (0.0080) | (0.0080) | (0.0080) | (0.0080) | (0.0080) | (0.0080) | (0.0080) | (0.0080) | (0.0080) | (0.0080) | (0.0079) | (0.0081) | (0.0081) |
| growth | 0.0015 | 0.0016 | 0.0020 | 0.0017 | 0.0016 | 0.0018 | 0.0015 | 0.0017 | 0.0019 | 0.0015 | 0.0016 | 0.0020 | 0.0017 | 0.0016 |
| | (0.0020) | (0.0020) | (0.0019) | (0.0020) | (0.0020) | (0.0020) | (0.0020) | (0.0020) | (0.0020) | (0.0020) | (0.0020) | (0.0019) | (0.0020) | (0.0020) |
| leverage | 0.0004 | 0.0003 | 0.0003 | 0.0003 | 0.0003 | 0.0003 | 0.0003 | 0.0003 | 0.0003 | 0.0003 | 0.0003 | 0.0004 | 0.0003 | 0.0004 |
| | (0.0006) | (0.0006) | (0.0006) | (0.0006) | (0.0006) | (0.0006) | (0.0006) | (0.0006) | (0.0006) | (0.0006) | (0.0006) | (0.0006) | (0.0006) | (0.0006) |
| ei | 0.0111*** | 0.0109*** | 0.0106*** | 0.0112*** | 0.0112*** | 0.0112*** | 0.0109*** | 0.0110*** | 0.0104*** | 0.0113*** | 0.0112*** | 0.0114*** | 0.0113*** | 0.0101*** |
| | (0.0025) | (0.0025) | (0.0025) | (0.0025) | (0.0025) | (0.0025) | (0.0025) | (0.0025) | (0.0025) | (0.0025) | (0.0025) | (0.0025) | (0.0025) | (0.0025) |
| ofc | 0.0273*** | 0.0272*** | 0.0263*** | 0.0272*** | 0.0268*** | 0.0263*** | 0.0286*** | 0.0285*** | 0.0291*** | 0.0272*** | 0.0266*** | 0.0289*** | 0.0273*** | 0.0273*** |
| | (0.0084) | (0.0084) | (0.0084) | (0.0084) | (0.0084) | (0.0084) | (0.0084) | (0.0085) | (0.0084) | (0.0084) | (0.0084) | (0.0084) | (0.0084) | (0.0086) |
| Constant | 0.0921*** | 0.1018*** | 0.0967*** | 0.0944*** | 0.0998*** | 0.0935*** | 0.0923*** | 0.1009*** | 0.0990*** | 0.0924*** | 0.0929*** | 0.0918*** | 0.0969*** | 0.0700* |
| | (0.0356) | (0.0359) | (0.0355) | (0.0358) | (0.0358) | (0.0357) | (0.0357) | (0.0359) | (0.0356) | (0.0358) | (0.0358) | (0.0356) | (0.0358) | (0.0372) |
| Observations | 974 | 974 | 974 | 974 | 974 | 974 | 974 | 974 | 974 | 974 | 974 | 974 | 974 | 974 |
| R-squared | 0.453 | 0.450 | 0.455 | 0.449 | 0.449 | 0.451 | 0.452 | 0.449 | 0.452 | 0.450 | 0.450 | 0.455 | 0.449 | 0.468 |

（其中*** $p<0.01$，** $p<0.05$，* $p<0.1$）

表 5－14　并购后一年与前一年 TobinQ 变化率的稳健性检验回归分析(包含中介变量)

| Variables | (1)<br>ΔTobinQ<br>(−1,+1) | (2)<br>ΔTobinQ<br>(−1,+1) | (3)<br>ΔTobinQ<br>(−1,+1) | (4)<br>ΔTobinQ<br>(−1,+1) | (5)<br>ΔTobinQ<br>(−1,+1) | (6)<br>ΔTobinQ<br>(−1,+1) | (7)<br>ΔTobinQ<br>(−1,+1) | (8)<br>ΔTobinQ<br>(−1,+1) | (9)<br>ΔTobinQ<br>(−1,+1) | (10)<br>ΔTobinQ<br>(−1,+1) | (11)<br>ΔTobinQ<br>(−1,+1) | (12)<br>ΔTobinQ<br>(−1,+1) | (13)<br>ΔTobinQ<br>(−1,+1) | (14)<br>ΔTobinQ<br>(−1,+1) |
|---|---|---|---|---|---|---|---|---|---|---|---|---|---|---|
| edu | 0.1952*<br>(0.1016) | | | | | | | | | | | | | 0.2404**<br>(0.1152) |
| c1 | | 0.2125<br>(0.2482) | | | | | | | | | | | | 1.3532*<br>(0.7537) |
| c2 | | | 0.3880*<br>(0.2332) | | | | | | | | | | | 0.9293<br>(0.7177) |
| c3 | | | | −0.3213<br>(0.2655) | | | | | | | | | | 0.4577<br>(0.7892) |
| c4 | | | | | −0.1784<br>(0.6856) | | | | | | | | | 1.0990<br>(1.0108) |
| c5 | | | | | | −0.0962<br>(0.1934) | | | | | | | | 0.2780<br>(0.7134) |
| level | | | | | | | 0.0517<br>(0.2002) | | | | | | | −0.0783<br>(0.2436) |
| m1 | | | | | | | | 0.0167<br>(0.2535) | | | | | | 0.8480<br>(0.7250) |
| m2 | | | | | | | | | −0.4166<br>(0.3329) | | | | | 0.7533<br>(0.6986) |
| m3 | | | | | | | | | | −0.3178<br>(0.3154) | | | | 1.3953*<br>(0.7748) |
| m4 | | | | | | | | | | | 0.4941**<br>(0.2142) | | | 1.7355***<br>(0.6414) |
| mba | | | | | | | | | | | | 0.0297<br>(0.2037) | | −0.0088<br>(0.2185) |
| overseas | | | | | | | | | | | | | −0.2849<br>(0.3625) | −0.5717<br>(0.3768) |
| risk | 0.2907<br>(0.2180) | 0.2488<br>(0.2181) | 0.2625<br>(0.2175) | 0.2564<br>(0.2177) | 0.2566<br>(0.2181) | 0.2594<br>(0.2178) | 0.2560<br>(0.2182) | 0.2593<br>(0.2179) | 0.2519<br>(0.2177) | 0.2658<br>(0.2178) | 0.2567<br>(0.2171) | 0.2556<br>(0.2194) | 0.2534<br>(0.2179) | 0.2224<br>(0.2214) |
| gender | −0.1159<br>(0.4469) | −0.3962<br>(0.4510) | −0.2275<br>(0.4389) | −0.3022<br>(0.4370) | −0.2976<br>(0.4376) | −0.3245<br>(0.4398) | −0.2822<br>(0.4436) | −0.3088<br>(0.4517) | −0.3138<br>(0.4371) | −0.2863<br>(0.4374) | −0.0879<br>(0.4457) | −0.2979<br>(0.4380) | −0.3181<br>(0.4377) | −0.1895<br>(0.4580) |

**续表**

| Variables | (1) ΔTobinQ (−1,+1) | (2) ΔTobinQ (−1,+1) | (3) ΔTobinQ (−1,+1) | (4) ΔTobinQ (−1,+1) | (5) ΔTobinQ (−1,+1) | (6) ΔTobinQ (−1,+1) | (7) ΔTobinQ (−1,+1) | (8) ΔTobinQ (−1,+1) | (9) ΔTobinQ (−1,+1) | (10) ΔTobinQ (−1,+1) | (11) ΔTobinQ (−1,+1) | (12) ΔTobinQ (−1,+1) | (13) ΔTobinQ (−1,+1) | (14) ΔTobinQ (−1,+1) |
|---|---|---|---|---|---|---|---|---|---|---|---|---|---|---|
| age | 0.0239 | 0.0142 | 0.0181 | 0.0163 | 0.0151 | 0.0148 | 0.0150 | 0.0149 | 0.0155 | 0.0152 | 0.0161 | 0.0153 | 0.0143 | 0.0267* |
| | (0.0148) | (0.0141) | (0.0142) | (0.0142) | (0.0141) | (0.0141) | (0.0141) | (0.0141) | (0.0141) | (0.0141) | (0.0141) | (0.0143) | (0.0141) | (0.0151) |
| tenure | 0.0160 | 0.0249 | 0.0183 | 0.0223 | 0.0243 | 0.0231 | 0.0234 | 0.0237 | 0.0219 | 0.0248 | 0.0264 | 0.0236 | 0.0236 | 0.0130 |
| | (0.0369) | (0.0368) | (0.0369) | (0.0368) | (0.0369) | (0.0368) | (0.0368) | (0.0368) | (0.0368) | (0.0368) | (0.0367) | (0.0368) | (0.0368) | (0.0374) |
| size | −0.5546*** | −0.5178*** | −0.5328*** | −0.5382*** | −0.5208*** | −0.5176*** | −0.5217*** | −0.5210*** | −0.5168*** | −0.5310*** | −0.5489*** | −0.5223*** | −0.5156*** | −0.5821*** |
| | (0.1270) | (0.1261) | (0.1261) | (0.1267) | (0.1261) | (0.1263) | (0.1261) | (0.1263) | (0.1260) | (0.1264) | (0.1263) | (0.1262) | (0.1263) | (0.1275) |
| nature | 0.6263** | 0.7212** | 0.7248** | 0.7134** | 0.7192** | 0.7242** | 0.7165** | 0.7177** | 0.7101** | 0.6972** | 0.6788** | 0.7149** | 0.7418** | 0.6269** |
| | (0.3047) | (0.3016) | (0.3012) | (0.3014) | (0.3017) | (0.3019) | (0.3017) | (0.3017) | (0.3014) | (0.3022) | (0.3012) | (0.3024) | (0.3031) | (0.3066) |
| duality | 0.3588* | 0.3556* | 0.3855** | 0.3470* | 0.3613* | 0.3751* | 0.3661* | 0.3651* | 0.3720* | 0.3454* | 0.3377* | 0.3668* | 0.3589* | 0.3354* |
| | (0.1953) | (0.1959) | (0.1958) | (0.1961) | (0.1962) | (0.1967) | (0.1957) | (0.1957) | (0.1956) | (0.1965) | (0.1954) | (0.1961) | (0.1958) | (0.1983) |
| lev | 2.0566*** | 1.9887*** | 2.0835*** | 2.0494*** | 1.9909*** | 2.0033*** | 2.0067*** | 1.9964*** | 2.0171*** | 2.0120*** | 2.0178*** | 1.9988*** | 1.9052*** | 1.9418*** |
| | (0.5819) | (0.5822) | (0.5837) | (0.5835) | (0.5827) | (0.5824) | (0.5837) | (0.5823) | (0.5820) | (0.5822) | (0.5805) | (0.5826) | (0.5936) | (0.5953) |
| growth | −0.3917*** | −0.3715** | −0.3674** | −0.3676** | −0.3739** | −0.3753*** | −0.3773*** | −0.3761*** | −0.3825*** | −0.3691** | −0.3740*** | −0.3758*** | −0.3632** | −0.3534** |
| | (0.1445) | (0.1447) | (0.1445) | (0.1447) | (0.1449) | (0.1446) | (0.1447) | (0.1446) | (0.1446) | (0.1447) | (0.1442) | (0.1447) | (0.1455) | (0.1457) |
| leverage | −0.0029 | −0.0056 | −0.0048 | −0.0041 | −0.0054 | −0.0056 | −0.0058 | −0.0053 | −0.0064 | −0.0048 | −0.0048 | −0.0050 | −0.0051 | −0.0022 |
| | (0.0425) | (0.0425) | (0.0425) | (0.0425) | (0.0425) | (0.0425) | (0.0426) | (0.0425) | (0.0425) | (0.0425) | (0.0424) | (0.0426) | (0.0425) | (0.0424) |
| ei | 0.1180 | 0.1357 | 0.0981 | 0.1247 | 0.1231 | 0.1213 | 0.1200 | 0.1232 | 0.1544 | 0.1207 | 0.1268 | 0.1226 | 0.1197 | 0.1500 |
| | (0.1706) | (0.1716) | (0.1713) | (0.1708) | (0.1710) | (0.1709) | (0.1712) | (0.1716) | (0.1727) | (0.1709) | (0.1704) | (0.1710) | (0.1709) | (0.1727) |
| ofc | 0.2942 | 0.2989 | 0.2697 | 0.2939 | 0.3029 | 0.2853 | 0.3113 | 0.2915 | 0.1939 | 0.2963 | 0.3512 | 0.3043 | 0.2831 | 0.2751 |
| | (0.6005) | (0.6016) | (0.6011) | (0.6014) | (0.6023) | (0.6023) | (0.6043) | (0.6084) | (0.6070) | (0.6015) | (0.6004) | (0.6038) | (0.6020) | (0.6242) |
| Constant | 8.2125*** | 8.1858*** | 8.5022*** | 8.7139*** | 8.4230*** | 8.3678*** | 8.4267*** | 8.4298*** | 8.5090*** | 8.6420*** | 8.9866*** | 8.4373*** | 8.3473*** | 6.3960** |
| | (2.6488) | (2.6686) | (2.6476) | (2.6585) | (2.6538) | (2.6566) | (2.6533) | (2.6687) | (2.6498) | (2.6572) | (2.6535) | (2.6532) | (2.6541) | (2.7751) |
| Industry fixed | Y | Y | Y | Y | Y | Y | Y | Y | Y | Y | Y | Y | Y | Y |
| Observations | 974 | 974 | 974 | 974 | 974 | 974 | 974 | 974 | 974 | 974 | 974 | 974 | 974 | 974 |
| R-squared | 0.117 | 0.113 | 0.116 | 0.114 | 0.113 | 0.113 | 0.113 | 0.113 | 0.114 | 0.114 | 0.118 | 0.113 | 0.113 | 0.140 |

（其中*** $p<0.01$，** $p<0.05$，* $p<0.1$）

表 5－15　并购后一年与前一年 TobinQ 变化率的稳健性检验回归分析(不含中介变量)

| VARIABLES | (1) ΔTobinQ (−1,+1) | (2) ΔTobinQ (−1,+1) | (3) ΔTobinQ (−1,+1) | (4) ΔTobinQ (−1,+1) | (5) ΔTobinQ (−1,+1) | (6) ΔTobinQ (−1,+1) | (7) ΔTobinQ (−1,+1) | (8) ΔTobinQ (−1,+1) | (9) ΔTobinQ (−1,+1) | (10) ΔTobinQ (−1,+1) | (11) ΔTobinQ (−1,+1) | (12) ΔTobinQ (−1,+1) | (13) ΔTobinQ (−1,+1) | (14) ΔTobinQ (−1,+1) |
|---|---|---|---|---|---|---|---|---|---|---|---|---|---|---|
| edu | 0.1850* | | | | | | | | | | | | | 0.2277** |
| | (0.1014) | | | | | | | | | | | | | (0.1145) |
| c1 | | 0.2286 | | | | | | | | | | | | 1.3987* |
| | | (0.2478) | | | | | | | | | | | | (0.7523) |
| c2 | | | 0.3856* | | | | | | | | | | | 0.9340 |
| | | | (0.2332) | | | | | | | | | | | (0.7177) |
| c3 | | | | −0.3249 | | | | | | | | | | 0.4480 |
| | | | | (0.2656) | | | | | | | | | | (0.7892) |
| c4 | | | | | −0.2180 | | | | | | | | | 1.0856 |
| | | | | | (0.6850) | | | | | | | | | (1.0107) |
| c5 | | | | | | −0.0961 | | | | | | | | 0.2875 |
| | | | | | | (0.1934) | | | | | | | | (0.7133) |
| level | | | | | | | 0.0657 | | | | | | | −0.0539 |
| | | | | | | | (0.1999) | | | | | | | (0.2424) |
| m1 | | | | | | | | 0.0197 | | | | | | 0.8505 |
| | | | | | | | | (0.2536) | | | | | | (0.7250) |
| m2 | | | | | | | | | −0.4272 | | | | | 0.7615 |
| | | | | | | | | | (0.3329) | | | | | (0.6986) |
| m3 | | | | | | | | | | −0.3066 | | | | 1.4307* |
| | | | | | | | | | | (0.3154) | | | | (0.7740) |
| m4 | | | | | | | | | | | 0.4955** | | | 1.7601*** |
| | | | | | | | | | | | (0.2143) | | | (0.6409) |
| mba | | | | | | | | | | | | 0.0577 | | 0.0196 |
| | | | | | | | | | | | | (0.2023) | | (0.2166) |
| overseas | | | | | | | | | | | | | −0.2997 | −0.5794 |
| | | | | | | | | | | | | | (0.3624) | (0.3768) |
| gender | −0.1280 | −0.4054 | −0.2301 | −0.3044 | −0.2989 | −0.3266 | −0.2791 | −0.3122 | −0.3162 | −0.2891 | −0.0894 | −0.2967 | −0.3210 | −0.2002 |
| | (0.4471) | (0.4510) | (0.4390) | (0.4371) | (0.4377) | (0.4399) | (0.4437) | (0.4518) | (0.4372) | (0.4375) | (0.4458) | (0.4381) | (0.4378) | (0.4578) |
| age | 0.0236 | 0.0144 | 0.0183 | 0.0165 | 0.0153 | 0.0150 | 0.0152 | 0.0151 | 0.0156 | 0.0154 | 0.0162 | 0.0158 | 0.0145 | 0.0267* |
| | (0.0148) | (0.0141) | (0.0142) | (0.0142) | (0.0141) | (0.0141) | (0.0141) | (0.0141) | (0.0141) | (0.0141) | (0.0141) | (0.0143) | (0.0141) | (0.0151) |

续表

| VARIABLES | (1) ΔTobinQ (−1,+1) | (2) ΔTobinQ (−1,+1) | (3) ΔTobinQ (−1,+1) | (4) ΔTobinQ (−1,+1) | (5) ΔTobinQ (−1,+1) | (6) ΔTobinQ (−1,+1) | (7) ΔTobinQ (−1,+1) | (8) ΔTobinQ (−1,+1) | (9) ΔTobinQ (−1,+1) | (10) ΔTobinQ (−1,+1) | (11) ΔTobinQ (−1,+1) | (12) ΔTobinQ (−1,+1) | (13) ΔTobinQ (−1,+1) | (14) ΔTobinQ (−1,+1) |
|---|---|---|---|---|---|---|---|---|---|---|---|---|---|---|
| tenure | 0.0169 | 0.0255 | 0.0188 | 0.0228 | 0.0249 | 0.0236 | 0.0238 | 0.0241 | 0.0223 | 0.0253 | 0.0269 | 0.0239 | 0.0241 | 0.0139 |
| | (0.0369) | (0.0368) | (0.0369) | (0.0368) | (0.0369) | (0.0368) | (0.0368) | (0.0368) | (0.0368) | (0.0368) | (0.0367) | (0.0368) | (0.0368) | (0.0374) |
| size | −0.5527*** | −0.5173*** | −0.5326*** | −0.5382*** | −0.5205*** | −0.5175*** | −0.5216*** | −0.5207*** | −0.5166*** | −0.5305*** | −0.5488*** | −0.5228*** | −0.5151*** | −0.5810*** |
| | (0.1270) | (0.1261) | (0.1261) | (0.1268) | (0.1262) | (0.1264) | (0.1261) | (0.1264) | (0.1261) | (0.1264) | (0.1263) | (0.1262) | (0.1263) | (0.1275) |
| nature | 0.5319* | 0.6364** | 0.6348** | 0.6255** | 0.6317** | 0.6352** | 0.6286** | 0.6288** | 0.6236** | 0.6069** | 0.5906** | 0.6257** | 0.6563** | 0.5579* |
| | (0.2966) | (0.2923) | (0.2919) | (0.2921) | (0.2925) | (0.2926) | (0.2923) | (0.2924) | (0.2921) | (0.2931) | (0.2919) | (0.2926) | (0.2941) | (0.2988) |
| duality | 0.3907** | 0.3820** | 0.4141** | 0.3748* | 0.3885** | 0.4034** | 0.3943** | 0.3935** | 0.3997** | 0.3751* | 0.3657* | 0.3960** | 0.3863** | 0.3581* |
| | (0.1939) | (0.1946) | (0.1944) | (0.1947) | (0.1949) | (0.1953) | (0.1943) | (0.1943) | (0.1942) | (0.1951) | (0.1940) | (0.1945) | (0.1944) | (0.1970) |
| lev | 2.0579*** | 1.9919*** | 2.0869*** | 2.0539*** | 1.9936*** | 2.0072*** | 2.0134*** | 2.0003*** | 2.0214*** | 2.0154*** | 2.0218*** | 2.0049*** | 1.9043*** | 1.9448*** |
| | (0.5821) | (0.5823) | (0.5839) | (0.5836) | (0.5828) | (0.5826) | (0.5838) | (0.5825) | (0.5821) | (0.5824) | (0.5806) | (0.5827) | (0.5937) | (0.5953) |
| growth | −0.3913*** | −0.3715** | −0.3678** | −0.3679** | −0.3738** | −0.3757*** | −0.3779*** | −0.3765*** | −0.3830*** | −0.3698** | −0.3744*** | −0.3757*** | −0.3629** | −0.3515** |
| | (0.1446) | (0.1447) | (0.1445) | (0.1447) | (0.1449) | (0.1447) | (0.1447) | (0.1447) | (0.1446) | (0.1448) | (0.1442) | (0.1447) | (0.1456) | (0.1457) |
| leverage | −0.0035 | −0.0060 | −0.0053 | −0.0045 | −0.0059 | −0.0060 | −0.0064 | −0.0058 | −0.0069 | −0.0053 | −0.0053 | −0.0052 | −0.0055 | −0.0028 |
| | (0.0425) | (0.0425) | (0.0425) | (0.0425) | (0.0426) | (0.0425) | (0.0426) | (0.0426) | (0.0425) | (0.0425) | (0.0424) | (0.0426) | (0.0425) | (0.0423) |
| ei | 0.1108 | 0.1304 | 0.0916 | 0.1182 | 0.1168 | 0.1148 | 0.1129 | 0.1168 | 0.1488 | 0.1140 | 0.1203 | 0.1166 | 0.1131 | 0.1468 |
| | (0.1706) | (0.1716) | (0.1713) | (0.1708) | (0.1709) | (0.1709) | (0.1711) | (0.1715) | (0.1727) | (0.1708) | (0.1704) | (0.1709) | (0.1709) | (0.1727) |
| ofc | 0.3467 | 0.3439 | 0.3173 | 0.3403 | 0.3505 | 0.3323 | 0.3613 | 0.3374 | 0.2368 | 0.3444 | 0.3978 | 0.3564 | 0.3282 | 0.3318 |
| | (0.5995) | (0.6005) | (0.6000) | (0.6002) | (0.6010) | (0.6012) | (0.6029) | (0.6073) | (0.6060) | (0.6004) | (0.5992) | (0.6022) | (0.6008) | (0.6217) |
| Constant | 8.3077*** | 8.2369*** | 8.5771*** | 8.7903*** | 8.4905*** | 8.4423*** | 8.4937*** | 8.5007*** | 8.5827*** | 8.7113*** | 9.0617*** | 8.4981*** | 8.4145*** | 6.4065** |
| | (2.6491) | (2.6687) | (2.6476) | (2.6584) | (2.6538) | (2.6566) | (2.6533) | (2.6687) | (2.6496) | (2.6574) | (2.6534) | (2.6533) | (2.6541) | (2.7751) |
| Industry fixed | Y | Y | Y | Y | Y | Y | Y | Y | Y | Y | Y | Y | Y | Y |
| Observations | 974 | 974 | 974 | 974 | 974 | 974 | 974 | 974 | 974 | 974 | 974 | 974 | 974 | 974 |
| R-squared | 0.115 | 0.112 | 0.114 | 0.113 | 0.111 | 0.111 | 0.111 | 0.111 | 0.113 | 0.112 | 0.117 | 0.111 | 0.112 | 0.139 |

（其中*** $p<0.01$，** $p<0.05$，* $p<0.1$）

效。这一结论再次印证了人力资本的基本观点，即教育投入能显著提高人力资本存量。科研阶段对思维和心理上的锻炼，能使他们具备长期谋划的计算能力和良好的抗压能力，有助于他们从并购决策集中选出最佳方案，并排除内外部压力予以实施。这种决策效果可能在短期内无法显现，但在协同效应渐渐发生作用后会逐渐明显起来。

2. 学校类型对并购长期绩效的影响

财经类院校毕业的公司决策者有利于提高并购的长期绩效。财经类院校的课程设计、师资背景、社团活动、学术讲座等都带有明显的商业气息，这些有利于受教育者积累专业知识并得到良好的商业思维熏陶，有助于他们在复杂的商业环境中看准商机，并通过正确的决策提高并购的长期绩效。其他类院校毕业的公司决策者不利于提高并购的长期绩效，说明没有经过必要的思维熏陶不利于管理决策工作的开展。

3. 学校层次对并购长期绩效的影响

毕业于重点院校的公司决策者相较于毕业于一般院校者在并购的长期绩效上未能表现出明显优势。造成这一现象的原因可能有三点：一是样本中的董事长有相当一部分经历过“文革”，他们有很多丧失了接受高等教育的机会；二是，“学好数理化、走遍天下都不怕”的科技报国思想使众多优秀学子在填报高考志愿时优先选择理工科，导致商界并未汇聚当年重点院校的顶尖人才；三是，我国高校分类分层存在的弊端使得重点院校培养应用型人才并不具备绝对优势，这也是造成重点院校毕业的公司决策者在并购长期绩效表现并不突出的重要原因。

4. 专业背景对并购长期绩效的影响

经管、理工、文法史哲与其他专业背景对提高并购长期绩效的影响并不显著。结合对学校层次的分析可知：教育内容对公司决策者的影响多体现在思维方式和视野上，而不是具体的专业知识。经管专业背景没能为企业带来更高的并购长期绩效，也从另一个方面表明理论学习与实践操作之间存在显著的差异性。理工类专业的公司决策者没有通过并购取得良好的长期绩效，可能跟市场急功近利、专利保护不足有关。

5. MBA 背景对并购长期绩效的影响

接受过 MBA 教育的公司决策者在并购长期绩效中有良好表现。一方面是因为 MBA 受教育者有相当一部分为在职人员，本身有着较为丰富的管理与决策经验；另一方面，MBA 教育对加快决策者知识、信息与方法的更新速度，抑制企业家人力资本贬值有着重要作用。

6. 海外背景对并购长期绩效的影响

有过海外留学经历的公司决策者对并购长期绩效没有显著影响。这可能是对东西方文化、社会经济矛盾冲突的不适应带来的劣势抵消了决策者海外留学形成的多元化和国际化视角带来的优势，进而对并购决策产生了负面影响。

## 五、本章小结

本章节根据第二章的理论假设和第三章的研究设计，以 2011—2016 年 A 股上市公司中筛选出的 974 个并购公司及其董事长作为研究样本，建立了含有风险偏好中介变量的实证模型，对前文所述的六个基本假设进行检验。

检验结果表明：公司决策者学历与并购长期绩效显著正相关，假设 1b 成立。高学历本身就是学习能力强的一种信号。他们能够在并购实践中不断积累经验教训，修正风险偏好与认知，在并购决策时做出准确的判断。虽然在短期内，并购效果并不显著，且因为他们缺乏必要的沟通和公关手段，使自身也承受了巨大的压力。但随着时间的推移，并购协同效应开始慢慢发挥作用，因而取得了较好的长期绩效。毕业于财经类院校的公司决策者与并购长期绩效显著正相关，毕业于综合类、理工类、法律和师范类院校的公司决策者与并购长期绩效无明显相关性，毕业于其他类院校的公司决策者与并购长期绩效显著负相关。假设 6b 不成立。财经类院校的校园氛围，有利于培养学生的商业思维。校企合作能为学生提供实习机会，让学生将理论应用到实践中，并在实践中检验理论，避免了当前教育理论脱离实际的尴尬，取得了良好的效果。公司决策者学校层次对并购长期绩效没有显著影响，假设2b成立。公司决策者专业背景对并购长期绩效影响均不显著，假设3b不成立。结合对学校类型的研究可知，教育内容对受教育者最深刻的影响更多体现在思维习惯的培养上。思维对决策的影响比具体知识更为重要。接受MBA教育对公司决策者提高并购长期绩效有积极作用，假设4b成立。这说明虽然我国MBA教育存在一定的问题，但总体上对提高公司决策者决策能力有一定帮助。海外留学背景对提高并购长期绩效没有显著影响，假设5b不成立。留学归国的公司决策者可能无法适应东西方经济、社会、文化的差异，抵消了留学的积极效应。

本章的理论与现实意义与第四章略有不同：第一，继续论证了教育与经济的关系，即教育可以通过影响决策者的认知来影响并购决策，以达到减少交易费用、分散风险、实现规模经营，并最终提高并购长期绩效的目的。并购协同效应的发挥能实现市场资源的优化配置，提高市场经济的整体发展水平。作为社会主义市场经济的组成分子（特别是大型央企），中国企业并购效率的提高能增强我国的经济实力和国际竞争力，为建设社会主义强国做出贡献。第二，教育各维度对并购长短期绩效的影响不尽相同，例如学历高的公司决策者通过并购在短期内的股票市场上并未获得理想的效果，但并购带来的协同效应却使企业在未来更加发展壮大。企业在选拔公司决策者时，可以参考候选人背景和实际需要进行筛选。第三，经管专业背景的公司决策者在并购短期内获得较好绩效却没有为公司带来长期的收益，有海外留学背景的公司决策者在并购短、长期内均未能提高公司绩效，需要从我国现行教育体系和人才培养与选拔模式上寻找原因。第四，MBA教育对提升并购的短期和长期绩效均有积极作用。虽然我国MBA教育发展时间不长，但在提高管理决策能力上还是发挥了积极作用。这肯定了我国发展MBA教育的必要性和重要性。

# 第六章　教育对企业家人力资本形成的内在机制分析

第四、五章的实证研究结果，从统计意义上揭示了教育在公司决策者并购决策中起到的作用。为了进一步解决“黑箱问题”，弄清其中复杂的“因果机制”，本章运用质性研究方法，从企业家在接受高等教育阶段的学习和生活经历入手，对教育在企业家人力资本形成过程中的作用，特别是在与大学组织环境互动中的自我构建，以及企业家人力资本如何在并购活动中发挥作用进行详细探讨，进一步论证前文研究的观点和结论。综合考虑企业家生平资料的可得性、代表性，受教育情况以及在并购活动中的表现，选取小米科技创始人、董事长雷军，美国企业家的摇篮——西点军校，吉利汽车控股有限公司创始人、董事长李书福，高德红外有限公司创始人、董事长黄立，联想集团创始人、董事长柳传志等知名企业家及学校作为研究对象进行分析。

## 一、高校促进企业家人力资本形成的作用机理

### （一）大学孕育着企业家梦想

树立远大理想，是成就一番事业的基础。雷军以第 24 名的成绩进入武汉大学，但他对此似乎并不满意。当时，恰逢武汉大学进行学分制改革，只要达到相应学分就能顺利毕业，无需修满四年。于是雷军开始加劲学习，用两年时间就修完了全部学分。那本激励他创业的《硅谷之火》，便是他大一、大二时在武汉大学图书馆借阅的。他曾在回武大的演讲中提道：“在我的人生中，最难忘的就是武汉大学，武汉大学在我的人生历程中起着不可磨灭的

作用。我18岁时，上大学一年级，一个非常偶然的机会，在图书馆里看了一本书，这本书在我的人生起到决定性作用。我非常清楚地记得，书名叫《硅谷之火》，价格大概2块1毛4，讲述了乔布斯这些硅谷英雄创业的故事。看完这本书后，我的内心像有熊熊火焰在燃烧，激动得好几个晚上睡不着觉。我在操场上走了一圈又一圈，心情很难平静。这过程中，我奠定了人生梦想——日后一定要干一些惊天动地的事情，天生我材必有用，日后自己一定要做一个伟大的人。"①

大学时期是人生中的重要阶段，青年时代是思维最为活跃的时候，对未来也充满了幻想和憧憬。仰望星空容易，脚踏实地却难。只有小目标的积累，才会有大梦想的实现。"大学一年级时我告诉自己，光有梦想是不行的，要脚踏实地真正做几件不一样的事情。我给我定的第一个目标就是两年修完大学所有的课程。很感谢武汉大学的学分制，从那天开始，我真的修了两倍的学分。我记得去年参加学校校友会时，大屏幕上还显示了我当年的学分卡。当我有这个梦想后，我真的去试了，发现其实也不难……还有第二个、第三个目标，都完成了。"②

实现梦想的路途不会平坦，特别是具有高风险属性的创业活动，必定是遍地荆棘、险象环生，没有对初心的坚持是很难取得成功的。"绝对不是我比别人更聪明更勤奋。我觉得最大的不一样，是我比他们更早确立了人生梦想，并且付诸了实践。这就是我给大家的第一个建议，要永远相信梦想的力量……但坚持梦想很难，五年后还能坚持吗？十年后、二十年后还能坚持吗……是什么力量让我创办了小米公司……如果没有钢铁般的意志，你是绝对干不了的……在今天这个大众创业万众创新的时代，我提醒一下大家，如果真的要创业，要做好准备……看自己能不能创办一家世界级的技术公司，

① 武汉大学2015年毕业典礼上，小米科技CEO雷军回到了珞珈山，并作了题为"相信梦想、坚持梦想"的演讲。此处为该演讲内容。

② 该处为雷军"相信梦想、坚持梦想"演讲内容。

做一件造福世界上每一个人的事情，所以我下定决心要做这件事情。”①

同样，大学是个人能力形成的重要时期。在大学阶段，企业家不仅能学习到专业知识，更重要的是通过知识学习的过程形成解决问题的能力，这也是企业家能力的重要来源。这种能力比专业知识本身更为重要，可以使企业家在面对一个全新领域的时候，从零开始学习，并运用成熟的思维方式对关键问题进行分析，从而快速熟悉该领域的业务，作出正确的决策和判断。雷军在演讲中曾提到大学在学习能力形成上的重要性：“在我记忆中最深刻的一件事是什么呢？是我刚上大学的时候在那里（教四楼）自习，旁边的教室里面掌声不断。我过去看热闹……是化学系在举办迎新讲座，是他们系里面的一个老教授，刚从国外回来，给新生讲应该怎么上大学……他说：‘现在的同学们经常抱怨学习分配不对口，学的东西没有用。你们知道大学到底教什么吗……大学里面最重要的是教你怎么学习……上研究生是教的做研究、做工作的一种能力。如果学习到了这种学习能力，你还有什么学不会的呢，还有什么专业不对口呢？’”②

在 37 岁带领金山完成 IPO 后，雷军已经实现了财务自由。经历了三四年半退休状态，他因想起大学时读过的《硅谷之火》，又萌发了创办一家影响世界的科技公司的想法。虽然他在软件领域已取得了不错的成就，却从未涉猎过硬件方面的内容，但他在短短数年内就将小米做到了世界前列。2019 年，小米正式进入世界 500 强，排名 468 位，在上榜中国企业中排名第 112 位，全球互联网企业排名第 7 位。从创立到进入世界 500 强，小米仅用了 8 年时间。根据 2022 年最新的《财富》世界 500 强排行榜，小米排名第 266 位，连续第四年上榜世界 500 强。对于短短几年内取得的成功，雷军认为和武大的求学经历有着密切的联系：“我认为最重要的是武大自由、开放、包容的校风以及它教会我的学习能力。”

---

① 该处为雷军“相信梦想、坚持梦想”演讲内容。

② 2018 年武汉大学第五届校友珞珈论坛，雷军发表主题为“永是珞珈一少年”的演讲。此处为该演讲内容。

### （二）大学完善企业家自我人格

大学文化能对受教育者产生潜移默化的影响。学校的类型、层次，校园的环境氛围，以及接触的师生，都会对个人的三观与性格产生重要影响。大学文化的本质是育人文化，大学文化在育人过程中发挥着价值导向、规范约束、凝聚激励、和能力提升的功能。（施卫华，2016）美国的西点军校不仅培养了诸多政界和军界人才，更为神奇的是，这里还诞生了诸如军火大王亨利·杜邦、把西尔斯拓展为全美最大零售商的罗伯特·韦德、宝洁CEO麦克·唐纳德、可口可乐总裁罗伯特·伍德鲁夫、频率电气公司董事长约瑟夫·富兰克林、美国在线CEO詹姆斯·金姆斯、坦尼科汽车CEO达纳·米德、康巴斯集团总裁约翰·克利斯劳、英特尔中国区总裁简·瑞杰等企业家明星。

西点军校之所以能孕育出如此数量的企业管理人才，和它的选材标准、大学文化与教学内容有密不可分的关系。

西点在招生时格外看重领导力的潜质。学生入学时，高中学习成绩占比为60%，体能测试占10%。西点军校培养的学生，本身在身体素质、家庭背景、智商情商等禀赋上就有过人之处，而学校的严格日常训练和激烈竞争，使得只有极为优秀的学员才能通过考核脱颖而出。

西点军校十分注重培养学员的荣誉感和责任心，其校徽上的校训就是"责任、荣誉、国家"，要培养"将毕生的无私奉献给国家"的毕业生。西点军校的《学员荣誉准则》明确规定：学员不得撒谎、欺骗和行窃，也不得容忍他人有这种行为。中国一位吉林大学的国防生曾说："交流期间，学校有一名女兵违反规定去午睡，被发现后遭到重罚警告，但处罚并非因为午睡，而是因为她睡了30分钟，却说只睡了15分钟。还有一次，一名学员被举报抄袭了他人的电子版作业，学校为此召开了荣誉听证会，将这名学员违规行为的证据在听证会上一一列举。最后，荣誉委员会判定该学员确实违反了荣誉准则，这名学员因欺骗和说谎而被退学。”[①] 企业家将企业做大做强的结果是得到更多的利润，但企业家的成就感和动力绝不能仅仅依靠金钱，而是在于不断超越自我的职业荣誉感所带来的满足。

其次是强大的执行力和自律性。军校内的学员在遇到军官时只能有四种回答：（1）报告军官，是；（2）报告军官，不是；（3）报告军官，不知道；（4）报告军官，没有借口。没有任何借口，想好了就要去实现。在做某一个决策时，如果要考虑到方方面面的内容才去实施，很可能会陷入困扰或失去动力。商机稍纵即逝，没有果断地决策和执行，就会错过机会窗口而丧失获得超额利润的机会。我国赴西点军校参加交流的人员曾提到，自觉、自强、自律是西点人留给他最深刻的印象。“到西点的第一天晚上，负责接待我的学员 David 并没有尽地主之谊领着我在校园里逛逛，而是抱歉地说，他要准备明天的讨论课程，晚上还要‘开夜车’。当天晚上，我去其他宿舍串门，看到学员们也大都在学习。看来，他们也是同样勤奋刻苦、努力上进的……第二天早上 5 点 30 分，我早早爬起来跟着 David 参加他们的训练。一路小跑到埃尔文训练中心，很快人就到齐了。负责组织的骨干交代完今天的训练任务，大伙就散开了。我问 David，你们的训练没有人管吗？‘骨干下达完今天的训练任务，剩下的事情就都是你自己的了，没有人会去监督你，只要你不担心自己掉队，你大可以回去再继续睡觉。不过最后考核的时候，不及格是会被退学的。我想没人愿意灰溜溜地回家吧？’”这名交流人员还说：“一次，几名西点学员带着我们这些国际学员到校外的小咖啡厅吃夜宵，当时已临近午夜，第二天又是我们离开美国的日子。按照常理，我们可以在校外畅谈许久，但是待了不到 1 个小时我们就开始返回。他们解释说，虽然也想多陪陪我们，但是他们只请假到夜里 1 时，必须按时返回。路上，我问 David 有人查夜吗？他说没有，一切都靠自律，但不能因为没人监督就破坏

① 刘祖光：《一位中国交流生眼中的西点军校》，《解放军报》2013 年 6 月 26 日第 4 版。

纪律。”①

再就是出色的身体和心理素质。从入学开始，西点军校就开始对学生进行魔鬼训练。比如，新进学员要迎接长达7个礼拜的“野兽营”集训，即在一个黑暗的小路中进行全封闭式训练，没有娱乐项目，也不准使用手机，不准观看电视，吃饭、上厕所、睡觉都会被老学员监督，甚至发生过新生吃牙膏的事件。在长达四年的军事训练中，有三分之一的学员会自动退学，或者直接被开除。西点军校高强度的体能和军事训练是在盛夏的野外进行的，学员不仅会面对严酷的自然环境，还要迎接几乎不可战胜的对手，其在生理上和心理上承受着双重折磨，让他们在最恶劣的条件下激发出潜能。“随着信息化的迅速发展，现代战争在很大程度上成了‘芯片战争’，对官兵体能的依赖程度越来越低。可我在交流学习期间发现，西点军校并未因此而降低对学员体能的要求，规定每名学员在校期间必须参加至少一个运动项目，每年还组织全体学员进行两次体能考核，不合格者将遭淘汰。所以，一到下午四点，鲍比都会拉上我换上体能训练服，沿着哈德逊河畔的小路长跑，或者到室内训练场进行力量练习。”② 西点学员良好的身体和心理素质不仅体现在个人身上，更体现在以其为基础所建立起来的团队意识和拼搏精神。“一次午餐时，餐厅广播突然要求所有就餐人员放下餐具，随后播送了西点军校橄榄球队在客场击败美国海军军校的消息。肃静的餐厅中顿时爆发出震耳欲聋的欢呼声，学员们把手中的餐具高高举过头顶，用刀叉敲击着手中的盘子欢呼胜利，就像打了一场胜仗。鲍比半开玩笑地说：‘只有这时候我们才不怕违反就餐保持肃静的规定。’”③ 在企业创业和经营管理的过程中，日常业务繁重，危机重重，没有强劲的体魄和过人的心理素质，很难保证高效的工作

① 刘兴宇：《中国学员眼中的西点军校：纪律严格　训练紧贴实战》，《中国青年报》2008年2月27日。

② 刘祖光：《一位中国交流生眼中的西点军校》，《解放军报》2013年6月26日第4版。

③ 刘祖光：《一位中国交流生眼中的西点军校》，《解放军报》2013年6月26日第4版。

状态和良好的抗压能力。并购活动是一个复杂的投资活动，不仅需要企业家具备良好的商业嗅觉和计算能力，还要有极强的耐心和协调沟通能力，选择合适的标的公司，并通过协商讨论力排众议，获得内部高层的认可，以及经过长期艰苦的谈判打消标的公司所在地区和相关人员的顾虑，促成并购的成功。在此过程中还要为企业争取最大利益。

（三）大学塑造了企业家领导能力

西点军校的宗旨，是培养学员的领导才能。在领导力训练课程中，尤其重视对学员主观能动性和创新意识的培养，具体措施包括：(1) 自由选择专业、课程和兵种。除第一年学习相同的基础课程，第二年学员就可以根据自己的兴趣和需求，选择相应的专业和课程，到了第三年再根据以后想选择的兵种进行特定的军事训练。再者就是启发式教学，在军事课上，针对某一议题，教员会组织学员进行自主讨论，并就学员的观点进行引导和启示，开阔学员的思路。作为一名合格的领导，必须让团队具备凝聚力以及发自内心地服从领导权威。西点军校要求学员必须具备良好的沟通协调能力，他们会创造一个共同的假想敌，然后共同谋划、制定对敌方案，并在行动的过程中克服困难、团结协作，战胜假想敌。

领导力不等同于领导。领导是指在职位上高人一等，而能力不一定比别人大。领导力的核心也不完全是权力，而是影响力，即影响他人自觉、自愿追随完成某项任务或目标，而非利用手中权力进行奖惩，让人发自内心地去做成它。因此，榜样和专业性至关重要。北京大学国家发展研究院教授杨壮曾参观过西点军校，他回忆说："第二天早上，我和四个学生都是在五点半起床，参加西点军校的晨练。参加晨练的都是新生，前一天他们都是高中生，但是自那一天始，他们都是西点军校的学生……这时候看到前面有人和我们打招呼，是西点军校的校长，他穿西点军校的短裤、黑色的 T 恤。我看着他和学生一起跑，我一直在想这个问题：如果要晨练的话，杨院长能否做到，北京大学的校长和副校长能否做到，一个单位进行晨练，单位的董事长和总经理是否会出来和员工一起……我后来一直坚持，到最后气喘吁吁……我们中的两位女生说：‘我们都想放弃了，最后因为杨院长在旁边跑步，他没有放弃，所以我们都想坚持下去。’这给我很大的启示。也就是说我们作为领导，作为领军人物，在一个组织中，真正想有领导力的话，第一点就是身体力行，这比任何事情的作用都大。”① 他同时还提到，在晨练的过程中，学校会安排不同学生去体验做领导，并安排两个领导去观察，看在运动中哪个“领导”起了作用，哪个“领导”在运动中是没起到作用的，并在随后进行总结和点评，反思在团队活动中领导的作用。

在领导力互动框架中，领导者、被领导者和情景三个要素之间的互动，才能发挥领导力的作用。通过对环境和情境的设计，所有涉及领导人品质培育的过程，学员都会一一经历，并在四年后发生蜕变。在西点，学员的第一年会被要求学习执行力，要无条件服从上级命令，在第二年才开始培养领导力。西点认为，没有做过下属是无法成为一名合格的领导的，只有成为过下属才能在作为领导后清楚明白下属的想法。西点军校的整个培训过程，非常注重学术、体能、精神融为一体。“大脑的知识、健壮的体能，在此基础上形成一个人强大的精神力量。”作为西点人，没有知识是愚昧的，而有了知识和想法却不去实践，或者言行不一的人是可悲的。杨壮认为，国内企业家最为缺乏的品质就是知行合一：“我们的企业家很少有信仰，只是此时此刻把事情做好了就行。为了达到目的不择手段，达到目标就可以了，精神层面没有特别要求……西点人告诉我，这是最难的一件事情。最多能做到40%选择不撒谎，不替人隐瞒。这是人和价值的博弈，但是能有40%的人选择不撒谎，已经相当不错了……我曾在西点遇到一个韩国学员，这个韩国人在西点上了三年学以后，有一次回到家里，他母亲做了一桌子菜。他母亲问他其中一道菜好不好吃，他说：‘这个菜不好吃。’这让他母亲很惊讶，她问：‘儿子，几年前你一直都说这个菜很好吃的，怎么现在觉得不好吃了？’这个韩国士兵说：‘其实一直就觉得不好吃，只是现在我告诉您真实的情况。’这

① 该内容出自北京大学国家发展研究院 BiMBA 商学院联席院长、北京大学国家发展研究院管理学教授杨壮参观西点军校的体会。

番对话让母亲难以接受。而这位韩国士兵接着说：‘如果我再不说实话，我心里会很难受，我没法撒谎。西点军校这几年的教育，让我不能撒谎。’”① 西点军校的领导力理论的核心部分由三个部分组成，第一部分是判断力和思想力，第二部分是知识能力与专业素养，第三部分是品格。杨壮认为：“这是最重要的品格，我个人认为，在整个中国，在言行不一的情况下，真实尤其重要。但是要做到真实很难，需要更多的勇敢与坚强。”② 环境的挫折和压力能够激发人的潜力，使其不断超越自我变得更加强大。通过军事训练，体能训练，智力训练，道德、精神和社交方面的训练，西点军校模拟不同的场景和环境，来全方位提高学员的能力、素质和品格，促成领导力的形成。

## 二、企业家人力资本在并购决策中的作用

### （一）良好的认知能力是并购成功的基础

早期人力资本理论中，对人力资本的内涵多指由读写、科学素养、计算和思考能力以及一些实操技能等构成的认知能力。并购是一项复杂的投资活动，无论是对本公司战略规划的统筹、财务风险的控制，还是对标的公司的选择、收购价位的预期，以及启动收购计划和公开收购信息的时机、采取的收购方式等，都需要有良好的专业知识和进行复杂计算的能力。李书福在三亚学院对师生演讲时提道：“上学就是认知的捷径，人对世界的认识有许多种途径，教科书是专业人士编写出来的对人类过去经验教训、历史的科学总结，通过对教科书的学习是人们认识世界的最好方法。当然还有其他很多种途径认识世界，不同的教科书、不同的老师、不同的认知途径留给人们的记忆是不一样的；不同的家庭背景、不同的民族信仰、不同的国家和地区留给人们的记忆也是不一样的。但无论如何，认知是人类进步的起源，因此，我认为认知是人生进步的起点。学生学生，就是为学而生、生而为学，不同的人有不同长处优点，因此我认为，人人是学生，人人是老师。三人之行必有

① 该内容出自杨壮参观西点军校的体会。

② 该内容出自杨壮参观西点军校的体会。

我师，说的就是这个道理。”① 第十四届全国人大代表、高德红外董事长黄立曾在华中科技大学求学七年，他的父亲黄志良也曾任教于该校。在校期间，虽然身边经常有各种逃课的同学，但黄立认为，逃课自学永远比不上上课的效果。“上课就像主食，而逃课自学如同零食。”因为有良好的学习习惯和学习方法，黄立大学四年一直都是年级第一，并继续留校读研。从华中科技大学毕业后，黄立曾在电力系统科研所工作。1999 年，依托在校所学的红外知识，黄立创办了高德红外公司。他运用扎实的专业知识，亲自带领团队走自主研发的道路，经过十余年的艰苦努力，成功研制了拥有完全自主知识产权的“中国红外芯”，打造出三条高性能红外核心器件批产线，构建起了完全自主可控的批量化生产线，一举打破了西方多年的技术封锁，且技术水平达到国际一流先进水平。作为一家知名民营军工企业，高德红外一直在探索军民融合之道。2015 年，公司用自用资金收购了汉丹机电，其目的在于借助汉丹机电在火工品科研生产领域成熟的管理经验和人才、资质等优势，使企业快速成为“精确打击武器系统制造商”，并实现业务领域拓展、研发能力提升，产生“1＋1＞2”的协同效应。2016 年，高德红外成立民品子公司高德智感，得益于收购得来的宝贵技术经验和收益增长，高德智感保持着良好的成长势头。2019 年半年度报告中，智感科技的营收已经超过 2018 年全年，这也是公司在民品领域提前布局的成果。

同样，小米科技总裁雷军的创业之路，也是扎根于其大学所学的专业知识，并一直沿着该方向进行的延伸和拓展。他也曾提到认知能力的重要性，也十分认可母校武汉大学在专业和学习能力上对其的深刻影响，他甚至认为学校教会的学习能力比专业知识更为重要。这种知识迁移能够让学习者将专业知识的学习和工作实践结合起来，发现事物的普遍规律并将其运用到其他领域中。小米在发展壮大的过程中，也多次采取并购战略进行业务的拓展和延伸。截止到 2021 年 11 月 17 日，小米系累计参与投资并购公司共 761 家，

① 2021 年 5 月，李书福在三亚学院毕业典礼上发表演讲并与学生互动。该内容出自本次演讲内容。

投资交易事件1013起，当年投资频次达到172起。小米集团在当年通过处置投资，获得税后净收益人民币33亿元。2021年，小米集团总收入达到3283亿元，同比增长33.5%；但年内利润由去年同期的203.1亿元跌至192.8亿元，同比下滑5.1%；经调整净利润220.4亿元，同比增长69.5%。小米的并购战略不仅为公司带来财务收益，还带来了业务协同，推动了其在智能制造业的发展。

（二）突出的非认知能力是并购成功的关键

随着人力资本研究的深化，人的性格、品行、意志品质、协调沟通等非认知能力的作用逐渐被认识，尤其是在20世纪80年代后，科学技术的发展使工作性质不断变化、工作岗位不断流动，这就需要从业者具备良好的环境适应能力。闵维方（2020）将非认知能力归结为以下五个方面：一是心态的开放性、好奇心以及创新性；二是自信心和责任感以及对工作的专注度和条理性等；三是性格的外向性，善于与人交往等；四是亲和力，富有同情心，乐于助人；五是善于掌控情绪的努力等。在工作中，非认知能力主要表现为家国情怀和社会道德、合适的职业规划、有效的时间管理、积极的工作态度、善于合作的团队精神、坚强的意志品质等。这种非认知能力有时被称为“社会行为能力”（Socio Behavioral Skills）。在管理和决策活动中，这种“社会行为能力”的作用越来越显著，究其原因主要有两点：一是较强的非认知能力能够进行有效的沟通，进而减少交易成本、提高生产率；二是较强的非认知能力能够迅速适应市场需求，在非均衡状态中寻找机会调整策略，在获得超额利润的同时使市场重新达到均衡状态。在吉利收购宝腾的过程中，就充分体现了非认知能力的重要性。吉利在谈判过程中，非常懂得换位思考。在车型上，吉利将一款中型SUV引进合资公司进行生产销售，弥补了宝腾没有适应亚洲市场的SUV的缺陷；在控股比例上，为了照顾马来西亚的民族情绪，控股比例保持在50%以下；在品牌使用上，未来在宝腾品牌影响力大的地区继续沿用这一品牌，其他地区则仅将宝腾作为吉利的生产基地。另一方面，吉利坚持底线思维，在核心利益上毫不让步。组织身份在跨国并购中是十分重要的理论概念。（魏江和杨洋，2018；杨勃和许晖，2020）尽管吉利在技术、资金等方面占据一定的优势，也免不了宝腾因其在所在母国的身份地位以及对中国和吉利的固有印象产生的偏见。在“一带一路”倡议的大背景下，中国的综合国力和国际影响力日益提升，但许多新经济体对中国的认知还停留在过去落后的阶段。吉利在“走出去”的过程中，始终和国家身份联系在一起，在并购谈判的过程中更新对方对中国的印象，利用中国飞速发展的优势推动并购进程。在采取逆向并购的过程中，由于被并购方的管理水平和技术能力欠佳，吉利公司并未因争取更大的市场份额而随意放弃底线，而是表明原则，坚持更多的管理权。在谈判的过程中，不断展示实力，让被收购方认识到自身的差距和不足，从而成功完成收购并取得既定目标。（姚小涛等，2021）这种思维在吉利收购沃尔沃等其他企业的过程中也有所体现。之所以要走出国门进行跨国并购，是因为李书福的合作共赢理念，他在演讲中说：“中华民族伟大复兴必须依靠创新能力的提高，只有创新能力走在世界前列，中国才能得到世界各国的尊重。提高创新能力既要有自力更生、自主创新的斗志，也要有广纳英才、广交朋友、开放合作、交流互鉴的胸怀，而不是自我陶醉、自满骄傲，更不能闭门造车、夜郎自大。”① 对于为何选择沃尔沃作为收购对象，李书福是这么认为的：“当初并购沃尔沃不仅仅是商业目的，更是为了继承和发展沃尔沃在安全与环保领域的全球领先地位，为了与沃尔沃一起实现零伤亡、零排放的美好愿景。”② 在他的认知中，投资并购全球范围内高知名度的汽车企业不仅是基于资金、技术等硬实力的考量，也在于汽车品牌和文化的传承与创新。吉林汽车能打破固有认知，敢于“走出去”，还得益于李书福开阔的视野、长远的谋划以及坚定的信念。他在三亚学院的演讲中，对在校学生提出：“希望同学们十分务实地展开各项工作，不要钻牛角尖，不要为了一些小事争得脸红耳赤，

① 2022 年 3 月，李书福在吉利大讲堂发表“坚定不移，拥抱世界”的内部演讲。该部分为演讲内容。

② 2010 年 3 月，李书福在吉利收购沃尔沃发布会上的讲话。该部分为讲话内容。

辩个是非高低，而是应该胸怀大志，有自己心中的理想，不被浮云遮望眼，放眼看穿全世界，始终保持清醒，始终保持独立思考，始终保持好奇心。”① 在虚拟经济兴起的时代，他坚守制造业的大本营，不为短期利益所诱惑：“最近几年，虚拟经济虚火旺盛，有些没有责任感的资本，唯利是图的资本，甚至非法的资本严重扰乱实体经济的健康发展。各种网络非法交易，客观上助长了线上法外之地的滋生，扭曲了党和政府的正确战略，有些实体经济企业经不起这种现象的诱惑，为了赚取快钱而进入自己不熟悉的行业，赶热浪，造概念，结果就是欲速而不达。”“制造业赚不了快钱，但是如果实实在在干，制造业也是饿不死、风险较低的行业，制造业需要长期努力、长远规划，需要人才培养、团队稳定、科技投入、创新驱动。制造业在整个国民经济中扮演着十分重要的基础性角色，既要战略清晰，又要耐力足够，更要意志坚定。”② 他认为只有坚守内心，才能走得更远：“要不断打基础、练内功，必须要耐得住寂寞，经得起诱惑，必须要练好基本功，并且还要有自我否定、自我超越的勇气。只有这样，才能满足用户更加苛刻的消费需求。”③

（三）认知能力和非认知能力的互动

企业家人力资本要通过企业家能力得到体现，而企业家能力则可以通过某项具体的事件进行检验，并在这种实践活动中不断得到提升。在并购事件中，决策者要经历认知、选择、决策、执行等过程。在此过程中，企业家的认知能力和非认知能力并非割裂的，而是彼此互动、共同影响并购决策，进而导致不同的并购绩效。李书福在演讲时，谈及对认知、能力、决策、执行四者关系的理解：“有了认知水平，才能形成选择能力，选择能力是对认知水平的具体检验……每当遇到十字路口的时候，就要作出选择，无论对错都要作出选择。这种选择是方向性的选择，这种方向性的选择需要认知水平的

① 该部分为李书福三亚学院毕业典礼演讲内容。

② 2018 年 10 月，李书福在世界智能制造大会开幕式上发表“智能制造，降本增效——以用户体验为中心，全面推进品质革命”主题演讲。该部分为演讲内容。

③ 2021 年 7 月，李书福在杭州奥体中心为“星越 L”站台演讲。该部分为演讲内容。

支持，不同的认知水平就会出现不同的选择方向。选择方向后就会遇到决策的难题，既然选择了自己的方向，就要大胆地朝前走。人生的过程从本质上讲就是学习与决策的过程，我们每天面临的问题都是决策的问题。如何作出正确的决策？这是一件很难的事情，决策能力是考验一个人能力的关键要素……选择与决策是两个不同维度的能力要素，是人们每天都有可能遇到的问题。不同的决策有不同的结果，决策以后就要执行操作，执行操作效果的好坏直接体现在人生的方方面面。同样的事，不同的人去执行，效果就会不一样，这样的事例比比皆是。”他认为，只有不断提高认知水平，不断提高选择和决策水平，不断强化执行能力，在不同的事情上进行反复操作和训练，才能形成智慧的结晶。实际上，这个智慧的结晶就是我们所说的企业家人力资本。

在联想并购 IBM 的经典案例中，时任联想集团董事长的柳传志发挥了举足轻重的作用。联想收购 IBM 主要有两点动因：一是 IBM 当时的 PC 业务技术含量较低，不再是它重要的获利点，IBM 需要卖掉 PC 业务集中资源到高端市场。在中国市场，IBM 也受到戴尔、惠普等其他厂商的冲击。这些厂商在中国大陆有自己的工厂，成品价格低廉，使得 IBM 在中国市场的毛利润率较低，甚至在并购之前已经连续多年处于亏损状态。自 2003 年以来，IBM 曾与台湾多家 IT 制造商秘密商议出售事宜，但在价格上存在很大分歧。二是联想在中国零售 PC 市场遇到了诸如戴尔、宏碁等国内外 PC 厂商的强力竞争，业务由盛转衰，走到了瓶颈阶段。在经历了转型创新失败后，联想也将业务回归到个人电脑上。另外，在国内市场上，连续的价格战将 PC 行业的利润率压得很低。要找到新的利润增长点，必须走出国门。但想打开欧美市场，仅凭自身力量难以实现目标。收购 IBM 的 PC 业务，可以借助 IBM 的国际影响力，以及技术和研发优势，为联想未来的国际化路线铺好道路。这次并购对 IBM 来说是主动退出非核心业务，聚焦高端市场的契机；对于联想来说，也可以获得更多的研发技术能力和品牌价值，走上国际化道路。通过这次并购，联想集团和 IBM 个人电脑事业部在客户群、产地、地域等方面形成了优势互补，在采购、营销、市场开拓、产品发布、生产制造和供应链整合方面都发挥协同、整合效应。联想集团将成为IBM首选的个人电脑供应商，它的个人电脑将通过IBM强大的遍布世界的分销网络进行销售；而IBM也将继续为中小型企业客户提供各种端到端的集成IT解决方案；IBM亦将成为新联想的首选维修与质保服务以及融资服务供应商。

柳传志在回忆那段并购的过程时，提到他对并购风险的判断："第一，当时深刻地分析了风险在哪儿，风险在三个地方：第一大风险，我们买的就是Thinkpad的这个牌子，以前的客户认为中国人买了这个牌子以后，这个牌子还是不是以前的牌子，人家认还是不认，怎么解决。第二个大的风险就是员工流失，我买这个公司，买的就是这个组织，没有什么更多的厂子值这么多钱，但是这些国际员工认不认中国人当老板，行还是不行。这两个风险深刻研究以后，有了对应的方法以后，第三个风险就出现了，就是文化磨合的风险。"① 当时根据麦肯锡的调查，电脑行业的并购成功率不足25%，以小吃大的"蛇吞象"更是难上加难。其中文化磨合是并购失败最主要的因素。但高风险往往意味着潜在的机会。从短期来看，特别是在中国加入世贸组织以后，中国企业还未"走出去"的情况下，打响以小吃大的第一枪，积极参与国际市场竞争，会在国内引起轰动效应；从长期来看，在克服了技术、人员和管理障碍以及文化磨合后，联想能利用IBM的品牌价值迅速扩大市场份额，并充分吸收其积累的成熟技术和管理经验，提升整体的竞争力。基于上述分析，柳传志顶住公司高层和外界的质疑和压力，迅速做出并购的决策。例如，当年联想员工持股占比高达35%，分红所得远高于其工资所得，以"蛇吞象"的方式进行并购风险极大，大部分员工对此持消极态度。柳传志一边坚定信心，一边承诺以其麾下赢利企业的利润来进行兜底补偿，并提供详细的补偿方案。可以看出，他在慎重分析后，不仅坚决推进该

① 2019年1月，联想控股董事长、联想集团创始人兼名誉董事长柳传志在中国科学院大学出席"改革先锋进校园"主题宣讲活动。该部分为本次宣讲内容。

项决策，而且也做了降低风险和减少阻力的预案。

另一个关键的要素就是谈判代表的选择。柳传志选择了时任联想集团执行董事的马雪征负责谈判事宜。马雪征原为中科院最年轻的处长，却因看到联想的发展潜力，毛遂自荐地加入联想集团，并担任总经理助理。她在大学学习的是欧美文学，拥有高超的英语读写和翻译能力。马雪征从刚进联想的不适应，到不断改正错误并咬牙坚持，让柳传志看到了她的潜力。经过柳传志的精心栽培，马雪征凭借出色的业务能力，升任为集团副总经理。在柳传志实施的员工持股计划中，马雪征坚定支持并主导实施，使联想股价增长10倍。在并购谈判过程中，她进行了周密的计划和部署，迅速整合了遍布全球的财务团队，并带领100余人的谈判队伍，以比实际价格要低5亿美元的资金成功收购了IBM。可以看出，无论是马雪征还是杨元庆的成长，都离不开柳传志的慧眼识珠和知人善任。

当并购的消息发布后，随即引起了国内舆论的强烈反响，柳传志回忆当天的情景："当这天宣布这个事的时候，印象是2004年的12月8日，我的印象特别深刻，在酒店的会议室里面，记者多得有点像总理招待会似的，当一听说我们把IBM的Thinkpad买下来以后，记者热烈鼓掌，让我感到特别的受宠若惊，因为记者历来不给人鼓掌，都是人家给他们鼓掌。结果鼓完掌以后，一个记者老朋友上来跟我握着手说：'老柳，真佩服你们的勇气，你们死了也值了。'真的没有人看好。"① 但在并购完成之后，出现了意料之外的困难，尤其是2008年金融危机，联想进入了持续的亏损状态。但柳传志认为，金融危机只是一个"导火索"，而非"火药桶"，最根本的原因还是由民族文化带来的企业管理文化上的冲突。另一个就是短视行为，联想计划收购IBM的PC端业务，是基于Thinkpad在政府、企业等单位机构所占市场份额的考量，而在2004年以前买电脑的大户还是机构部门，个人电脑市场还不占主流。要调整企业战略，就必须加大对个人电脑端的投入，这需要从

① 该部分来自柳传志出席中国科学院大学"改革先锋进校园"主题宣讲活动的宣讲内容。

利润上进行削减。这件事遭到了当时CEO的强烈抵制。柳传志虽不再担任联想集团董事长，但仍然是大股东董事，在董事会投票中起着举足轻重的作用。他不顾年迈多病和家人的强烈反对，坚决支持杨元庆出任CEO，并重新出山担任董事长。他鼓励杨元庆对高管团队进行改革，并重构企业文化系统。特别是要让高管成员明确各自职责，并严格执行奖惩机制。当他帮助杨元庆完成这些工作后，联想集团的盈利状况开始出现转机。

柳传志在处理这件事的过程中，表现出了刚柔相济、恩威并施的高超手腕。一是考虑到行为决策起效果的延迟性，需要抑制高管的短视行为，他将部分奖金留至四年后补发。考虑到部分外籍高管对公司前景的消极态度，他决定以现金而非期权进行奖励。为了调整高管班子，确立杨元庆的权威，他将原任外籍CEO请走。“到杨元庆去组织这个班子的时候，当然我先把原来那个CEO请走了。请走的时候很有意思，因为那个人性如烈火，长的还特别像列宁，特别爱说粗话，原籍是意大利。在我把他请走的时候，大家以为我会跟他大吵一场，一定会天崩地裂，其实他走的时候，是悄悄无声跟我热烈握完了手走的。”① 从该描述中，可以看出原任CEO强势暴躁，接触起来有较大难度，能做到“和平分手”、妥善完成权力交接，柳传志本人的处理手段起到了至关重要的作用。

在建立企业文化的过程中，情况也是如此。联想集团通过并购走向国际市场后，因为文化差异，董事会决策的意志很难被区域总经理完全贯彻落实。“那年我当董事长的时候，到欧洲各个地方去视察，特别是去了德国区，为什么到德国区呢？因为德国区的总经理永远是完不成任务的，却永远年年能过关，所以我一定要见见他。我一看是一位老先生，很斯文儒雅，我就问他：‘你这指标老完不成，为什么定那么高？’他说：‘那是CEO要我定的。’我说：‘那你为什么就听他的话呢？’他说：‘那是我对CEO的尊重。’我说：‘那做不完了，完不成为什么不惩罚你呀？’他说那是CEO对他的宽

① 该部分来自柳传志出席中国科学院大学“改革先锋进校园”主题宣讲活动的宣讲内容。

容。他们一尊重一宽容，这一来什么事也做不成……当然还有一些别的问题，至于文化怎么建立，怎么往下推广都极为重要。其中最重要的一条就是领导人的以身作则。有一句话，我在美国公司那儿看到的：以身作则不是领导公司的重要途径，而是唯一途径。”① 柳传志将高管以身作则、说到做到的求实态度注入企业文化，克服了并购后联想内部各区域间文化差异带来的障碍，使协同效应逐渐开始凸显。

作为一名公司决策者，要善于总结过去经验和预判未知风险，还要有对目标的执着。柳传志认为企业家要有“复盘”的意识，将事前的预案和最终的结果进行比较，并从自身找原因，优化决策方案，掌握处理事务的规律。“因为当我们每做一件事的时候，预先肯定要拿一套方案，当时的目标定得合适不适合，边界条件是不是那么回事儿，其实可能都不一样。如果你做完就做完了，那下次错误可能还会再犯。你做完了再重新考虑，为什么那个目标当时提的时候有几个人发生争论？争论的立脚点到底是什么？为什么我这个观点不对？边界条件到底发生什么变化？重新演练一遍以后，就会把越来越多艺术性的东西变为科学性的东西……复盘的好处，实际是让每个人逐渐地把聪明变成智慧，但是复盘的前提条件是什么呢？就是一定要结合自己，要多从自己身上找原因。很多事情看着是客观产生的，你必须得联系到自己身上，这样的复盘才有作用。”②

另外，他还特别强调，企业家要有高瞻远瞩的格局、虚怀若谷的胸襟和团队协作的精神。他比较研发人员和企业家特性的区别时曾提道：“比如我刚才说的三星汉卡和四星汉卡的例子，科技人员一定觉得自己很有道理，我这个指标明明比这个高，为什么不能用这个呢？但是他确实太站在自己的角度上，没有站在企业总体的角度上。企业是个什么，企业好比是一个项链，

① 该部分来自柳传志出席中国科学院大学“改革先锋进校园”主题宣讲活动的宣讲内容。

② 该部分来自柳传志出席中国科学院大学“改革先锋进校园”主题宣讲活动的宣讲内容。

这个项链是由若干颗珍珠串成的。研发科技成果可能是最大、最耀眼的那颗珠子，但是必须得有若干个别的珠子陪衬，比如说采购的、工厂生产的、人员管理的等等，没有那个是不成的。而企业家是什么呢？就是串这个项链的这根线。科学家可以发脾气，可以有性格，跟那个运动员一样，跳高我就跳这么高，你服不服吧，这是硬指标。企业家必须得低下姿态，必须得柔身把各个项链串起来，你是从一个科学家变成一个企业家，要想把你的企业办好，你连性格特点都得改。好多科学家办企业不成功，他让他的学生出来，说他不管事儿，但是他实际上要求他的学生按照他的想法去办，这样的企业其实很难办。联想后来提出‘事为先人为重’，其中有一条就怕的是用科学家的思维管理企业，这个企业会很难做。我的话说得虽然重，但是这是实际情况。”①

## 三、本章小结

本章以小米科技董事长雷军、吉利汽车董事长李书福、高德红外董事长黄立、联想集团董事长柳传志，以及美国企业家的摇篮——西点军校作为研究对象，从相关报道、演讲和回忆录中，探究教育经历对企业家成长的影响，分析大学对企业家人力资本形成的作用机理，和并购中企业家人力资本在并购决策中发挥作用的表现。研究表明：大学不仅能传授专业知识、培养学习能力，还往往是企业家创业梦想诞生的地方。大学的课程训练、校风文化和师生交流等能潜移默化地影响人的行为习惯，使学生形成和完善良好的品格特质。另外，企业家的管理和决策需要领导能力。西点军校通过课程设置、军事训练、考核淘汰等，使学员具有争当榜样、言行一致的品质，并拥有强健的体魄、坚定的意志以及良好的执行力和抗压能力。在其他企业家校友较多的高校，也普遍存在类似的情况。企业家人力资本既包括认知能力，也包括非认知能力。认知能力是并购成功的基础，并购是一项复杂的投资活

① 该部分来自柳传志出席中国科学院大学“改革先锋进校园”主题宣讲活动与在场学生的问答互动。

动，无论是对本公司战略规划的统筹、财务风险的控制，还是对标的公司的选择、收购价位的预期，以及启动收购计划和公开收购信息的时机、采取的收购方式等，都需要有良好的专业知识和进行复杂计算的能力。非认知能力是并购成功的关键，较强的非认知能力能够进行有效的沟通，进而减少并购谈判和缔约过程中的交易成本。二是对品牌、文化等软实力的考量，不仅能减少并购后的磨合、文化冲突，也能为企业的长远发展带来益处。在并购事件中，决策者要经历认知、选择、决策、执行等过程。企业家的认知能力和非认知能力并非割裂的，而是彼此互动、共同影响着并购决策，进而导致不同的并购绩效。联想收购 IBM 是中国企业通过并购成功走向全球化的第一案例，在当时国内引起了巨大的轰动。在此次并购活动中，时任联想集团董事长的柳传志起到了至关重要的作用，是公司决策者企业家人力资本在并购活动中发挥作用的典型表现。在选择 IBM 作为收购目标时，柳传志充分考虑了双方的利益共同点，以及并购后为联想集团带来的技术、品牌、市场上的突破，并为国际化作好充分铺垫。另外，当时的中国企业还未真正“走出去”，联想“蛇吞象”的并购行为势必会引起轰动效果。选择合适的谈判代表也是并购成功的关键因素。柳传志挑选马雪征作为谈判负责人，正是因其英语教育背景和女性独有的性格优势，这一决策取得了良好的效果。并购完成后，文化磨合确实影响到了并购绩效。柳传志通过领导班子调整、企业文化重构，逐步扭转困局、实现盈利，特别是在对外籍高管、激励机制的调整以及克服文化差异建立联想内部自上而下的企业文化上，体现了其高超的手腕。因此，联想并购 IBM 的成功，展现了柳传志作为公司决策者良好的认知与非认知能力的结合。以 IBM 作为并购对象体现了其认知能力，而后续的谈判缔约以及并购后的调整和重塑，则更多的是非认知能力在发挥作用。也就是说，认知能力能确定合适的目标以及实现路径，而非认知能力则能保证目标的顺利实现，特别是在决策后的执行过程中，非认知能力的作用愈发明显。

# 第七章　启示和建议

根据高阶梯队理论的内容，高管背景特征能影响公司风险与战略决策。相反，公司风险与战略决策也能反馈出决策者背景特征中的一些问题。(Crossland 和 Hambrick，2007) 前三章的内容已经就公司决策者教育背景对并购绩效的影响进行了实证分析，并详细考察了教育通过企业家人力资本影响并购绩效的作用机理，总体上肯定了我国发展研究生学历教育、MBA 教育的重要意义，以及财经类院校在决策者培养上的重要作用，同时也发现了重点院校建设与海外留学教育在培养管理决策能力上存在不足。本章节根据实证结论，总结对我国现行教育体系和人才培养与选拔模式的启示与建议。

## 一、明确学历教育重要性，提高研究生综合素养

前文实证部分已经分析了学历与并购短期绩效和长期绩效的关系，结果表明高学历公司决策者虽然在并购后短期内绩效不佳，但在长期内能够显著提高并购绩效。这一结论表明，一方面，学历越高公司决策者能力越强，意味着学历能够显著提高企业家人力资本；另一方面，高学历公司决策者在综合运用商业手段上仍存在不足，其综合能力还有进一步提升的空间。因此，在肯定学历教育重要性的同时，还需要继续提高研究生的综合素质。

### （一）明确学历教育重要性

学历教育是指根据国家教育部门下达的招生计划进行招生，并按规定的教学计划实施教学，当受教育者完成了所有教学内容并通过考核后，被授予由学校按照国家统一要求颁发的毕业证书与学位证书的一种教育模式。与学

历教育对应的是培训、进修等在完成学业后颁发结业证书的非学历教育。高等学历教育，尤其是研究生学历教育是培养高层次人才的学历教育。不同于非学历教育的是，高等学历教育不仅能提高受教育者的知识水平，还能为其提供一个有关受教育程度的证明，作为劳动力市场和公司人力资源管理中人才培养与选拔的重要依据。因此，国家对学历教育的管理较之非学历教育要严格许多。学历教育的这些特点，决定了其较之非学历教育在培养质量上更有保障。明确学历教育重要性，并继续推动学历教育的高质量发展，具有重要的现实意义。

为了满足对高层次人才的培养需要，我国应在保证质量的前提下，继续扩大高等教育规模。教育部统计数据显示，2021 年，我国高等教育在学总规模达 4430 万人，高等教育毛入学率为 57.8%。研究生招生 117.65 万人，其中博士生 12.58 万人，硕士生 105.07 万人；在学研究生 333.24 万人，其中在学博士生 50.95 万人，在学硕士生 282.29 万人；毕业研究生 77.28 万人，其中，毕业博士生 7.20 万人，毕业硕士生 70.07 万人。2021 年全国普通本科招生 444.60 万人。与 2017 年相比，高等教育在学总规模提高了 17.23%，研究生招生人数提高了 45.95%，研究生在学人数提高了 26.25%，研究生毕业人数提高了 33.70%，普通本科招生人数提高了 8.24%，普通本科在校生人数提高了 14.83%，普通本科毕业人数提高了 11.43%。从高学历人才来看，相比 2017 年，2021 年招收博士生人数增加 49.94%，硕士生人数增加 45.49%；在学博士生人数增加 40.75%，在学研究生人数增加 6.94%；毕业博士生人数增加 24.14%，毕业研究生人数增加 34.75%。① 上述数据显示，在五年时间内，无论是受研究生学历教育人数还是受普通本科学历教育人数均有大幅度的提高，特别是硕、博士生的招生、在学和毕业人数有了较大幅度的提高，表明我国通过扩大高等学历教育受众来扩大高层次人才培养数量的基本思路没有变化，这与本研究对学历教育的认识一致。

① 数据来源于中华人民共和国教育部官网中 2021 年与 2017 年的教育数据统计。

学历所传递的信号是否准确，与学历教育的质量有密切关系。为了保证学历教育的质量，必须要强化个体特征、培养模式与市场需求之间的匹配程度，以便更好地保障高等教育大众化后的教育质量。可以参考英、美等国的经验，采取简化办学准入退出机制、依据办学质量下放学位授予权和命名权、构建基于风险的高等教育质量保障体系、实施教育卓越计划、明确学校信息公开等措施。另外，构筑完整且不断发展的质量监管与评价体系也尤为重要。可以成立专门的高校教育质量监管机构，并积极发展外部考评、院校审核制度，引导高等院校提升教育质量和满足市场与个人的需求。

（二）提高研究生综合素养

研究生教育作为高层次学历教育，是国家培养高层次人才的重要手段。教育部在2017年发布的《学位与研究生教育发展“十三五”规划》中，明确提出“双一流”建设背景下，改革硕、博士学位授权审核办法，并开展博士研究生教育综合改革试点工作。该规划还指出：到2020年研究生教育要实现服务需求、提高质量的内涵式发展。这体现了研究生教育发展在满足一般学历教育发展要求的同时，还要更加注重与社会需求的紧密联系以及发展模式的高质量性。前文研究结果表明，高学历公司决策者在并购短期绩效中表现不佳，原因可能在于缺乏沟通交际、舆论公关等必要的商业手段。这就需要研究生除了做好学术研究以外，还要全面培养综合素养。院系与导师是研究生学术生活的重要组成部分，而校园活动则是研究生业余生活的质量保证。提高研究生综合素养，要以研究生业余生活为主要抓手。

学生组织是学生保障自身权利、发展兴趣爱好、丰富业余生活最重要的渠道。通过参加学生组织，能够在本专业上进行知识拓展，或是在其他领域培养自己的爱好与特长。在社团招新、活动宣传中，学生还能锻炼自己的语言表达能力、沟通能力及宣传公关能力。学生组织是借鉴政府部门或民间团体的架构组建，学员在加入组织、参加会议、开展活动、选举换届的过程中培养民主意识和公民意识，为将来步入社会行使自身权利甚至走上管理岗位打下基础。学校各类学生组织定期举办的对外交流活动还能开拓学生的视野，丰富他们的生活，在彼此团结协作间建立的友谊也能为将来在社会上的发展积累人脉资源。

目前，各大院校的学生社团多为本科生创建，极少主动吸纳研究生加入。研究生的主要学生组织为研究生学生会，该组织政治意味较浓，且内部氛围与其他学生组织相比较为压抑。其他研究生学生社团多为学术型社团，对提高研究生业余生活质量和锻炼必要的社会能力帮助有限。中共中央、国务院印发的《中长期青年发展规划（2016—2025 年）》对大龄青年的身心问题给予了极大的关注。硕士和博士研究生是高学历大龄青年，也是未来国家各行业的高端储备人才，其身心健康和综合素养理应受到更多的重视。浙江大学、西安交通大学、武汉大学等知名院校博士自杀事件频发，虽有其外部因素，但也在一定程度上反映出高学历群体在自我调节能力与沟通交际手段上存在不足。因此，加强研究生学生组织建设，能够在保护研究生应有权利、保持研究生身心健康、开拓研究生视野、提高研究生综合素养上发挥极大作用。

## 二、以财经类院校为核心，开展跨校双学位教育

前两章的结论已经表明毕业于财经类院校的公司决策者在并购长期绩效上表现良好，而毕业于综合类、理工类院校的公司决策者在并购短期内虽取得较好绩效，但在长期内的表现并不突出。毕业于其他类院校的公司决策者对并购短期与长期绩效均有负面影响。这说明财经类院校相比于综合类、理工类院校在培养管理决策人才上具有先天优势。同时，财经类院校毕业的公司决策者在并购短期绩效中的表现不显著也说明了其同样存在不足。其他类院校对并购绩效产生负面影响，证明了经管专业思维训练的重要性。因此，以财经类院校为核心，不同院校发挥比较优势进行跨校联合培养，是院校间取长补短、弥补各自不足的有效办法。

### （一）加大财经类院校建设力度

前两章的结论已证实财经类院校的重要作用。为了发挥财经类院校的特

长，需要进一步明确财经类院校在培养管理决策人才上的核心地位。我国财经类院校在定位上应进一步与综合类经济院系和财经专科院校划清界限，明确以培养应用型人才为目标。这意味着财经类院校并不是仅仅培养从事经济业务实际操作的人才，而是将理论与实践相结合、善于运用经济理论解决实际问题，并能将实际问题上升到经济理论的高级人才。这类人才既具有扎实的理论功底，又具备较强的实践操作能力。(张进，2006)

针对这一目标，财经类院校要摒弃“轻实践重课堂”的观点，以实践创新能力为重点培养内容，树立新型教育教学观。在教学内容上，要加大复合型、应用型课程的比重，并相应提高学分。在专业课基础部分的学习完成后，可按市场需要将不同课程的相关内容整合到一起，以企业战略决策为导向，向学生展示这些基础知识是如何在实际决策中得到运用。在授课形式上，除了继续重视课堂教学外，实验室操作与实践基地的学习也要适当增加课时并加大训练强度，保证实验操作与实习实践能真正起到实效。

为了保证财经类院校教学质量，必须对师资选聘提出新的要求。财经类院校对理论与实践的并举，要求学校拥有一定比例既具有理论功底并发表过相关学术成果，又有在上市公司担任过高管或有过成功创业经历的教职人员。目前，具备这种双重条件的人才还较为稀缺，可以通过适当扩大兼职教授与客座教授比例的方式暂时解决这一难题。财经类院校在校企合作上有先天的优势，学校可利用这种关系，从企业选聘部分高学历且颇具市场经验的高管来学校担任兼职教授与客座教授，或选派部分相关专业的教师去企业挂职，并规定挂职年限与任务完成量。另外，还可以放宽同区域财经类院校优质师资的流动，互相担任各自学校的兼职教授，弥补优质师资的不足。

财经类院校的学校氛围是毕业于该类院校公司决策者拥有更高并购长期绩效最为关键的因素。一方面，财经类院校可继续深入推进“2＋2”模式，即在前两年按学科大类统一讲授公共基础课，后两年则根据学生个人意愿与市场需求，在院系范围甚至全校范围内开展分流培养，对不同类型的学生设置和营造有所差异的教学内容与培养环境。各类文化节与竞赛是学校的“第二课堂”，要充分挖掘其价值。可以以学校、院系或者社团为单位，以商业活动中常见的问题为主题举办各项赛事，并设立活动经费专项基金，为参加竞赛的学生或团队提供资金支持，为获奖的单位和个人提供奖金。学校文化节是受众面最广的校园活动之一，财经类院校可以通过与企业的合作，邀请企业到校园进行商业运作宣传，或安排学生赴企业参加交流访问等。

（二）广泛开展跨校双学位教育

前两章的内容已证实其他类院校背景的公司决策者在并购长期绩效上的表现并不显著，但对于工程类、医学类、农业类业务为主的公司，由本领域的技术专家担任公司决策者有其必要性。一方面，非财经类院校毕业的公司决策者未受过经管专业训练，不利于这些类别院校的公司决策者做出正确的战略决策。另一方面，财经类院校大多是依靠单科发展起来的以经管专业为主的多学科院校，缺乏综合类院校不同学科背景交叉融合、博采众长形成的多元化校园氛围，更缺乏老校薪火相传的深厚历史底蕴。（张进，2006）高等教育除了要满足市场需求外，还要兼顾人的全面发展。财经类院校在促进人的全面发展上和综合类院校有一定差距，在并购短期绩效上的表现正说明了该问题。为了充分发挥财经类院校在管理决策人才培养上的优势，同时弥补财经类院校对学生全面发展培养上的不足，可以考虑以财经类院校为核心，对其他类型院校开展跨校双学位教育，并在此基础上积极引导财经类院校学生赴综合类院校修双学位。

跨校开展双学位教育，既能使综合类、理工类及其他类院校受到经管专业训练，又能以这些学校的优势学科和文化氛围促进财经类院校学生的全面发展。由于财经类院校的教育资源有限，为了保证教学质量，开办双学位教育的财经类院校可在资格申请上设定硬性条件或举办入学测试，将双学位教育资源集中到具有可塑性的学生当中，防止有限教育资源的浪费。目前的双学位教育普遍存在因课酬不高导致优质师资稀缺、因学校不重视导致行政服务人员敷衍了事、因毕业要求不严格导致学习强度不够等问题。造成这一现象的主要原因有两点：一是在教育资源稀缺的情况下，学校只能将有限资源投入本校学生中；二是学校对双学位教育的意义认识不够。针对以上问题，政府与学校有必要采取一系列措施去予以解决。首先，可以尝试在师资力量与资金雄厚的“双一流”财经类院校开展双学位建设。例如，武汉市的“7＋1”部属高校双学位跨校选修中，中南财经政法大学的会计学、金融学等专业成为其他部属院校学生的热门选择。其次，目前对双学位教育缺乏明确的政策规定，要尽快为双学位教育出台相应的法律政策，引导高校双学位教育良性发展。另外，财经类院校在人的全面发展上存在劣势，可引导该类院校的学生选修综合类院校的双学位课程，利用综合类院校的历史底蕴、多姿多彩的校园文化和优势学科的教育资源来不断充实和完善自己，在综合素养上获得全面提高。

## 三、完善高校分类分层，消除对非重点院校的歧视

重点院校毕业的公司决策者在并购的短长期绩效中并未有更好的表现，这说明重点院校在培养应用型人才上的作用并不显著。一方面，我们要正确看待并逐步完善高校分类分层，为社会培养不同类型和不同层次的人才；另一方面，要消除对非重点院校的歧视，树立人才培养与选拔的新思路和新风尚。

### （一）完善高校分类分层

高校分类分层是明确高等院校培养目标、分配教育资源的重要依据。合理的高校分类分层能实现高校办学目标与办学特色的分流，更好地满足经济社会发展在不同类型和不同层次上的需求。目前，我国理论界根据高校的贡献程度、科研实力、教学情况，以三分法或四分法对现存高校进行分类。三分法将高校分为研究型大学、教学型大学、服务型大学。这种方法将教育功能割裂，造成高校定位的偏差。四分法将高校分为国内一流大学、具有教学与研究两个中心的一般重点大学、普通本科院校、专科学校和各类成人高校。这种分类法将高校类型和层次混淆。公立高校对政府拨款有依赖性，而政府拨款是以高校层次、规模来划分，高校层次又是以科研实力为主要评价

指标。这种现象造成了一些一般性院校不顾自身实际盲目拔高，不重视本科教育却大力发展研究生教育，致使大学分工不明确、盲目扩并、排名混乱；高校目标与社会需求脱节、精英教育与大众教育错位、学科设置与人才培养目标趋同等问题。（傅林和胡显章，2004；邹晓平，2004；王楠，2016）

完善高校分类分层需要有明确的指导思想，并在此基础上订立分类分层标准。高校分类应该遵循这一特点，即将高等教育体系发展为一个拥有“服务于不同顾客、拥有不同目的、接获不同方式的补助、具有不同质量与成就水平的各类高等教育机构的集合体”。（菲利普·阿特巴赫，2001）从国家发展层面看，高校分类应在科学发展观的指导下，进行统筹协调、多元化可持续发展，在高校职能分化的前提下，要考虑到高等教育结构目前的状况与未来的趋势，将高校分类放置于整个社会系统中去思考，并且其自上而下的设计要与国家的法律政策相匹配。（傅林和胡显章，2004；戚业国和杜瑛，2005）从分类依据上来看，大学教育的本质在于人才的培养，根据属性、功能、水平、层次甚至从管理上的分类意义不大，高等教育的分类还是要回归到“人”。（邬大光，2010）从分类视角上来看，应该以多学科多维度的方式，而不是仅仅只是以单一指标和一维视角来处理高等学校分类分层问题，学科覆盖、学校职能、学位授予、服务面向、办学规模、资源获取、学科专业、人才培养、科学研究、社会服务、学生成分、教师队伍、经济（地理）区域、宏观管理学位授予层次，博士生占总规模比例、硕士生占总规模比例、科研经费、国家重点学科数量、国家重点实验室数量、资源支持和办学条件等方面为高等学校建立了一个动态多维的分析框架。（陈厚丰，2008；曹赛先，2003；王楠，2016 等）另外，除了进一步解决现有院校分类分层问题以外，还有必要专门针对应用型人才的培养发展应用型大学。应用型大学是目前世界大学培养应用型人才的重要趋势。《教育部 2018 年工作要点》中明确提出，要“实施应用型本科高校建设项目，以项目建设促进转型改革。建设一批行业企业共建共管的现代产业学院和未来技术学院”。可以将科研任务专门分配给“双一流”综合型院校，而将“双一流”财经类院校作为应用型财经类本科教育的试点，进行应用型大学建设的试验，并逐步向下层级别的同类院校推广。另外，民办高校与企业的联结有天然优势，提高民办教育，特别是营利性民办教育的地位，是发展应用型大学的有效手段。

（二）消除对非重点院校的歧视

学校层次与并购绩效的实证结果验证了“各尽其才”的重要性。重点院校的学生可能具有更扎实的理论基础、更好的应试与科研能力，但在综合素养与实践能力上并非绝对优于一般院校毕业者。目前，社会上普遍有一种“名校崇拜”情节，这种盲目崇拜的心理已经造成了诸多负面影响。根据人力资本理论的内容可知，人力资本不仅有量的差异，还有分布的差异。消除对非重点院校的歧视，是更加充分合理地利用人力资本的关键。为此，要树立人才培养与选拔的新思路与新风尚。

根据前文内容可知，不同背景特征会对异质性人力资本产生影响，而异质性人力资本决定了人的行为决策差异。背景特征是由性别、年龄、教育、任期等多方位的要素构成。但目前国内的校园招聘对第一学历是否为原“985”“211”或“双一流”院校有一定要求，对非重点院校有较为明显的歧视，类似于这种仅凭单一背景特征就实施一票否决的招聘策略，不利于企业选拔出与自身需求匹配的人才，造成了人力资本的严重浪费。为解决该问题，公司可按照岗位需求，合理设置应聘条件，利用不同考核方式多角度地考察应聘者背景特征与岗位的匹配程度。特别是对关键岗位的人才选拔，需要设计更为全面的考察流程。除了通过简历筛选、网上评估、无领导小组讨论与结构化面试等常规方式外，在考察过程中也可让求职者与公司高管进行“一对一”面谈，参加素质拓展、工作聚餐或一般商务会谈，熟悉企业文化、工作环境及职位职责，使其思考是否能融入企业并胜任职位。利用招聘流程进行双向选择的方法，能有效提高职位匹配的精确度。对企业内非重点院校出身但具备培养潜力的员工，要破除偏见并积极为他们创造在职学习的机会。另外，对所有员工要一视同仁，设计明确的晋升阶梯，使员工在良性竞争的环境下获得提升。在公司决策者继任人的培养与选拔中，要坚持“任人唯贤”的原则，以继任者个人的领导力、决策力以及是否具有敢于承担风险并积极进取的良好品质为主要考察点，对无关紧要的背景特征则给予弱化或不予考虑。

## 四、实现专业教育与“双创”教育的融合发展

由前文内容可知，虽然经管类与文法史哲类专业背景的公司决策者对提高并购短期绩效有所帮助，但在并购长期绩效中的表现并不突出，这证明教育内容对公司决策者决策能力的影响多体现在思维方式和视野上，而不是具体的专业知识。经管专业的公司决策者也并未有更好表现，更说明了理论学习与实践操作之间存在显著差异。“双创教育”的蓬勃发展为专业教育的理论联系实际架起了桥梁。

### （一）厘清专业教育与“双创”教育的关系

2015 年 5 月，国务院办公厅印发《关于深化高等学校创新创业教育改革的实施意见》，标志着高校创业教育从“以创带就”进入“双创”驱动发展新阶段，即从单纯强调创业拓展为以创新为基础的创新创业教育，让创新创业人才成为经济发展的驱动力量。为了全面推进双创教育，教育部要求从 2016 年起所有高校必须开设创新创业课程并将其纳入总学分①。

创新创业教育同其他人文社科类教育的区别在于，它的教育目标、教育内容是随着教育实践的发展而不断发展的，是一种“生成性教育”。专业教育的特征则在于标准化、可复制、批量生产等特点，其培养目标在西方工业化时代已经确定。当今社会单纯依靠生产要素的简单投入已无法驱动经济发展，对生产要素进行重新组合以改变生产函数的创新活动才是经济发展的主要驱动力。大学标准化的专业教育也同样无法满足个性化与创造性人才培养的需求。专业教育必须主动适应环境的变化，同相近学科的知识进行融合。创新创业教育的诞生与发展适时地解决了这一问题。创新创业教育的实践性

① 教育部. 高校科技成果优先向学生创业企业转移 [EB/OL]. (2015-12-11) [2017-05-17]. http://edu.people.com.cn/n/2015/1211/c1053-27917881.html.

能将离散的专业课知识整合到一起，与文化价值、法律道德、市场环境相结合，使学生了解所学知识在现实中是如何融会贯通并加以运用的。（黄兆信和王志强，2013）

另外，促进专业教育与创新创业教育相融合，是利用专业学科优势扬长避短，减少创新创业活动盲目性，提高成功率的有效途径。可以将创新创业纳入整个专业教育体系之中，丰富与完善学生知识结构，激发不同专业学生努力学好专业知识，并将其运用于创新创业实践之中的积极性。目前，创新创业教育与专业教育融合的模式主要有三种，即磁石模式、辐射模式和混合模式，这三种模式在项目中心、资金支持、教学活动的集中度上有所差异，这些差异导致了在回报周期、资金投入和融合深度上存在不同。具体选择哪种融合方式，要根据学校分类分层、软硬件条件、资金状况、创新创业教育发展阶段等进行综合考虑后加以选择。

（二）区分不同院校及专业的定位差异

从不同层次的学校来看，重点院校是培养高端人才的摇篮，在创新创业教育的目标上要突出这一特殊要求。重点院校在目标上应定位为培养规模企业创始人或管理决策者。可以通过校友企业家的关系，借鉴政府挂职锻炼的模式，为参加创新创业的学生提供到大型上市公司学习实践的机会。重点院校有较为雄厚的软硬件条件，可借助原有产业园成立创业孵化中心，为参与创新创业的教师与学生提供咨询服务。从前文的分析中可知，财经类院校在培养管理决策人才上具备一定的优势，因此可以将“双一流”财经类院校作为精品创新创业教育试点院校，并逐步在其他“双一流”院校中推广。一般院校在硬件设施、师资力量、校友资源、项目经费上要远弱于重点院校，必须依托有限资源，开展以就业为主要目的的创新创业教育。一般院校的创新创业课程设计主要围绕着小型项目展开，并将课程分为理论课与实践课两部分，理论课由创业中心老师与创业校友讲解，实践课由学生分为小组自行讲解。学校可以将校内营利性项目，如接待中心、美食街、小超市、蛋糕店等承包给学生，锻炼其交际能力与经商思维；还可与重点院校进行合作，遴选部分优质创新创业项目，利用对方孵化中心将项目付诸实践。另外，学校可在寒暑假期间，安排学生到合作企业统一进行实习实训。

从不同专业来看，由于没有受过经管专业训练，不利于做出正确的战略决策，因此需要对经管类专业与非经管类专业学生开设不同内容的创新创业课程。对于没有经管类专业背景的学生，首要任务是为他们补充经管方面的专业知识；对于经管类专业背景的学生，可以借鉴 MBA 的部分教学方法，利用案例分析，将他们在专业课上所学知识运用到实际中，加深他们对理论的理解，并培养他们的表达能力、应变能力和意志力。有条件的还可以开设现代礼仪等课程，以提升学生的形象气质与交际能力，塑造其独特的个性魅力。（徐纯正，2020）要将专业教育融合到创新创业教育中，因时制宜、因地制宜地将重点放在本专业的产业发展动态上，培养符合行业市场前景的创新创业与管理决策人才。

（三）大力发展创业型大学

在欧美国家高等教育进入大众化后，面对政府与社会需求的不断扩大、生存与发展压力日益增大的复杂形势，在外部各种要求改革的强烈呼唤与大学内在逻辑的共同带动下，一些大学通过主动变革实现了发展模式的演变。这种不同于传统教学科研型的大学模式，被美国高等教育学家伯顿·克拉克（Clark）称为“创业型大学”（Entrepreneurial University）。创业型大学在传统大学教学与科研功能的基础上，更加注重创业精神的培养。在我国，民办教育是缓解高等教育财政支出压力、平衡高等教育市场供需关系、优化高等教育资源配置的重要途径。相较于公立高校，民办高校的投资主体与治理主体更加多元。特别是营利性民办高校，其办学目的决定了与公立高校和非营利性民办高校在经营理念与校园文化上有诸多不同。2016 年新修订的《教育法》删除了“任何组织和个人不得以营利为目的举办学校及其他教育机构”，以及新修订的《民办教育促进法》中允许“民办高校举办者自主选择营利或非营利性质的高校”的规定，彻底承认了营利性民办高校的法律地位。营利性民办高校以获得盈利为目的，在学校管理上采取董事会制度，因此其运作方式上与企业有诸多相似之处。（徐纯正和陶夏，2017）由于校董事会成员多元化，其中公司投资者扮演着十分重要的角色，因此营利性民办高校与企业和市场有着天然的联结。这种关系不仅会影响学校的机构设置、运营管理、教师考评、对外交流与合作，还会对学校的校风造成潜移默化的影响。以营利性民办高校为基础发展创业型大学，是目前现实可行的方案。例如，武汉生物工程学院由本地民营企业家创办，旨在培养高素质的创新创业人才，其创办者的企业家思维影响着学校的方方面面。为了培养学生的创新创业意识，该校除了进行常规的创新创业教育以外，还举办了各种类型的创业计划大赛，并将学校校车、商铺等承包给学生，锻炼其商业思维。不仅如此，学校还通过食堂、招待所等后勤单位，为贫困学生提供大量兼职岗位，一方面解决了贫困生勤工俭学的问题，另一方面又为学校节约了管理成本，可谓“一举两得”。为了对学生的企业家能力进行全面培养，该校还借助独有的“书院文化”，成立酒文化、国学、礼仪等多个社团组织，由专业老师进行培训，提高学生的综合素质。

## 五、坚持发展和完善 MBA 教育体系

前文实证部分已证实 MBA 教育对并购短长期绩效均有明显的提升作用。虽然我国 MBA 教育起步较晚，但对加快决策者知识与方法的更新、抑制企业家人力资本贬值已经起到了重要作用。相较于西方发达国家，我国的 MBA 教育在课程设计与考核、师资力量、招生制度上仍有不小差距，需要进一步完善。

### （一）继续推动 MBA 课程改革

目前国内 MBA 教育在授课内容、形式及考核方式上较为僵化，没有完全凸显高级管理人才培养的特殊性。MBA 教育机构大多会开设会计学、财务管理、市场营销等相同课程。这些课程在学术型学位教育中多有开设，没有体现学术型与专业型教育的差异。（陈志祥，2009）在授课方式上，主要还是以教师讲授为主，缺乏和学生的互动；在授课形式上，多以课堂教学为

主，缺乏企业实操；学生集中学习和训练的时间少、学习强度小，达不到高级管理人才培养的要求。在考核内容上，通常是以课程论文作为结课与结业的依据，考核方式过于单一。

美国是MBA教育的发源地，其中尤以哈佛商学院最为知名，其颇具特色的案例教学法及以课堂表现为主的考核方式是保障高质量商业领袖人才不断输出的关键因素。我国MBA教育机构可借鉴哈佛商学院在授课与考核上的经验，以案例分析为主要的授课方式，扩大案例分析在课程考核与毕业考核中的比重。采用固定与弹性相结合的学制，在固定学制期内要求学员完成所有必修项目的学习与考核，通过高强度的集中学习，培养学员在短时间内迅速做出正确决策的能力与良好的意志品质。在完成基本的学制后，可根据学员实际情况选择毕业或继续学习。为了照顾MBA受教育群体的特殊性，学员完成固定学制后可借助网络平台进行远程培训或与任课老师预约在其他地点授课。在课程考核上，将平时表现、分组讨论、案例分析、观点辩论、企业实操、课程论文按一定权重计入考核分数中。在毕业设计上，除了延续毕业论文的要求外，还可提供其他方式供学员选择，例如学员可根据自身企业管理决策取得的成功或失败经历撰写分析报告等。①

哈佛商学院自1908年以来，就开始探索市场伦理道德问题了。我国是社会主义国家，理应更加重视企业家伦理道德的培养。因此，在社会主义核心价值观的指导下开展人文素养培训具有十分重要的现实意义。学校要根据党的方针政策要求，开设职业道德与商业伦理课程，对学员讲解有关的法律法规和道德规范。另外，针对我国公司管理决策人员普遍缺乏人文修养的问题，还可以在条件允许的情况下开设国学、礼仪课程，培养文化修养和健康的兴趣爱好，端正个人仪表，提高管理决策者的个人魅力。

（二）加强导师资格评估与岗前培训

目前我国的MBA教育主要是依托高校资源，师资来源多为在校教师。

① 全文关于哈佛商学院MBA教育的资料均来源于哈佛商学院官网AcademicProgras中的MBA板块。

他们虽长期从事经管专业的教学与科研工作，但普遍缺乏企业实际操作经验。在西方发达国家，MBA 讲师的选聘有较为严格的要求，必须是取得博士学位、在相关领域有一定的研究成果且具备企业经营管理的实战经验者。由此可见，讲授 MBA 课程较之学术型学位教育的授课难度更大。MBA 教育本质是一种高层次的职业教育，必须理论联系实际，我国学究式的大学教师授课显然无法满足要求。（赵曙明，2002）

美国哈佛商学院的讲师均为世界知名企业家与学者，他们利用自己的经验，在案例讨论的过程中将领导力与挑战带入课堂。为了提高商学院教学质量，教授们要在克里斯藤森教学中心（Christensen Center）获取资源，并经过多方面的培训和教学反馈来成为更优秀的教员。教学在商学院处于关键地位，以至于成为终身教授聘任的核心部分。为了提高教师的实践能力，商学院还为公司开办了长则数月、短则数日的在职培训，鼓励教师为企业决策做咨询顾问。

结合哈佛商学院的经验，我国 MBA 教育机构在教师选拔上应对从事教学与管理工作的年限与层次提出最低要求。另外，要成立专门的教学中心，在培养目标指导下设计课程内容，并在每学期为 MBA 讲师进行培训，及时更新教学内容与教学手段。同时，MBA 教育机构还可以同合作企业以短期合同的形式为教师提供兼职机会，并规定最低任务要求。为了拓展师资来源，MBA 教育机构还可以在企业聘请高学历、从事管理工作达到一定年限的董事长、总经理、财务总监来担任客座教授。

（三）严格 MBA 办学审批与招生制度

优质的办学条件与严格的招生制度是 MBA 办学成功的保障。在中国，MBA 教育只是高校获取优质企业家校友资源或经管学院敛财的重要手段。为了获得更多收益，他们不顾现实条件扩大规模，却并不追加相应的软硬件投资。不仅如此，学校还招收了大量不具备管理决策人才潜质的学生，为其提供镀金的机会。投入不足与生源良莠不齐的问题导致 MBA 教育质量无法有效保障。

为了提高我国MBA教育质量，必须严格MBA教育办学审批与招生制度。MBA教育需要大量的教育资源投入，比如具有博士学位、有研究成果和公司管理经验的师资，设施齐全的多媒体教室，更新及时的图书资料室，设备先进的实验室，具有一定数量和规模的合作上市公司等。目前来说，只有“双一流”高校的“双一流”建设学科或知名企业创办的独立商学院有这种人力、财力、物力去举办高质量MBA教育。另外，为了保证生源质量，将资源完全应用到具备成为管理决策人才潜力的学院中去，必须严格招生选拔制度。例如，对英语四六级成绩、大学期间成绩绩点、专家推荐意见要有所要求，根据不同职业特点还可以另外增加其他考核项目。通过更严格的申请审核制度，实现MBA生源质量的提升。

## 六、立足经济社会发展实情，增强归国人员适应能力

前文实证结果表明，海外背景对提高并购绩效没有显著影响。这可能是因为有过海外留学经历的公司决策者对东西方文化、社会经济矛盾冲突的不适应带来的劣势抵消了决策者海外留学在先进管理理念与国际化视角上的优势，进而对并购决策产生了负面影响。因此，一方面，我国公司决策者的培养与选拔不宜盲目追求海外经历，而是要立足本国与区域发展实情；另一方面，随着经济全球化的发展，也确实需要一批有国际化视野的管理决策人才，这就要求海外留学人员的国外学习生活不能脱离我国经济社会发展的大背景，以提高学成归国后的适应能力。

### （一）立足本国与区域发展实际需求

首先，对海归人才的预期要有合理的定位，不宜盲目拔高。在较长时间内，我国高等教育同西方发达国家相比存在不小差距，造成了国内对海外教育的盲目崇拜。无论是国内高校、科研院所还是企业，在引进海归人才上都给予较之本土人才更为优厚的待遇。不仅如此，部分人才因其“土鳖”身份，直接被高校与科研院所拒之门外，或在进入单位后未能获得与海归同等的晋升机会。2018年的全国“两会”上，多名国内专家呼吁对本土人才的

重视。在进行人才选拔与考评时，要看其品质与能力是否符合本国与区域发展实际需要，而不以海归或本土背景作为评价依据，要为海归与本土人才创造更加公平的竞争环境。

其次，在人才培养上，无论是职业教育还是创新创业教育，都要以解决国家与区域发展实际问题为目标，避免照搬西方经验而成为“假大空”的说教。例如，我国 MBA 教育的教材多为国外资料的译本，这些国外的经典教材虽然质量较高，在教学效果上也得到了检验，但在我国并不一定适用。中国的历史文化、风俗习惯、经济体制和发展阶段同西方发达国家有较大差距，生搬硬套国外的经验教训可能不仅无法对管理决策实践带来帮助，还可能产生负面的影响。另外，我国企业普遍存在政治关联，尤其是国有企业，这种关联更加强烈。这种政治关联需要公司决策者有着较为敏锐的政治嗅觉，而西式教育下培养出来的人才往往对此没有正确的认识。另外，我国东西部经济社会发展差异较大，东部地区经济发达、对外开放程度较高，需要“熟悉党和国家方针政策、了解我国国情、具有全球视野、熟练运用外语、通晓国际规则、精通国际谈判”的全球治理人才①。西部地区经济欠发达，对外开放程度不高，解决当地经济发展的实际问题是最迫切的需求，这就需要能服务于当地经济社会的特色型人才。这些差异需要在培养目标与教学内容上加以区分。

我国市场经济制度的不完善，使得在管理决策上的风险和不确定性较之西方国家更大。树立良好的风险意识，是在更为复杂多变的我国市场环境中做出正确决策的重要前提。目前，我国年轻一代经常出现两种极端的风险态度，一种是过于保守，一种是过于冒进。积极进取，勇于冒险是企业家精神的重要内涵，但承担风险并不意味着轻视风险。《2017 年中国大学生就业报告》中提到：毕业后半年开始自主创业的应届毕业生，三年后超过半数退出创业。即便在创业环境最好的浙江省，大学生创业成功率也不超过 5%。连续五届的创业大学生指出“缺乏资金”“缺少企业管理经验”“市场推广困

① 该定义源自习近平总书记在 2016 年 9 月杭州“G20 峰会”上的主题发言。

难”是创业失败最重要的三个因素。针对这一现象，学校应加强风险教育，使管理决策者具备规避风险的意识与能力。

（二）增强留学人员归国适应能力

长期留学带来的水土不服可能会造成海归人才无法充分发挥其应有的作用。在积极引导留学生归国的同时，还要在留学生留学期间借助各种活动，加强他们与祖国的联系。可以由当地驻华使馆牵头，借助学生组织的力量，做好留学人员归国服务工作。有研究证明：目前我国境外使馆在留学生学习生活、签证办理等方面发挥着积极作用。（陈学飞，2003）组织和鼓励留学生归国服务是教育外事工作的又一项重要任务。一方面，领事馆要联合当地华人组织，尤其是华人学生组织定期开展联谊会，特别是在中国传统节日期间，利用联谊交流的机会增强他们的凝聚力与向心力，维系他们同国家民族之间的情感纽带。另一方面，要及时向他们传达全球格局与中国国情的新动向，让他们明白作为中华民族一分子的荣誉与使命，并更深刻地了解东西方经济社会的异同点，避免因错判与误判国际国内形势与自身优劣势，为归国工作和生活带来负面影响。为了使归国人员更好地融入社会、适应经济发展需要，除了帮助他们解决学习生活上的具体问题外，还可与国内就业、创业机构合作，为立志报国的留学者扫清障碍，并为其提供就业创业指导服务，使他们归国后学有所用，避免因资源配置不当造成人力资源的浪费，充分利用其比较优势为我国经济社会发展作出贡献。

### 七、创新教育理念，形成全程全域育人机制

实证结果和案例研究表明，校园文化对受教育者人生理想的确立、人格的完善有着至关重要的作用，有助于形成企业家的领导能力。营造独具特色的校园文化，有利于促进人的全面发展，例如前文提到的武汉大学开放包容的自由氛围，或西点军校高压苛刻的纪律要求，都在其学员身上留下深深的烙印。因此，必须创新教育理念，确立大教育观和大教学观，扩大课程外延，充分开发校内外课程资源，发掘社会要素的教育价值，形成全程全域育

人机制。

作为知识的传授者，教师本身就是价值载体。除了传统的“传道、授业、解惑”的显性课程内容，教师的学识修养、人格魅力和格局视野也会潜移默化地通过隐性课程得以展现，从而影响甚至指引学生价值观的形成。（吴晨，2019）雷军在武大教学楼自习，偶然听到老教授关于大学学习的见解，得到了受用一生的启发。另外，学校的建筑、园林等设施规划以及校风校训，无不反映着育人的价值取向；学校的组织管理、后勤服务、团建活动，也对完善学生的人格修养起到重要作用。例如，西点军校的晨练活动、橄榄球赛、野外军事拓展，对学生的身体素质、抗压能力、意志品质和团队精神都起到了很好的锻炼作用。

另外，要适应当代产业发展的趋势，打破传统的学科与专业束缚，扩大学生选课的自主权，丰富选修课的内容和范围以及学分所占的比重。要在条件允许的情况下，推行弹性学制，鼓励学生根据自身禀赋开展个性化学习。目前，我国高校大部分实行学年学分制，无法满足学生个性化培养的需求。可以尝试放松对学制的控制，在建立有效评价体系的前提下，允许学生按照自身学习情况提前或延期毕业。在“双创”教育的背景下，在严格把关项目可行性的前提下，允许学生休学创业。要改变传统的学生考核评价方式，允许学生以多种途径证明自己的学力。传统的评价方式主要考查学生专业知识的掌握情况，缺乏对学生综合能力的判断。在全域教育理念下，学生评价机制必须做出改变，以适应学生多元化、个性化的发展需要。可以允许学生通过参与社会实践、公益服务、调查研究、发明专利等其他形式证明学习能力和成效。（盛振文，2018）

# 第八章　总结与展望

## 一、全文总结

并购是公司重要的投资活动，更是一项战略决策。通过并购战略不仅能使公司股票价格上涨、提高股权所有者收益，还能增强公司竞争能力、增加公司利润、分散风险、实现多样化经营。并购绩效作为对并购结果的衡量，反映了公司决策者能力的高低。公司决策者能力是其企业家人力资本存量的外在表现，而教育是形成企业家人力资本最重要的来源。本研究以企业家人力资本理论为起点，分析了公司决策者能力对个体公司与整个经济发展所起到的作用，进一步探寻决定公司决策者能力的企业家人力资本的特殊性以及形成路径，从理论上说明了公司决策者人力资本对企业与经济发展的不可替代性，论证了本研究在理论上和现实上的意义。

根据高阶梯队理论的内容可知，公司决策者的认知与心理特征影响公司战略，公司决策者的认知与心理特征不易度量，而影响认知与心理特征的背景特征是能被度量的。受教育情况作为重要的背景特征，对认知与心理特征产生影响，进而作用于并购决策并导致不同的并购绩效。不同于以往研究思路的是，第一，行为金融学认为：风险偏好是重要的心理特征，影响决策者的行为选择。本研究将教育对并购决策的影响分为直接影响与间接影响，即教育产生的认知直接作用于决策或教育通过风险偏好间接影响决策。第二，本研究认为，并购对公司的影响体现在两个方面：一是通过并购宣告在股票市场制造出利好消息，抬高公司股票价格，增加了股东收益；二是通过并购的协同效应，对资源进行整合，减少了交易费用、分散了经营风险、实现了规模经营、增强了竞争能力。第一种影响在并购宣告前后的短期内开始发生作用，第二种影响在短期内难以显现，可能要经历较长时间才能发挥作用。在并购发生后不同阶段取得的绩效对应着公司决策者不同的能力。并购短期绩效的提高需要公司决策者特殊的个人魅力、良好的沟通与公关能力，并购长期绩效的提高需要公司决策者的坚定意志、敢于承担风险与不确定性的勇气以及决策所需的复杂计算能力。第三，高阶梯队理论的思路是由背景特征到行为选择，而本文应用的则是高阶梯队理论的反向思维，即由行为选择的结果反推背景特征的问题，并总结相应的启示和建议。本研究将关注点放在公司决策者上，全方位分析近年来有过并购活动的上市公司决策者在性别、年龄、任期、教育上的分布情况，以及不同背景特征内部并购绩效的差异性。针对教育背景与并购绩效的实证研究，深入探究了教育对企业家人力资本的影响，重新认识我国现行教育体系和人才培养与选拔模式的现状和问题，并提出相应的对策建议。通过对我国上市公司决策者教育背景与并购绩效的理论分析与实证检验，得出以下几点结论：

1. 公司决策者学历与并购短期绩效负相关，与并购长期绩效正相关。虽然谨慎的风险态度有助于提高超额累计收益，但由于更多关注长远规划与趋势判断且缺乏必要的宣传公关手段，学历高的公司决策者在并购首次宣告前后并未在股票市场中有更好反应，相反还产生了负面影响。但高学历公司决策者在复杂计算及排除外部干扰上的优势，使并购发生后协同效应随着时间的增加逐渐产生作用。该部分的实证结果表明，学历能提高公司决策者的企业家人力资本。接受教育的数量越多，对公司的长期发展越有利。

2. 综合类与理工类院校毕业的公司决策者能显著提高并购的短期绩效，而财经类院校毕业的公司决策者则在并购的长期绩效中表现更优，其他类院校毕业者对并购绩效有不利影响。综合类院校的生源质量、师资与学生的多元背景能丰富决策者的思维与手段，并在不同领域积累人脉，有利于在并购宣告前后短期内提高股票价格。理工类院校则由于院校合并前高质量生源与倾向实施多元化战略的缘故，对并购短期绩效产生积极影响。但在长期内，财经类院校毕业的公司决策者由于专业知识、商业氛围、校企合作的缘故，使他们具备管理决策必要的思维，并能通过并购提高公司绩效。

3. 公司决策者学校层次与并购短期绩效负相关，与并购的长期绩效无显著关系。毕业于重点院校的公司决策者是学生时代的优胜者，在赞誉与羡慕中长大。相较于普通院校毕业者，他们更容易产生过度自信，在风险态度上更为激进。这种风险偏好不利于提高超额累计收益。可能是受历史原因的影响，众多优秀学子失去了进入重点院校学习的机会。还有一部分重点院校的优秀学子受科技报国思想的影响，立志成为科学家与工程师。另外，我国对应用型人才的培养起步较晚，且一直不重视，重点院校和一般院校的创新创业教育存在雷同性。上述三个原因造成了重点院校毕业的公司决策者在实际管理决策能力上并没有理论上那么突出。

4. 在并购发生的短期内，经管类与文法史哲类专业的公司决策者与并购短期绩效正相关，理工类专业背景的公司决策者对提升短期绩效没有显著效果；在长期内，经管类、理工类、文法史哲类均对提升长期绩效没有显著影响；其他类专业背景的公司决策者在并购决策后的短期与长期绩效均显著负相关。经管与文法史哲专业的知识及技能能够直接运用于股市的运作，达到短期内提高股票价格的目的。理工类专业的公司决策者热衷发明创新，但以研发投入为主要目的并购在短期内难以显现效果。长期内经管类、理工类、文法史哲类专业背景的公司决策者对并购绩效没有显著影响，结合学校类型的研究结果可知，相较于专业知识，教育内容对公司决策者的影响多体现在思维方式和视野上。值得一提的是，经管类专业背景的公司决策者没能取得更突出的并购长期绩效，可能还因为理论知识与实际操作有较大差异，而理工类背景公司决策者受国内创新环境的影响，也并未取得良好的并购长期绩效。其他专业背景公司决策者在并购的表现上不理想，可以证明没有受过经管专业训练者确实不利于公司决策。

5. 公司决策者接受 MBA 教育的经历对提高并购短期和长期的绩效有显著影响，说明我国的 MBA 教育体系与培养模式虽然存在一定的问题，但在高管的知识、信息与手段更新上确实起到了积极的作用，总体上看有利于对管理决策能力的培养，验证了我国开展高等职业教育的必要性及重要性。

6. 拥有海外留学背景的公司决策者对提高并购短期绩效与长期绩效没有显著影响。造成这一现象的原因可能在于东西方经济、社会、文化差异造成的冲突，抵消了留学带来的因吸收先进管理理念及多元文化熏陶所形成的国际视野上的优势。

人力资本理论的结论虽已被广泛证实，但教育对人力资本的影响路径、教育的不同维度对人力资本影响的差异却涉猎较少。高阶梯队理论虽然认为教育背景能够反映受教育的情况，但企业家人力资本的复杂性会导致接受教育后的实际效果与预期发生偏离。Heckman（2005）的研究发现：中国劳动力市场中，个体人力资本投资无法获得全部回报，教育对劳动力生产率提高的边际贡献无法被真实反映出来，这部分是教育政策的扭曲造成的。因此，从并购绩效的差异反推教育体系和人才培养与选拔模式存在的问题有其合理性。实证研究发现：公司决策者学历与MBA教育对并购协同效应的发挥产生积极效应，证明了教育对经济发展的促进作用。但同时，公司决策者在学校类型及专业类别的异质性对公司并购影响的差异，以及海外留学背景对公司并购影响不显著，证明了教育对人力资本影响的复杂性。

另外，本研究还从学历分组、学校类型分组、学校层次分组、专业背景分组、MBA分组和海外背景分组分析了我国并购企业公司决策者的受教育情况以及不同分组并购绩效的差异。在研究样本中，我国公司决策者平均学历为硕士研究生，多毕业于理工类院校和理工类专业，毕业于重点院校与非重点院校者人数相当，而接受过MBA与海外教育的人数要远少于未接受者。另外，公司决策者风险偏好不仅影响决策者战略决策，也影响着公司的风险承受水平。Tversky和Kahneman（1981，1991）认为，不同的风险偏好会导致不同的决策结果。风险厌恶的个人能减少决策带来的结果波动性，降低行为风险。因此，风险厌恶特征在财务金融的研究中，被看作是理性行为的表征。以往的研究认为，较低的风险承受水平意味着公司盈余波动性较小，更有利于公司长期平稳发展。（周为，2014）高学历公司决策者在风险态度上更为谨慎，具有风险厌恶者的特征，有利于降低盈余波动性；MBA教育背景的公司决策者在风险态度上较为激进，具有风险爱好者的特征，可能会造成较大的盈余波动，虽然在并购中取得的绩效较好，但其风险态度在今后的培养过程中需要更加注意。

为了进一步验证实证结论，本研究运用质性研究方法，以美国西点军校，知名企业家雷军、黄立、李书福，以及第一个由并购“走出去”的柳传志作为研究对象，通过分析相关人士的演讲、访谈和撰文内容，进一步论证了企业家人力资本形成的内在机理以及在并购中所发挥的作用。首先，大学孕育着企业家的创业梦想，远大理想和脚踏实地是企业家取得成功的前提条件。企业家人力资本属于异质性人力资本，即相较于普通劳动者，企业家需要有更开阔的视野、更精准的分析判断力、更强大的身体和心理素质，以及更好的沟通协调和合作能力。大学的课程训练、校风文化和师生交流等能潜移默化地影响人的行为习惯、形成和完善良好的品格特质，以及出色的领导能力。企业家人力资本既包括认知能力，也包括非认知能力。良好的认知能力是并购成功的基础。并购是一项复杂的投资活动，无论是对本公司战略规划的统筹、财务风险的控制，还是对标的公司的选择、收购价位的预期，以及启动收购计划和公开收购信息的时机、采取的收购方式等，都需要有良好的专业知识和进行复杂计算的能力。突出的非认知能力是并购成功的关键。较强的非认知能力能使双方进行有效的沟通，进而减少并购过程中的缔约成本，提高并购工作的推进效率。另外，非认知能力能够使企业家迅速调整适应市场需求的策略，在非均衡状态中寻找机会调整策略，在获得超额利润的同时使市场重新达到均衡状态。通常，企业家人力资本中认知能力和非认知能力并非割裂开来的，而是彼此互动、共同影响并购决策，进而导致不同的并购绩效。在联想并购IBM的经典案例中，时任联想集团董事长的柳传志发挥了重要作用。无论是并购前的标的公司选择、谈判负责人的任用，还是并购后重新出山并协助CEO杨元庆实现班子重组和企业文化重塑，都展现了柳传志良好的分析判断力、坚强的意志品质和高超的交际手腕，反映了企业家人力资本在并购过程中认知能力和非认知能力的互动作用。

本研究还能为认识我国教育体系和人才培养与选拔模式的一些问题提供启示和建议。第一，学历教育的作用应得到充分肯定，“唯学历论”的观点虽然片面，但在当下有其合理性，不足之处在于高学历者其他社会技能的培养在长期校园生活中未得到锻炼，需要提高其综合能力。第二，与专业知识和技能相比，良好的氛围环境有助于视野的开阔和思维的训练，更能影响性格与能力。以财经类院校为核心开展跨校双学位教育、促进专业教育与“双创教育”融合以及发展创业型大学是解决这一问题的有效途径。第三，重点院校在培养人管理决策能力上的优势较之于一般院校并不显著。要正确认识不同层次院校间受教育者人力资本分布的差异性，完善高校分类分层工作以满足经济社会对不同类型与层次人才的要求。在人才招聘与选拔中要消除对非重点院校的歧视、全面考察应聘者背景特征和能力与岗位需求的匹配程度，并坚持“任人唯贤”的原则提拔人才。第四，虽然我国 MBA 教育起步较晚，也存在一定的问题，但对决策者知识、信息与方法的更新有着显著的帮助，要借鉴国外经验从课程设计与考核、教师选聘与培训以及办学资格与招生资格审核上进一步完善 MBA 教育。第五，海外留学经历由于东西方差异导致的抵消效应使得其在国内发挥的作用大打折扣，这就需要在人才的培养和选拔上立足本国与区域发展实情，增强出国留学人员回国的适应能力，并在此基础上培养具有国际视野的管理决策人才。

本研究还能为公司人力资源管理提供参考。目前来说，公司若需要短期内在市场中制造利好消息，则应选择综合类、理工类院校毕业或者经管类、文法史哲类专业背景的公司决策者；公司若需要提前规划布局、实现大的战略目标，则应选择高学历、财经类院校毕业或有过 MBA 教育经历的公司决策者；公司盈余波动大、发展不稳定时，可选择高学历公司决策者而避免使用重点院校毕业和有过 MBA 教育经历的公司决策者。在经济形势、教育制度等发生变化后，可能需要对这一结论进行重新检验。

## 二、展望

本研究旨在探讨我国上市公司决策者教育背景与并购绩效的关系，并为此构建了包含风险偏好中介变量的教育背景与并购绩效的实证模型。以高阶梯队理论来研究企业家人力资本的相关问题，本研究还仅仅只是迈出了第一步，未来的探讨与研究可以向以下几个方面展开：

1. 首先，由本研究的统计结果可知，样本内的公司决策者年龄段跨度较大，不同年龄段所对应教育时期的特点有较大差异，比如在高校扩招前考取大学的难度和扩招后不可同日而语，造成在不同时期所接受的同一层次的大学教育质量不尽相同。在今后的研究中，可对中国高等教育发展阶段对应的不同年龄段进行控制后再进行检验，提高结论的准确性。其次，背景特征之间不同的搭配组合会对战略决策及其结果产生不同影响。可以在实证模型中加入不同背景组合的交叉项，来更深入地分析教育背景对战略决策的影响。除了风险偏好的作用以外，根据 Hambrick 等人的研究，自由裁量权、决策环境等对教育背景和战略决策之间有着调节作用，在未来的研究中可以在实证模型中加入相应的调节变量分析。另外，高阶梯队理论的贡献不仅在于它构建了高管背景特征与公司行为选择的研究范式，更重要的是它强调了高管团队作为一个整体的背景特征对公司战略决策的重要性。在下一步研究中，可继续以高阶梯队理论作为理论基础，探讨高管团队教育背景异质性或高管垂直对战略决策的影响。

2. 国泰安、wind 等数据库是为公司治理研究服务的。过去对高管背景特征的研究重视不够，导致数据库在搜集整理该板块的内容时多有缺失，再加上“唯学历论”的社会风气，不少白手起家的低学历者在功成名就后不愿提及自身短板，会刻意隐瞒教育背景，这为本研究在数据采集上增加了难度。为了弥补这一缺陷，本文在尽量使用第一学历信息的同时，会以最高学历信息或职业技术证书及资质等作为替代，以补充缺失数据。这种方法的弊端是会使实证结果出现偏误。随着高阶梯队理论在学术界的广泛运用，上市公司高管个人信息公开制度的完善，高管教育背景的相关资料必将更加详尽，这为实证结果的准确性提供了有力保障。

3．企业家人力资本的来源有天生禀赋、市场实践和教育培训，但三者并非孤立存在，而是相互之间有所关联。在接受相同教育数量、教育内容、教育质量、教育深度及教育广度的前提下，天赋高的个体能够从教育中获得更多的人力资本；在类似的市场环境下，天赋高、受教育好的个体能从自身与他人以往的实践活动中总结出经验和教训，从而在下一步的实践中做出正确决策。这也是企业家人力资本复杂性的一个重要表现。在下一步的研究中，可将天生禀赋、市场实践、教育培训的互动关系考虑在内，构建教育背景对战略决策影响的实证研究框架，继续深化对教育与经济关系的认识。

# 参考文献

## 中文文献


[1] 艾洪德，刘聪. 基金经理个人特征与基金投资风格 [J]. 财贸经济，2008，(12)：26-31.

[2] 白云涛，郭菊娥，席酉民. 高层管理团队风险偏好异质性对战略投资决策影响效应的实验研究 [J]. 南开管理评论，2007，(02)：25-30.

[3] 白仲光，蓝翔. 金融事件研究的理论方法与步骤 [J]. 经济导刊，2003，(12)：34-37.

[4] 蔡昉. 刘易斯转折点与公共政策方向的转变——关于中国社会保护的若干特征性事实 [J]. 中国社会科学，2010，(06)：125-137.

[5] 曹赛先. 大学校园文化建设主体论略 [J]. 大学教育科学，2003，(03)：76-79.

[6] 陈传明，孙俊华. 企业家人口背景特征与多元化战略选择——基于中国上市公司面板数据的实证研究 [J]. 管理世界，2008，(05)：124-133.

[7] 陈厚丰. 中国高校分类标准及指标体系设计 [J]. 高等教育研究，2008，(12)：12-15.

[8] 陈庆杰，李补喜. 领导结构、经理人职业素质与会计信息质量——以受处罚的上市公司为例 [J]. 经济管理，2005，(23)：44-49.

[9] 陈仕华，姜广省，卢昌崇. 董事联结、目标公司选择与并购绩效

——基于并购双方之间信息不对称的研究视角 [J]. 管理世界, 2013, (12): 117-132.

[10] 陈仕华, 卢昌崇, 姜广省等. 国企高管政治晋升对企业并购行为的影响——基于企业成长压力理论的实证研究 [J]. 管理世界, 2015, (09): 125-136.

[11] 陈学飞. 改革开放以来大陆公派留学教育政策的演变及成效 [J]. 北京大学教育评论, 2003, 1 (1): 77-83.

[12] 陈志祥. 我国 MBA 教育发展与教学改革探讨 [J]. 中国高教研究, 2009, (4): 26-28.

[13] 程承坪. 论企业家人力资本与企业绩效关系 [J]. 中国软科学, 2001, (07): 68-72.

[14] 程承坪, 谢范科. 论企业家人力资本的开发、配置及其与企业绩效关系 [J]. 南开管理评论, 2001, 4 (5): 30-34.

[15] 池本正纯. 市场机制与企业家的作用 [J]. 国外社会科学, 1986, (3): 50.

[16] 大前研一. 企业家的战略头脑 [M]. 杨沐等, 译. 上海: 三联书店, 1986: 20-32.

[17] 丁小浩, 汪梦姗. 教育与企业家绩效——基于企业存活时间的定量分析 [J]. 高等教育研究, 2016, 37 (12): 35-46.

[18] 杜兴强, 黄良文. 企业家人力资本计量模型探讨 [J]. 中国工业经济, 2003, (08): 84-91.

[19] 范从来, 袁静. 成长性、成熟性和衰退性产业上市公司并购绩效的实证分析 [J]. 中国工业经济, 2002, (08): 65-72.

[20] 方军雄. 政府干预、所有权性质与企业并购 [J]. 管理世界, 2008, (09): 118-123.

[21] 菲利普·阿特巴赫. 比较高等教育: 知识、大学与发展 [M]. 人民教育出版社教育室, 译. 北京: 人民教育出版社, 2001: 252.

[22] 冯根福，吴林江. 我国上市公司并购绩效的实证研究 [J]. 经济研究，2001，(01)：54-61.

[23] 付维宁. 企业家人力资本与企业绩效：一个理论分析模型 [J]. 财经科学，2003，(06)：65-70.

[24] 傅林，胡显章. 以科学发展观指导高等学校的分类与定位 [J]. 中国高教研究，2004，(12)：12-15.

[25] 富兰克·A. 奈特. 风险、不确定性和利润 [M]. 王宇等，译. 北京：中国人民大学出版社，2005：1-10.

[26] 干春晖. 并购经济学 [M]. 北京：清华大学出版社，2004：1-15.

[27] 高凤莲，董必荣，王杰，凌华. 独立董事背景特征与审计质量的实证研究 [J]. 审计与经济研究，2020，35 (02)：27-39.

[28] 葛结根. 并购支付方式与并购绩效的实证研究——以沪深上市公司为收购目标的经验证据 [J]. 会计研究，2015，(09)：74-80.

[29] 顾露露，Reed Robert. 中国企业海外并购失败了吗？[J]. 经济研究，2011，46 (07)：116-129.

[30] 顾晓安，曾茜，李文卿. 财务总监对企业价值影响的实证研究——基于四种背景特征及生命周期的视角 [J]. 南京审计大学学报，2019，16 (03)：73-81.

[31] 郭永清. 企业兼并与收购实务 [M]. 大连：东北财经大学出版社，1998：3-4.

[32] 韩静，陈志红，杨晓星. 高管团队背景特征视角下的会计稳健性与投资效率关系研究 [J]. 会计研究，2014，(12)：25-31.

[33] 何韧，王维诚，王军. 管理者背景与企业绩效：基于中国经验的实证研究 [J]. 财贸研究，2010，21 (01)：109-118.

[34] 黄兆信，王志强. 论高校创业教育与专业教育的融合 [J]. 教育研究，2013，34 (12)：59-67.

[35] 姜付秀，黄继承. CEO 财务经历与资本结构决策 [J]. 会计研究，2013.（05）：27-34.

[36] 姜付秀，陆正飞. 多元化与资本成本的关系——来自中国股票市场的证据 [J]. 会计研究，2006，（06）：48-55.

[37] 姜付秀，伊志宏，苏飞等. 管理者背景特征与企业过度投资行为 [J]. 管理世界，2009，（01）：130-139.

[38] 姜树元，姜青舫. 定常风险偏好效用函数式及其参数确定问题 [J]. 中国管理科学，2007，（01）：16-20.

[39] 焦斌龙. 中国企业家人力资本 [M]. 北京：经济科学出版社，2000：3-20.

[40] 赖黎，巩亚林，夏晓兰等. 管理者从军经历与企业并购 [J]. 世界经济，2017，40（12）：141-164.

[41] 李连华，聂海涛. 我国内部控制研究的思想主线及其演变：1985—2005 [J]. 会计研究，2007，（03）：71-78.

[42] 李然. 值得关注的华人经济学家排名 [J]. 中国科技财富，2006，（6）：126-127.

[43] 李善民，陈文婷. 企业并购决策中管理者过度自信的实证研究 [J]. 中山大学学报（社会科学版），2010，50（05）：192-201.

[44] 李善民，朱滔. 多元化并购能给股东创造价值吗？——兼论影响多元化并购长期绩效的因素 [J]. 管理世界，2006，（3）：129-137.

[45] 李善民，朱滔，陈玉罡. 收购公司与目标公司配对组合绩效的实证分析 [J]. 经济研究，2004，（6）：96-104.

[46] 李善民，周珏廷. 金融背景高管能助力实体企业高质量并购吗？[J]. 中山大学学报（社会科学版），2022，62（05）：194-206.

[47] 李焰，秦义虎，张肖飞. 企业产权、管理者背景特征与投资效率 [J]. 管理世界，2011，（01）：135-144.

［48］李垣，刘益．基于价值创造的价值网络管理（Ⅰ）：特点与形成［J］．管理工程学报，2001，（04）：38-41．
［49］理查德·坎蒂隆．商业性质概论［M］．余永定等，译．北京：商务印书馆，1997：21-26．
［50］刘春，李善民，孙亮．独立董事具有咨询功能吗？——异地独董在异地并购中功能的经验研究［J］．管理世界，2015，（03）：124-136．
［51］刘笑萍，黄晓薇，郭红玉．产业周期、并购类型与并购绩效的实证研究［J］．金融研究，2009，（03）：135-153．
［52］陆瑶，张鸣宇．CEO教育水平与公司绩效［J］．清华大学学报（自然科学版），2015，55（04）：428-442．
［53］罗新华．企业家人力资本价值计量模型的设计［J］．管理世界，2008，（07）：184-185．
［54］吕文栋，刘巍，何威风．管理者异质性与企业风险承担［J］．中国软科学，2015，（12）：120-133．
［55］马克思．资本论［M］．郭大力，王亚南，译．北京：人民出版社，1975：686-688．
［56］马歇尔．经济学原理［M］．朱志泰，陈良壁，译．北京：商务印书馆，1964：6-13．
［57］迈克尔·波特．竞争战略［M］．陈小悦，译．北京：华夏出版社，1997：3．
［58］迈克尔·波特．竞争论［M］．高登第等，译．北京：中信出版社，2003：32．
［59］闵维方．人力资本理论的形成、发展及其现实意义［J］．北京大学教育评论，2020，18（01）：9-26＋188．
［60］欧雪银．企业家人力资本对企业发展影响研究新进展［J］．经济学动态，2018，（03）：139-149．

[61] 潘红波，夏新平，余明桂．政府干预、政治关联与地方国有企业并购［J］．经济研究，2008，(04)：41-52.

[62] 潘红波，余明桂．目标公司会计信息质量、产权性质与并购绩效［J］．金融研究，2014：(07)：140-153.

[63] 戚业国，杜瑛．试探我国高等学校分类思路及方法［J］．教育发展研究，2005，(23)：61-64.

[64] 青木昌彦，周黎安．为什么多样性制度继续在演进？［J］．经济社会体制比较，2001，(06)：30-39.

[65] 萨伊．政治经济学概论［M］．陈福生，陈振骅，译．北京：商务印书馆，1998：2-18.

[66] 沈西林．企业竞争力的层次分析［J］．工业技术经济，2002，21 (3)：64-66.

[67] 盛振文．全域教育视角下的高校人才培养模式优化［J］．中国高等教育，2018，605 (08)：23-25.

[68] 施卫华．大学文化育人功能及实现路径研究［J］．思想教育研究，2016，(05)：117-120.

[69] 宋德舜．国有控股、最高决策者激励与公司绩效［J］．中国工业经济，2004.(03)：91-98.

[70] 宋晓华，蒋雨晗，魏烁等．公众公司、公司规模与并购绩效——基于中国上市公司数据的实证分析［J］．管理世界，2016，(11)：182-183.

[71] 孙早，刘庆岩．市场环境、企业家能力与企业的绩效表现——转型期中国民营企业绩效表现影响因素的实证研究［J］．南开经济研究，2006，(02)：92-104.

[72] 唐建新，陈冬．地区投资者保护、企业性质与异地并购的协同效应［J］．管理世界，2010，(08)：102-116.

[73] 王凤荣，高飞．政府干预、企业生命周期与并购绩效——基于我

国地方国有上市公司的经验数据［J］. 金融研究，2012，（12）：137-150.

［74］王化成，孙健，邓路等. 控制权转移中投资者过度乐观了吗？［J］. 管理世界，2010，（02）：38-45.

［75］王楠. 我国高等学校分类体系重构：范式、主体与方法［J］. 教育研究，2016，37（12）：82-88.

［76］王砚羽，谢伟，乔元波等. 隐形的手：政治基因对企业并购控制倾向的影响——基于中国上市公司数据的实证分析［J］. 管理世界，2014，（08）：102-114.

［77］王永海，周为. 公司最高决策者教育背景与公司风险承受关系的实证研究［J］. 教育与经济，2013，（06）：30-35.

［78］魏江，杨洋. 跨越身份的鸿沟：组织身份不对称与整合战略选择［J］. 管理世界，2018，34（6）：140-156，188.

［79］文凤华，马超群. 行为金融学的风险管理理论研究［J］. 外国经济与管理，2002，（12）：37-40.

［80］邬大光. 大学分化的复杂性及其价值［J］. 教育研究，2010，31（12）：17-23.

［81］吴超鹏，吴世农，郑方镳. 管理者行为与连续并购绩效的理论与实证研究［J］. 管理世界，2008，（07）：126-133.

［82］吴晨. 基于全程育人的隐性课程建设探究［J］. 江苏高教，2018，218（04）：83-87.

［83］肖明，李海涛. 管理层能力对企业并购的影响研究［J］. 管理世界，2017，（06）：184-185.

［84］徐纯正. 论思想政治教育与创新创业教育的协同作用［J］. 学校党建与思想教育，2020，（10）：92-94.

［85］徐纯正，陶夏. 营利性民办高校的界定之困、发展之觞与破解之策［J］. 黑龙江高教研究，2017，（12）：10-14.

[86] 杨勃，许晖．企业逆向跨国并购后的组织身份管理模式研究［J］．中国工业经济，2020，39（1）：174-192.

[87] 杨帆，夏之晨，许庆豫．高校学生社团教育功能的优化路径［J］．高等教育研究，2016，(12)：75-83.

[88] 杨洁．企业并购整合研究［D］．长春：吉林大学，2004：5-12.

[89] 杨小凯．企业理论的新发展［J］．经济研究，1994，（07）：60-65.

[90] 姚俊，吕源，蓝海林．我国上市公司多元化与经济绩效关系的实证研究［J］．管理世界，2004，(11)：119-125.

[91] 姚小涛，王勇，刘瑞禹．“威而不霸”与解耦式身份重构：吉利并购宝腾事件中李书福的管理应对之道［J］．管理学报，2021，18（06）：791-802.

[92] 伊迪斯·彭罗斯．企业成长理论［M］．赵晓，译．上海：上海人民出版社，2007：1-12.

[93] 尹义省．适度多角化：企业成长与业务重组［M］．上海：上海三联书店，1999：40-44.

[94] 余明桂，李文贵，潘红波．管理者过度自信与企业风险承担［J］．金融研究，2013，(01)：149-163.

[95] 余鹏翼，王满四．国内上市公司跨国并购绩效影响因素的实证研究［J］．会计研究，2014，(03)：64-70.

[96] 余鹏翼，王满四．上市公司董事多重职位与企业并购绩效研究［J］．中国软科学，2018，(01)：100-109.

[97] 约拉姆·巴泽尔．产权的经济分析［M］．费方域，段毅才，译．上海：上海三联书店，2008：5-20.

[98] 约瑟夫·熊彼特．经济发展理论［M］．何畏，易家祥等，译．北京：商务印书馆，1990：97.

[99] 张川，罗文波，樊宏涛．CFO 背景特征对企业财务重述的影响

——审计质量的调节效应［J］. 南京审计大学学报，2020，17（04）：1-10.

［100］张慧，安同良. 中国上市公司董事会学历分布与公司绩效的实证分析［J］. 南京社会科学，2006，（01）：37-43.

［101］张建君，李宏伟. 私营企业的企业家背景、多元化战略与企业业绩［J］. 南开管理评论，2007，（05）：12-25.

［102］张继德，张家轩. 高管海外经历与企业跨国并购——基于动因视角的研究［J］. 审计与经济研究，2022，（10）：1-9.

［103］张金清. 非理性条件下的风险偏好与投资选择研究［J］. 管理评论，2004，（12）：10-18.

［104］张进. 财经类院校本科人才培养的目标与策略［J］. 江苏高教，2006，（05）：85-87.

［105］张敏，童丽静，许浩然. 2015. 社会网络与企业风险承担——基于我国上市公司的经验证据［J］. 管理世界，（11）：161-175.

［106］张书珩. MBA 核心竞争力十日通［M］. 北京：金城出版社，2005：1.

［107］张维迎. 企业的企业家—契约理论［M］. 上海：上海人民出版社，1995：9.

［108］张雯，张胜，李百兴. 政治关联、企业并购特征与并购绩效［J］. 南开管理评论，2013，16（02）：64-74.

［109］张新. 并购重组是否创造价值？——中国证券市场的理论与实证研究［J］. 经济研究，2003，（06）：20-29.

［110］张彦宁. 现代企业管理基础工作［M］. 北京：中国展望出版社，1988：33-35.

［111］张瀛之，刘志远，张炳发. 决策者心理因素对企业知识资本投资行为异化影响的实证研究［J］. 管理评论，2017，29（09）：205-214.

[112] 张兆国，刘亚伟，亓小林. 管理者背景特征、晋升激励与过度投资研究 [J]. 南开管理评论，2013，16 (04)：32-42.

[113] 张兆国，刘永丽，谈多娇. 管理者背景特征与会计稳健性——来自中国上市公司的经验证据 [J]. 会计研究，2011，(07)：11-18.

[114] 张正勇，吉利. 企业家人口背景特征与社会责任信息披露——来自中国上市公司社会责任报告的经验证据 [J]. 中国人口·资源与环境，2013，23 (4)：131-138.

[115] 赵曙明. MBA 教育与中国企业职业经理人培养 [J]. 高等教育研究，2002，(03)：82-85.

[116] 赵息，张西栓. 内部控制、高管权力与并购绩效——来自中国证券市场的经验证据 [J]. 南开管理评论，2013，16 (2)：75-81.

[117] 钟卫东，张伟. 企业家受教育程度与在校表现对创业绩效的影响 [J]. 教育研究，2014，(6)：58-66.

[118] 周为. 公司高管教育背景与风险承受水平的研究 [D]. 武汉：武汉大学，2014：64-66.

[119] 周中胜，贺超，韩燕兰. 高管海外经历与企业并购绩效：基于“海归”高管跨文化整合优势的视角 [J]. 会计研究，2020，(08)：64-76.

[120] 邹晓平. 高等学校的定位问题与分类框架 [J]. 高教探索，2004，(03)：8-12.

## 英文文献

[1] Fich E M, Tu N, Officer M S. Large Wealth Creation in Mergers and Acquisitions[J]. Financial Management. 2018.

[2] Anand J, Singh H. Asset Redeployment, Acquisitions and Corporate Strategy in Declining Industries[J]. Strategic Management

Journal,2015,18(S1):99-118.

[3] Aldrich H E, Pfeffer J. Environments of Organizations[J]. Annual Review of Sociology,1976,2(1):79-105.

[4] Arrow K J. The Economic Implications of Learning by Doing[J]. Review of Economic Studies,1962,29(3):155-173.

[5] Arrow K J. Essays in the theory of risk-bearing[J]. Journal of Political Economy,1971,27(5):1193.

[6] Arrow K J. Vertical Integration and Communication[J]. Bell Journal of Economics,1975,6(1):173-183.

[7] Arrow K J, Lind R C. Uncertainty and the Evaluation of Public Investment Decisions[M]. 1970.

[8] Bantel K A, Jackson S E. Top Management and Innovations in Banking: Does the Composition of the Top Team Make a Difference? [J]. Strategic Management Journal,2010,10(S1):107-124.

[9] Barker V L, Mueller G C. CEO Characteristics and Firm R&D Spending[J]. Management Science,2002,48(6):782-801.

[10] Barsky R B, Juster F T, Kimball M S et al. Preference Parameters and Behavioral Heterogeneity: An Experimental Approach in the Health and Retirement Study[J]. Nber Working Papers, 1997,112(2):537-579.

[11] Baumol W J. On the Theory of Expansion of the Firm[J]. American Economic Review,1962,52(5):1078-1087.

[12] Becker G S. Investment in Human Capital: A Theoretical Analysis[J]. Journal of Political Economy,1962,70(5):9-49.

[13] Becker, Marshall. Sociometric Location and Innovativeness: Reformulation and Extension of the Diffusion Model[J]. American Sociological Review,1970,35(2):267-282.

[14] Bertrand M, Schoar A. Managing with Style: The Effect of Managers on Firm Policies[J]. Quarterly Journal of Economics,2003,118(4):1169-1208.

[15] Billett M T, Qian Y. Are Overconfident CEOs Born or Made? Evidence of Self-Attribution Bias from Frequent Acquirers[J]. Management Science,2008,54(6):1037-1051.

[16] Boone J P, Raman K K. Does the Market Fixate on Reported Earnings for R&D Firms? [J]. Journal of Accounting Auditing & Finance,2004,19(2):185-218.

[17] Boscarino J. Alcohol abuse among veterans: the importance of demographic factors[J]. Addictive Behaviors,1979,4(4):323-330.

[18] Bosma N, Praag M V, Thurik R et al. The Value of Human and Social Capital Investments for the Business Performance of Startups[J]. Small Business Economics,2004,23(3):227-236.

[19] Bourgeois L J. On the Measurement of Organizational Slack[J]. Academy of Management Review,1981,6(1):29-39.

[20] Brown R, Sarma N. CEO overconfidence, CEO dominance and corporate acquisitions[J]. Journal of Economics & Business,2007,59(5):358-379.

[21] Brown S J, Warner J B. 1985. Using daily stock returns: The case of event studies[J]. Journal of Financial Economics,14(1):3-31.

[22] Bruner R F. Does M&A Pay? A Survey of Evidence for the Decision-maker[J]. Journal of Applied Finance. 2002.

[23] Pegels C C, Yang S B. Management Heterogeneity, Competitive Interaction Groups, and Firm Performance[J]. Strategic Management Journal,2000,21(9):911-923.

[24] Cai Y, Sevilir M. Board Connections and M&A Transactions[J]. Social Science Electronic Publishing. 2010:1-58.

[25] Campbell C J, Cowan A R, Salotti V. Multi-country event-study methods[J]. Journal of Banking & Finance, 2010, 34(12):3078-3090.

[26] Carlson. School superintendents: Career and performance[M]. Columbia, Ohio: Merrill. 1972.

[27] Carpenter M A. 2004. Upper Echelons Research Revisited: Antecedents, Elements, and Consequences of Top Management Team Composition[J]. Journal of Management, 1972, 30(6):749-778.

[28] Carpenter, A M, Westphal et al. The Strategic Context of External Network Ties: Examining the Impact of Director Appointments on Board Involvement in Strategic Decision Making[J]. Social Science Electronic Publishing, 2001, 44(4):639-660.

[29] Casson M. Entrepreneurship and business culture[J]. Long Range Planning, 1995, 30(30):144.

[30] Channon D. Leadership and Corporate Performance in the Service Industries[J]. Journal of Management Studies, 1979, 16(2):185-201.

[31] Chevalier J, Ellison G. Career Concerns of Mutual Fund Managers [J]. Nber Working Papers, 1999, 114(2):389-432.

[32] Cho M H. Ownership structure, investment, and the corporate value: An empirical analysis[J]. Journal of Financial Economics, 1998, 47(1):103-121.

[33] Coase R H. The Nature of the Firm[J]. Economica, 1937, 4(16): 386-405.

[34] Coffee J C. Privatization And Corporate Governance: The Lessons

From Securities Market Failure[J]. Journal of Corporation Law, 1988,25(1):1-39.

[35] Cohn R A, Lewellen W G, Lease R C et al. Individual Investor Risk Aversion and Investment Portfolio Composition[J]. Journal of Finance,1975,30(2):605-620.

[36] Collins R. Functional and Conflict Theories of Educational Stratification[J]. American Sociological Review, 1971, 36 (6): 1002-1019.

[37] Collins, Moore. The organization makers[M]. New York: Appleton-Century-Crofts. 1970.

[38] Cooper A C, Woo C Y, Dunkelberg W C. Entrepreneurs' perceived chances for success[J]. Journal of Business Venturing, 2006,3(2):97-108.

[39] Coser, Domhoff. Who rules america now?: a view for the '80s [J]. Political Science Quarterly,1983,99(2):361.

[40] Crossland C, Hambrick D C. How National Systems Differ in Their Constraints on Corporate Executives: A Study of CEO Effects in Three Countries[J]. Strategic Management Journal, 2007, 28 (8):767-789.

[41] Cyert R M, March J G. A Behavioral Theory of the Firm[M]. 1963:3-12.

[42] Daellenbach U S, Mccarthy A M, Schoenecker T S. Commitment to Innovation: The Impact of Top Management Team Characteristics[J]. R&D Management,2002,29(3):199-208.

[43] Deary I J, Strand S, Smith P et al. Intelligence and educational achievement[J]. Intelligence,2007,35(1):13-21.

[44] Demsetz H. Accounting for Advertising as a Barrier to Entry[J].

Journal of Business, 1979, 52(3): 345-360.

[45] Demsetz H, Lehn K. The Structure of Corporate Ownership: Causes and Consequences[J]. Journal of Political Economy, 1985, 93(6): 1155-1177.

[46] Demsetz H, Villalonga B. Ownership Structure and Corporate Performance[J]. Journal of Corporate Finance, 2001, 7(3): 209-233.

[47] Dimaggio P J, Powell W W. The Iron Cage Revisited: Institutional Isomorphism and Collective Rationality in Organizational Fields[J]. American Sociological Review, 1983, 48(2): 147-160.

[48] Dollinger, Marc. Use of budner's intolerance of ambiguity measure for entrepreneurial research[J]. Psychological Reports, 1983, 53(3): 1019-1021.

[49] Doukas J A, Petmezas D. Overconfident Managers and Self-Attribution Bias[J]. European Financial Management, 2010, 13(3): 531-577.

[50] Epstein L G, Zin S E. Substitution, risk aversion and the temporal behavior of consumption and asset returns: A theoretical framework[J]. Journal of Political Economy, 1991, 99(2): 263-286.

[51] Fama E F, French K R. Common risk factors in the returns on stocks and bonds[J]. Journal of Financial Economics, 1993, 33(1): 3-56.

[52] Fama E F, Jensen M C. Separation of Ownership and Control[J]. Journal of Law & Economics, 1983, 26(2): 301-325.

[53] Fich E M, Tu N, Officer M S. Large Wealth Creation in Mergers and Acquisitions[J]. Financial Management. 2018.

[54] Finkelstein S. Power in Top Management Teams: Dimensions, Measurement, and Validation[J]. Academy of Management Journal Academy of Management,1992,35(3):505-538.

[55] Finkelstein S, Hambrick D C. Top-Management-Team Tenure and Organizational Outcomes: The Moderating Role of Managerial Discretion[J]. Administrative Science Quarterly, 1990, 35(3): 484-503.

[56] Finkelstein S, Hambrick D. Strategic Leadership: Top Executives and their Effects on Organizations[M]. NewYork: West Publishing. 1996.

[57] Fox F V, Staw B M. The Trapped Administrator: Effects of Job Insecurity and Policy Resistance Upon Commitment to a Course of Action[J]. Administrative Science Quarterly,1979,24(3):449-471.

[58] Frank R E, Greenberg M G. Interest-based Segments of TV Audiences[J]. Journal of Advertising Research,1979,40(6):55-64.

[59] Friend I, Blume M E. The Demand for Risky Assets[J]. American Economic Review,1975,65(5):900-922.

[60] Ghoshal S. Bad Management Theories Are Destroying Good Management Practices[J]. Academy of Management Learning & Education,2005,4(1):75-91.

[61] Giannetti M. Do Better Institutions Mitigate Agency Problems? Evidence from Corporate Finance Choices[J]. Journal of Financial & Quantitative Analysis,2003,38(1):185-212.

[62] Goldberg L R, Johnson J A, Eber H W et al. The international personality item pool and the future of public-domain personality measures[J]. Journal of Research in Personality,2006,40(1):84-

96.

[63] Golec J H. The effects of mutual fund managers' characteristics on their portfolio performance, risk and fees[J]. Financial Services Review,1996,5(2):133-147.

[64] Gooding R Z, Wagner J A. A Meta-Analytic Review of the Relationship between Size and Performance: The Productivity and Efficiency of Organizations and Their Subunits[J]. Administrative Science Quarterly,1985,30(4):462-481.

[65] Gottesman A A, Morey M R. Does a Better Education Make For Better Managers? An Empirical Examination of CEO Educational Quality and Firm Performance[J]. Social Science Electronic Publishing,2006:1-41.

[66] Gottesman A A, Morey M R. Manager education and mutual fund performance[J]. Journal of Empirical Finance,2006,13(2):145-182.

[67] Graham J R, Harvey C R. Expectations of Equity Risk Premia, Volatility and Asymmetry From a Corporate Finance Perspective[J]. Social Science Electronic Publishing,2001,21(4).

[68] Gregory A, Guermat C, Alhawawreh F. UK IPOs: Long Run Returns, Behavioural Timing and Pseudo Timing[J]. Journal of Business Finance & Accounting,2010,37(5):612-647.

[69] Greve H R. A Behavioral Theory of Firm Growth: Sequential Attention to Size and Performance Goals[J]. Academy of Management Journal,2008,51(3):476-494.

[70] Grossman S J, Hart O D. The Costs and Benefits of Ownership: A Theory of Vertical and Lateral Integration[J]. Journal of Political Economy,1986,94(4):691-719.

[71] Hambrick D C. 1993 presidential address: What if the academy actually mattered? [J]. Academy of Management Review,1994, 19(1):11-16.

[72] Hambrick D C. Fragmentation and the Other Problems CEOs Have with Their Top Management Teams[J]. California Management Review,1995,37(3):110-127.

[73] Hambrick D C, Cho T S, Chen M J. The Influence of Top Management Team Heterogeneity on Firms' Competitive Moves[J]. Administrative Science Quarterly,1996,41(4):659-684.

[74] Hambrick D C, Finkelstein S. Managerial discretion: A bridge between polar views of organizational outcomes[J]. Research in Organizational Behavior,1987,9(4):369-406.

[75] Hambrick D C, Mason P A. Upper Echelons: The Organization as a Reflection of Its Top Managers[J]. Social Science Electronic Publishing,1984,9(2):193-206.

[76] Hambrick, Finkelstein, Mooney. Executive Job Demands: New Insights for Explaining Strategic Decisions and Leader Behaviors [J]. Academy of Management Review,2005,30(3):472-491.

[77] Hambrick, Snow. A contextual model of strategic decision making in organizations[J]. Academy of Management Proceedings, 1977,(01):108-112.

[78] Hammond J S, Keeney R L, Raiffa H. Even swaps: a rational method for making trade-offs[J]. Harv Bus Rev, 1998, 76(2): 137-138.

[79] Hannan M T, Freeman J. Structural Inertia and Organizational Change[J]. American Sociological Review,1977,49(2):149-164.

[80] Hannan M T, Freeman J. Structural Inertia and Organizational

Change[J]. American Sociological Review,1984,49(2):149-164.

[81] Harrigan K R. Strategies for Declining Industries [J]. Journal of Business Strategy,1980,1(2):20-34.

[82] Hart O. Corporate Governance: Some Theory and Implications [J]. Economic Journal,1995,105(430):678-689.

[83] Hart O, Moore J. Property Rights and the Nature of the Firm [J]. Journal of Political Economy,1990,98(6):1119-1158.

[84] Harvey C R, Graham J R. How Do CFOs Make Capital Budgeting and Capital Structure Decisions? [J]. Journal of Applied Corporate Finance,2002,15(1):8-23.

[85] Hay, Morris. Industrial Economicsand Organization: Theory and Evidence[M]. Oxford, England: Oxford University Press,1991: 10-38.

[86] Hayek F A. The Use of Knowledge in Society[J]. American Economic Review,1945,35(4):519-530.

[87] Hays, Abernathy. Managing our way to economic decline[J]. Harvard Business Review,1980,58(4):67-77.

[88] Healy P M, Palepu K G, Ruback R S. Does corporate performance improve after mergers? [J]. Social Science Electronic Publishing,1990,31(2):135-175.

[89] Heckman J. China's Human Capital Investment[J]. China Economic Review,2005,16(1):50-70.

[90] Helmich D L, Brown W B. Successor Type and Organizational Change in the Corporate Enterprise[J]. Administrative Science Quarterly,1972,17(3):371-381.

[91] Hermalin B E, Weisbach M S. The Determinants of Board Composition[J]. Rand Journal of Economics,1988,19(4):589-606.

[92] Hitt M A, Tyler B B. Strategic Decision Models: Integrating Different Perspectives[J]. Strategic Management Journal, 1991, 5(12):327-351.

[93] Holderness C G, Kroszner R S, Sheehan D P. Were the Good Old Days That Good? Changes in Managerial Stock Ownership since the Great Depression[J]. Journal of Finance, 2010, 54(2):435-469.

[94] Hornik J, Schlinger M J. Allocation of Time to the Mass Media[J]. Journal of Consumer Research, 1981, 7(4):343-355.

[95] Hrebiniak L G, Joyce W F. Organizational Adaptation: Strategic Choice and Environmental Determinism[J]. Administrative Science Quarterly, 1985, 30(3):336-349.

[96] Hsee C K, Loewenstein G F, Blount S et al. Preference Reversals Between Joint and Separate Evaluations of Options: A Review and Theoretical Analysis[J]. Psychological Bulletin, 1999, 125(5):576-590.

[97] Pansiri, Jaloni. The influence of managers' characteristics and perceptions in strategic alliance practice[J]. Management Decision, 2005, 9(43):1097-1113.

[98] James D R, Soref M. Profit Constraints on Managerial Autonomy: Managerial Theory and the Unmaking of the Corporation President[J]. American Sociological Review, 1981, 46(1):1-18.

[99] JanssenF. Do Managers' Characteristics Influence the Employment Growth of SMEs? [J]. Journal of Small Business & Entrepreneurship, 2006, 19(3):293-315.

[100] Jensen M C. Agency Costs of Free Cash Flow, Corporate Finance, and Takeovers[J]. American Economic Review, 1999, 76(2):

323-329.

[101] Jensen M C, Meckling W H. Theory of the Firm: Managerial Behavior, Agency Costs and Ownership Structure[J]. Social Science Electronic Publishing,1976,3(4):305-360.

[102] Kadushin C. Friendship Among the French Financial Elite[J]. American Sociological Review,1995,60(2):202-221.

[103] Kahalas H, Groves D L. Public manpower planning for senior citizens[J]. Technological Forecasting & Social Change,1977,10(3):331.

[104] Katz R. 1982. The Effects of Group Longevity on Project Communication and Performance[J]. Administrative Science Quarterly,27(1):81-104.

[105] Khurana R, Gintis H. What Is the Purpose of Business? [J]. Harvard Business Review. 2008.

[106] Kimberly J R. Organizational Size and the Structuralist Perspective: A Review, Critique, and Proposal[J]. Administrative Science Quarterly,1976,22(2):341-341.

[107] Kimberly J R, Evanisko M J. Organizational Innovation: The Influence of Individual, Organizational, and Contextual Factors on Hospital Adoption of Technological and Administrative Innovations[J]. Acad Manage J,1981,24(4):689-713.

[108] Kirzner I M. Perception, Opportunities and Profit: Studies in the Theory of Entrepreneurship[J]. Southern Economic Journal,1979,47(3):871.

[109] Kirzner I M. Entrepreneurial Discovery and the Competitive Market Process: An Austrian Approach[J]. Journal of Economic Literature,1997,35(1):60-85.

[110] Klein B, Crawford R G, Alchian A A. Vertical Integration, Appropriable Rents, and the Competitive Contracting Process [J]. Journal of Law & Economics,1978,21(2):297-326.

[111] Kothari S P, Warner J B. The Econometrics of Event Studies [J]. Ssrn Electronic Journal,2004,1(1):3-36.

[112] Landier A, Thesmar D. Financial Contracting with Optimistic Entrepreneurs[J]. Cepr Discussion Papers, 2009, 22 (1): 117-150.

[113] Li J, Hambrick D C. Factional Groups: A New Vantage on Demographic Faultlines, Conflict, and Disintegration in Work Teams[J]. Academy of Management Journal,2005,48(5):794-813.

[114] Lieberson S, O'Connor J F. Leadership and organizational performance: a study of large corporations[J]. American Sociological Review,1972,37(2):117.

[115] Loderer C, Martin K. Executive stock ownership and performance tracking faint traces[J]. Journal of Financial Economics, 2004,45(2):223-255.

[116] Loughran T, Vijh A M. Do Long-Term Shareholders Benefit From Corporate Acquisitions? [J]. Journal of Finance,1997,52 (5):1765-1790.

[117] Mackinlay A C. Event Studies in Economics and Finance[J]. Journal of Economic Literature,1997,35(1):13-39.

[118] Malmendier Ulrike, Tate Geoffrey. Who makes acquisitions? CEO overconfidence and the market's reaction? [J]. Journal of Financial Economics,2008,89(1):20-43.

[119] Manne Manne, H. G. Mergers and the market for corporate con-

trol[J]. Journal of Political Economy,1965,73(2):110-120.

[120] March J G, Shapira Z. ]Managerial Perspectives on Risk and Risk Taking[J]. Management Science,1987,33(11):1404-1418.

[121] March, J. C. , Simon, H. A. Organizations[M]. New York: Wiley,1958:32.

[122] Marshall. The Money of Invention: How Venture Capital Creates New Wealth[J]. Money of Invention How Venture Capital Creates New Wealth,2004,40(4):1259-1261.

[123] Mccabe D L, Butterfield K D, Treviño L K. Academic Dishonesty in Graduate Business Programs: Prevalence, Causes, and Proposed Action[J]. Academy of Management Learning & Education, 2006,5(3):294-305.

[124] Mcconnell J J. Additional evidence on equity ownership and corporate value[J]. Journal of Financial Economics,1990,27(2): 595-612.

[125] Mckean J R, Kania J J. An Industry Approach to Owner-Manager Control and Profit Performance[J]. Journal of Business,1978, 51(2):327-342.

[126] Megginson W L, Morgan A, Nail L. The determinants of positive long-term performance in strategic mergers: Corporate focus and cash[J]. Journal of Banking & Finance,2004,28(3):523-552.

[127] Merton R C. On Estimating the Expected Return on the Market: An Exploratory Investigation[J]. Journal of Financial Economics, 1980,8(4):323-361.

[128] MillerD. Relating Porter's Business Strategies to Environment and Structure: Analysis and Performance Implications[J].

Academy of Management Journal,1988,31(2):280-308.

[129] Miller, Ross. Self-serving biases in the attribution of causality: Fact or fiction? [J]. Psychological Bulletin,1975,82(2):213-225.

[130] Mills C J, Bohannon W E. Character structure and jury behavior: Conceptual and applied implications[J]. Journal of Personality & Social Psychology,1980,38(38):662-667.

[131] Mincer J. Investment in Human Capital and Personal Income Distribution[J]. Journal of Political Economy,1958,66(4):281-302.

[132] Mischell W. On the future of personality measurement[J]. American Psychologist,1977,32(4):246-254.

[133] Mitchell M L, Stafford E. Managerial Decisions and Long-Term Stock Price Performance[J]. Erik Stafford,1988,73(3):287-329.

[134] Moers F, Peek E. An Empirical Analysis of the Role of Risk Aversion in Executive Compensation Contracts[J]. Research Memorandum,2001,(13).

[135] Morck R, Shleifer A, Vishny R W. Do Managerial Objectives Drive Bad Acquisitions? [J]. Journal of Finance,1990,45(1):31-48.

[136] Murphy J J, Allen P G, Stevens T H et al. A Meta-analysis of Hypothetical Bias in Stated Preference Valuation[J]. Environmental & Resource Economics,2005,30(3):313-325.

[137] Myers S C, Majluf N S. Corporate Financing and Investment Decisions When Firms Have Informationthat Investors Do Not Have[J]. Social Science Electronic Publishing. 2001.

[138] Peng W Q, Wei K C J. Women Executives and Corporate Investment: Evidence from the S&P 1500[C]. 中国国际金融年会, 2007.

[139] Pfeffer J. Organizational Demography[J]. Research in Organizational Behavior,1983,5:299-357.

[140] Porter M E. Competitive Strategy Techniques For Analysing Industries And Competitors[J]. Social Science Electronic Publishing,1980,(2):86-87.

[141] Pratt J W. Risk aversion in the small and in the large[J]. Uncertainty in Economics,1976,44(2):420.

[142] Prendergast C, Stole L. Impetuous Youngsters and Jaded Old-Timers: Acquiring a Reputation for Learning[J]. Journal of Political Economy,1996,104(6):1105-1134.

[143] Priem R L. Top Management Team Group Factors, Consensus, and Firm Performance[J]. Strategic Management Journal,2010, 11(6):469-478.

[144] Reuber A R, Fischer E. The Influence of the Management Team's International Experience on the Internationalization Behaviors of SMES[J]. Journal of International Business Studies,1997,28(4):807-825.

[145] Richard J B, Nucci A R et al. On the survival prospects of men's and women's new business ventures[J]. Journal of Business Venturing,2000,15(4):347-362.

[146] Robin M. Economic theory of 'managerial' capitalism[M]. NewYork: The economic theory of 'managerial' capitalism. 1964.

[147] Rogers E M, Shoemaker FF. Communication of Innovations: A

Cross-Cultural Approach[J]. New York Free Press,1971,9(2):476.

[148] Roll R. The Hubris Hypothesis of Corporate Takeovers[J]. Journal of Business,1986,59(2):197-216.

[149] Salancik G R, Pfeffer J. Uncertainty, Secrecy, and the Choice of Similar Others[J]. Social Psychology,1978,41(3):246-255.

[150] Salancik G R, Pfeffer J. Effects of Ownership and Performance on Executive Tenure in U. S. Corporations[J]. Academy of Management Journal,1980,23(4):653-664.

[151] Sambharya. Foreign experience of top management teams and international diversification strategies of U. S. multinational corporations[J]. Strategic Management Journal,2015,17(9):739-746.

[152] Savor P G, Qi L U. Do Stock Mergers Create Value for Acquirers? [J]. Journal of Finance,2009,64(3):1061-1097.

[153] Sawers. Loss aversion, stock-based compensation and managerial risk-seeking behavior[M]. Seattle: Seattle Pacific University, 2006:1-5.

[154] Schnore L F, Alford R R. Forms of Government and Socioeconomic Characteristics of Suburbs[J]. Administrative Science Quarterly,1963,8(1):1-17.

[155] Schrader S. Gaining advantage by 'leaking' information: Informal information trading[J]. European Management Journal, 1995,13(2):156-163.

[156] Schram V R, Dunsing M M. Influences on Married Women's Volunteer Work Participation [J]. Journal of Consumer Research,1981,7(4):372-379.

[157] Schultz T W. Investment in Man: An Economist's View[J]. Social Service Review,1959,33(2):109-117.

[158] Schultz T W. Capital Formation by Education[J]. Journal of Political Economy,1960,68(6):571-583.

[159] Schultz T W. Investment in Human Capital[J]. Economic Journal,1961,82(326):787.

[160] Schultz T W. Institutions and the Rising Economic Value of Man [J]. American Journal of Agricultural Economics,1968,50(5): 1113-1122.

[161] Schultz T W. The Economic Importance of Human Capital in Modernization[J]. Education Economics,1993,1(1):13-19.

[162] Schultz T W. The Economic Importance of Human Capital in Modernization[J]. Education Economics,1993,1(1):13-19.

[163] Sekaran U, Mowday R T. A cross-cultural analysis of the influence of individual and job characteristics on job involvement[J]. Applied Psychology,1981,30(1):51-64.

[164] Sharma D S, Ho J. The Impact of Acquisitions on Operating Performance: Some Australian Evidence[J]. Journal of Business Finance & Accounting,2002,29(1&2):155-200.

[165] Simon H A. A Behavioral Model of Rational Choice[J]. The Quarterly Journal of Economics,1955,1(69):99-118.

[166] Singh J V. Performance, Slack, and Risk Taking in Organizational Decision Making[J]. Academy of Management Journal, 1986,29(3):562-585.

[167] Slovic, Fischhoff, Lichtenstein. Behavioral Decision Theory[J]. Annual Review of Psychology,1977,28(1):473-498.

[168] Smircich L, Stubbart C. Strategic Management in an Enacted

World[J]. Academy of Management Review, 1985, 10(4): 724-736.

[169] Smith K G, Grimm C M, Gannon M J et al. Organizational Information Processing, Competitive Responses, and Performance in the U. S. Domestic Airline Industry[J]. Academy of Management Journal, 1991, 34(1): 60-85.

[170] Spence M. Job Market Signaling[J]. Quarterly Journal of Economics, 1973, 87(3): 355-374.

[171] Stanworth, Giddens. Elites and power in British society[M]. Cambridge: Cambridge University Press, 1974, 65-80.

[172] Staw B M. Knee-Deep in the Big Muddy: A Study of Escalating Commitment to a Chosen Course of Action[J]. Organizational Behavior & Human Performance, 1976, 16(1): 27-44.

[173] Staw B M, Fox F V. Escalation: The determinants of commitment to a chosen course of action[J]. Human Relations, 1977, 30(5): 431-450.

[174] Staw B M, Ross J. Behavior in escalation situations: Antecedents, prototypes and solutions[J]. Research in Organizational Behavior, 1987, 9(4): 39-78.

[175] Streufert S, Schroder H M. Conceptual structure, environmental complexity and task performance[J]. Journal of Experimental Research in Personality, 1965, 1(2): 132-137.

[176] Stubbart C I. Managenal congnition: a missing link in strategic management research[J]. Journal of Management Studies, 2010, 26(4): 325-347.

[177] Tate G. CEO overconfidence and corporate investment[J]. Journal of Finance, 2005, 60(6): 2661-2700.

[178] Telser L G. On the Regulation of Industry: A Note[J]. Journal of Political Economy,1969,77(6):937-952.

[179] Tihanyi L, Ellstrand A E, Daily C M et al. Composition of the top management team and firm international diversification[J]. Journal of Management,2000,26(6):1157-1177.

[180] Tushman M L, Romanelli E. Organizational Evolution: A Metamorphosis Model of Convergence and Reorientation[J]. Research in Organizational Behavior,1985,7:171-222.

[181] Tversky A, Kahneman D. The framing of decisions and the psychology of choice[J]. Science,1981,211(4481):453-458.

[182] Tversky A, Kahneman D. Loss Aversion in Riskless Choice: A Reference-Dependent Model[J]. Quarterly Journal of Economics, 1991,106(4):1039-1061.

[183] Tyler B B, Steensma H K. The Effects of Executives' Experiences and Perceptions on Their Assessment of Potential Technological Alliances[J]. Strategic Management Journal, 2015, 19(10):939-965.

[184] Walls M R, Dyer J S. Risk Propensity and Firm Performance: A Study of the Petroleum Exploration Industry[J]. Management Science,1996,42(7):1004-1021.

[185] Wally S, Baum J R. Personal and Structural Determinants of the Pace of Strategic Decision Making[J]. Academy of Management Journal,1994,37(4):932-956.

[186] Wanous J P. Organizational entry: Newcomers moving from outside to inside[J]. Psychological Bulletin,1977,84(84):601-618.

[187] Weston J, Chung, Siu. Takeovers, Restructuring, and Corpo-

rate Governance: International[M]. 1998.

[188] Wiersema M F, Bantel K A. Top Management Team Demography and Corporate Strategic Change[J]. Academy of Management Journal,1992,35(1):91-121.

[189] Williamson O E. The Vertical Integration of Production: Market Failure Considerations[J]. American Economic Review,1971,61(2):112-123.

[190] Williamson O E. Transaction-Cost Economics: The Governance of Contractual Relations[J]. Journal of Law & Economics,1979,22(2):233-261.

[191] Williamson O E. Comparative Economic Organization: The Analysis of Discrete Structural Alternatives[J]. Administrative Science Quarterly,1991,36(2):269-296.

[192] Williamson. Transaction Cost Economics[M]. New York: New York Free Press,1995:25.